KB233988

미국의 온라인 선거운동

민주주의의 기술

미국의 온라인 선거운동

민주주의의 기술

조희정 지음

한국학술정보

머리말

이 책을 준비하기 시작했을 때, 내겐 몇 가지 궁금증이 있었다.

첫째, 거시적인 관점에서 '이 사회는 어떻게 변화하고 있는가'이다. 특히, 나의 전공인 온라인[1] 정치와 민주주의를 중심으로 사회의 변화에 대해 생각해보았을 때, 나는 변화의 방향을 선뜻 단정할 수 없었다. 온라인 정치와 민주주의에 직접 연관되는 이론인 직접민주주의(Direct Democracy), 협의민주주의(Deliberative Democracy), 참여민주주의(Participatory Democracy)의 관점에서 보면, 사회가 발전할 수 있는 방향은 분명히 예측할 수 있었다. 수많은 정보를 손쉽게 접할 수 있는 대중(mass)의 손에 크고 작은 정치적 결정권이 더 많이 부여되고, 시공간을 넘나드는 온라인 공간의 다양한 채널에서 비용과 어려움 없이 대중 간의 토론이 풍부하게 이루어지며, 그로 인해 더욱 다양한 정치참여가 이루어진다면 민주적인 발전 가능성을 얼마든지 발견할 수 있다는 장밋빛 예견을 할 수도 있다. 그러나 이론적으로나 현실적으로는 그렇게 낙관적인 진단을 내리기에는 많은 한계가 있다. 각국이 처한 문화나 정치적 배경 등 기술 외적인 요인에 의해 상황이 달라질 가능성도 매우 높거니와 무엇보다 대중 중심의 민주주의가 발

---

1) 이 책에서 웹(web), 인터넷(Internet) 등은 의미를 살려 온라인(online)으로 표현을 통일한다.

전될 수 있는 방법이 아직 명확히 제시된 바도 없고, 추진과정에서 문제가 발생하면 누가 책임질 것이며, 누가 문제를 해결할 수 있을 것인가 하는 반문이 있기 때문이다.

이러한 한계를 해결하고 보완하기 위해 기술 외에도 정부, 정당, 그리고 제도가 필요하다고 결론 내린 순간 두 번째 의문이 발생했다. 정부와 제도가 가진 상대적인 안정성에 비해, 선거의 중심 행위자인 정당은 과연 변화하지 않고 앞으로 계속 존속하면서 이제까지 해온 역할들을 지속할 수 있을까 하는 의문이 그것이다. 사회 변화가 정당의 미래로 이어져 생각되는 순간, 현재로서는 그 답을 긍정적으로 내리기 힘들 수도 있겠다는 생각이 들었다. 중요한 정치적 매개자로서 정당은 필요하고, 있으면 참 좋은 유용한 것이겠지만 온라인에서 지속적으로 이루어진 다양한 활동을 보면 정당이 과연 반드시 필요하다고 할 수 있을까라는 생각이 들었기 때문이다.

정치과정에서 정당은 '동일한 정견을 가진 사람들이 정치체계의 통제, 특히 정권의 획득·유지를 통하여 그 정견을 실현시키려는 자주적이고 계속적인 조직단체'로 정의되며, 현대 민주주의에서 필수적인 요소로 평가된다.[2] 권위 있는 정치학자인 샤츠슈나이더는 이미 오래전에 정당이 국민을 온전히 대변하지 못하기 때문에 완전한 인민주권이 아닌 '절반의 인민주권'만이 구현되고 있다고 통렬히 비판한 바 있지만, 아주 오랜 시간 동안 정당은 대의민주주의에서 정치적 역할을 다하고 생존하기 위해 수많은 변신을 겪어 왔다.

현대 정당론은 정당조직과 정당체계에 대한 연구로 대별되는데 파

---

2) Schattschneider(1942: 1)

네비안코[3]의 정당조직론과 사르토리[4]의 정당체계론이 대표적인 연구 성과로 평가된다. 이 책에서 분석하고자 하는 온라인 선거운동은 이 가운데, 특히 정당조직의 변화와 밀접한 관련이 있다. 정당조직론에 의하면, 18세기 말까지 정당은 -현재와 같은 보편적인 현상이 아니라- 일부 정치적 이해당사자들이 활동을 하는 파벌(faction)로 폄하되었다. 그러나 산업화와 민주정치의 발전과정을 거치면서 정당은 현대 사회의 필수적인 결사체로 재평가되기 시작하였으며 많은 변화를 겪게 되었다. 즉, 간부정당에서 상향식 조직의 대중 정당[5]으로, 투표조직을 위주로 한 선거기계(Electoral Machine) 역할을 하는 선거 정당(또는 선거전문가 정당[6])으로, 산업화와 경제성장 이후 새롭게 등장한 신중산층을 포함한 다양한 계층과 이익을 대표하는 포괄 정당(Catchall Party)[7]으로, 정당 간 제휴와 협력을 통해 게임규칙이나 국가의 자원을 정당의 이익에 부합되게 활용하는 카르텔 정당(Cartel Party)으로 변신하였다.

그럼에도 불구하고 애초의 정당 설립 기반이 되는 이데올로기나 경제적 토대라는 원칙보다는 정당 생존 및 정권 획득이라는 정치적 목표가 전면에 부상하면서 정당의 본질적인 대의 기능의 변질을 가져왔고, 정당과 시민과의 연계 또한 급속히 약화되었다. 탈물질주의 가치관을 중심으로 시민의 다양한 가치 정향이 확대되면서, 정당이 시민의 적극적인 요구를 적절하게 수렴하지 못한다는 무능함에 대한 비판이 증가하였다. 여기에 2000년대 중반부터 급격히 발전하고 있는

---

3) Panebianco(1988)

4) Sartori(1976)

5) Duverger(1951)

6) Panebianco(1988)

7) Kirchheimer(1966)

소셜 네트워크 서비스(Social Network Service, 이하 SNS)와 스마트폰 사용 확대는 환경 변화의 또 다른 축을 구성한다.[8] 즉, 대의제의 중요한 행위자로서 정당은 이러한 가치·제도·기술이라는 세 가지 환경 변화에 적절히 대응하지 못하며 대의 범위와 정도에 있어서 이미 한계에 이르렀기 때문에 용도 폐기될 수도 있다는 전망까지 제시된다.

시민들은 다양한 가치 정향을 중심으로 정당이 자신을 좀 더 적극적으로 대표할 수 있고 그래야 한다고 기대하지만, 시민들이 형성하는 여러 대안적 정치집단의 활성화로 인해 이미 정당의 위기를 넘어서 정당 소멸까지 우려되는 현실에 이른 것이다. 게다가 기술 발전은 무능한 정당을 우회할 수 있는 많은 채널을 시민들에게 제공하였고 그에 따라 대의민주주의의 무용성과 직접민주주의에 대한 기대감이 높아지고 있다. 이처럼 정당위기론은 '탈물질주의 가치관(가치)', '민주화 확대(제도)', '소셜미디어(Social Media,[9] 기술)'라는 세 가지 중요한 환경요인하에 확산되고 있다. 정당 형태 변화 속에서 정당 조직이 변화하면서, 오랜 시간 사람들의 뇌리 속에 대중을 대의하는 정당이라는 존재는 이후에도 굳건하게 지속될 수 있을까 하는 의문은 더욱 심화되었다. 여기에서 세 번째 물음이 발생한다.

과연 온라인 공간에서의 정치적 활동은 정당을 대체할 수 있는가라는 물음이 세 번째 물음이다. 이 물음에 대한 답을 내리기 위해 이 책을 집필하였다. 내가 이 분야의 공부를 시작했던 1990년대 말에는 이러한 물음에 답을 내리기가 어려웠다. 충분한 경험적 사례도 없었

---

8) 물론 정당 정치가 확립된 서구민주주의에서는 인터넷의 등장이 반드시 정당의 기능을 약화시키는 것이 아니라고 해석할 수 있다(Gibson·Ward 1998).

9) 이 책에서는 페이스북이나 트위터 등 특정 서비스를 언급하는 경우를 제외하고는 SNS보다는 소셜미디어라고 포괄적으로 표기한다.

고, 사례가 없으니 이론도 다양하게 발전할 수 없었다. 그러나 2000년 부터 인터넷의 대중화가 전 세계적으로 확산되면서 인터넷을 선거와 정치에 활용하는 사례가 급증하였다. 미국의 경우, 제시 벤추라(Jesse Ventura)의 홈페이지 선거운동을 통해 정치적 지명도가 거의 없었던 프로레슬러는 한 주의 주지사가 되었고, 2004년에는 무명의 주지사 하워드 딘(Howard Dean)이 미트업(Meetup)이라는 온라인 커뮤니티(Online Community)[10]를 통해 대선후보로까지 추대되었다. 흑인 변호사 오바마는 '승격 대통령(Accidental President)'[11]이라는 공화당 주류의 냉소를 비웃기라도 하듯 인터넷을 통해 풀뿌리 조직화에 성공하여 2012년에는 재선까지 도전했고 승리했다.

2007년 프랑스 대선에서는 블로거(blogger)들 간의 치열한 정치토론과 선거운동이 전개되었고, 2010년 영국 총선에서는 트위터의 데이터 분석을 통해 실시간 여론을 분석해보니 선거결과를 정확히 예측할 수 있었다는 주장도 제기되었다. 선거 외에도 2011년의 중동 시민혁명, 월스트리트 점령시위(Occupy WallStreet), 영국 폭동에서도 온라인 정치의 위력은 증명되었다. 비단 외국의 사례가 아니더라도 우리 사회에서의 낙천낙선운동, 노사모의 정치인 팬클럽 활동, 탄핵반대 촛불집회, 미국산 소고기 수입반대 촛불집회, 2010년 지방선거와 2011년 재보선에서의 트위터 투표독려활동에 이르기까지 정보통신기술(Information Communication Technology, 이하 ICT) 강국으로서 우리 사회가 경험한

---

10) 이 책에서는 가상공동체라는 용어보다는 그 의미를 살려 온라인 커뮤니티라고 표현한다.

11) 현직 대통령의 사망이나 사임에 따라 우연히 대통령직을 승계하게 되는 우연적인 부통령을 의미한다. 따라서 대통령인 오바마를 이렇게 부를 때에는 정상적인 과정에서 등장한 대통령이 아니라 우연히 나타난 대통령 혹은 그 정도의 능력밖에 없는 대통령이라는 냉소적 의미가 강하다(blog.daum.net/rainer2134/-6045776).

정치실험은 전 세계의 주목을 받기에 충분할 만큼 강력하게 나타났다.

그렇다면 다시 첫 번째 물음과 두 번째 물음으로 돌아가 이러한 온라인 정치참여 현상은 어떤 민주주의를 만들어가고 있으며, 어떻게 유권자가 재편성(realignment)되고 정당의 역할을 대체(replacement)하는 기회가 되는지 살펴보자.

먼저, 정당에 있어서 필수적인 것은 정당 간부, 정당 지지자, 그리고 유권자이다. 그리고 정당이 해야 하는 역할은 시민을 정치교육하고, 시민을 대의하며, 정치 엘리트를 충원하는 일이다. 그런데 2012년 미국 대선 온라인 선거운동의 다양한 방법을 살펴보면, 이제까지의 모든 선거운동의 전형이 고스란히 모두 구현되어 있으며, 놀랍게도 이들 방법이 정당의 필수요소나 역할의 많은 부분의 대체 역할을 하고 있음을 알 수 있다. 캠프 오바마(Camp Obama)의 풀뿌리 조직화 시도는 위로부터의 정당이 아니라 아래로부터의 정당이 형성될 수 있음을 보여 주었다. 진성당원이니 정치자금모금의 어려움이니 하는 일은 적어도 오바마의 온라인 선거운동에서는 그렇게 문제가 되는 것이 아니었다. 이메일을 통해 어느 정도의 개별 지지를 확인한 오바마 캠프에서는 즉각 개인 각각에 적합한 자원봉사를 권유했다.[12] 나를 지지한다면 나를 위해 좀더 열심히 뛰어 달라고 요구한 것이다. 연령·학력·재력·성별·인종·종교가 다양한 지지자들은 오바마 캠프에서 마련한 정치교육 과정을 통해 리더가 될 수 있는 방법 및 소양, 간단한 조직화 방법을 쉽게 교육받았다. 그리고 온라인을 통해 자발적

---

12) 이미 2000년대 초반의 연구에서 제시된 바에 의하면 국내 정당은 게시판을 통해 유권자와 소통하는 방식을 선호하고, 미국의 정당은 이메일을 통한 유권자와의 대화방식을 선호하는 것으로 분석되고 있다(서현진 2003: 122).

으로 연결된 다른 지지자들과 연계하여 크고 작은 오프라인 캠페인에서 오바마 지지를 위한 적극적인 활동을 전개하였다. 이것이야말로 풀뿌리 민주주의의 가장 전형적인 시작단계의 모습이며 아래로부터 형성되는 정당의 초기 모습이라고 할 수 있다.

한편, 오바마 캠프에서 데이터베이스를 통합 분석한 빅데이터(Big Data)에 의하면 매일매일 유권자들이 구글(Google) 검색을 하고, 트위터(Twitter)에 트윗(Tweet)을 올리고, 페이스북(Facebook)에 글과 사진을 게재하며, 블로그(Blog)에 자신의 이야기를 포스팅(posting)하고, 유튜브(YouTube)에서 동영상을 보고, 온라인 쇼핑을 하는 등의 모든 온라인 활동을 수집함으로써, 개별 유권자에게 적합한 맞춤형 정보를 제공할 수 있다. 물론 이러한 빅데이터에 의한 개인 맞춤형 마이크로 타기팅(Micro Targeting)이 가능한 이유는 어느 정도 통계적으로 의미 있는 규모의 유권자가 인터넷을 활용하고 정치적인 온라인 정보에 관심이 있다는 것을 전제로 할 때 가능하다. 어쨌든 이와 같은 방법은 당원의 필요(needs)를 수시로 잘 파악하여 정책에 반영할 수 있는 자원이 온라인에 이미 충분히 있다는 것을 의미한다.

빅데이터를 활용한 마이크로 타기팅은 유권자의 변화, 정치적 성향을 파악하는 데 매우 유용한 수단이며, 이와 같은 방법을 통해 어느 정도 후보자와 유권자의 관계가 형성되면 더욱 적극적으로 유권자와 대화할 수 있는 채널을 개설할 수 있다. 구글플러스(Google +)나 레딧(Reddit)에서 이루어지는 실시간 유권자와의 대화가 그것이다. 비근한 예로 평범한 시민이 새누리당이나 민주당 등의 정당과 상시적으로 대화한 적이 있는가를 생각해보면 이와 같은 방법이 꽤 괜찮은 대화의 수단이라는 것을 알 수 있다. 다만 활용하지 않을 뿐 방법이 아주 없는 것은 아니라는 의미이다.

또한 유권자들이 지지를 위해 적극적으로 활동할 수 있는 소셜(Social) 진실검증 시스템을 통해 그저 수동적인 변명이 아닌 사실에 근거한 진실규명을 위해 노력하면서 역시 똑같은 방법으로 반박하는 롬니 측과 '사실 전쟁(Fact Battle)'을 벌인다. 아울러 단순히 정책을 생산하고, 발표하는 데서 그치는 것이 아니라 1년 내내 정책을 생산·홍보·유통·공유하는 '줄리아의 인생'과 같은 정책 콘텐츠(혹은 패키지)를 제공하여 소셜매니페스토(Social Manifesto) 활성화에 의한 정치교육과 정치홍보라는 일거양득의 효과를 올린다. 이미 보편화된 스마트폰의 모바일 앱(Mobile Application, 이하 앱)이나 온라인 정치교육게임까지 활용한다면 재미를 통해 정치에 대한 관심을 유도할 수 있다. 이 모든 상황이 잘 활용만 된다면 온라인 정치활동이 정당을 대체하거나 정당이 온라인을 더욱 적극적으로 활용해야 하는 상황을 고려하지 않을 수 없게 되는 것이다.

[그림 1]과 같이 온라인 정치활동이 극도로 활성화된 스마트 캠페인 상태에서는 과거의 익숙한 많은 가치들이 새로운 가치로 대체될 수 있다. 수직·위계적이고 변하지 않는 관료 조직과 같은 정당은 수평·네트워크 조직으로 유연하게 변화하고, 후보자 중심의 선거운동보다는 좀 더 유권자를 중심으로 생각해야 선거에서 승리할 수 있으며, 대중을 아무런 차별적 고려 없이 획일적으로 취급하는 매크로 타기팅(Macro Targeting)은 섬세하고 과학적인 개인맞춤형 마이크로 타기팅으로 진화하게 된다. 또한 반응적이고(reactive) 수동적인 자세보다 주도적이고(proactive) 적극적인 자세가 중요해지고, 단절과 고립보다는 연결과 네트워크 효과를 중시해야 하며, 일방향 정보제공보다는 쌍방향 대화를 더 열심히 해야 한다. 이러한 상태가 되면 유권자는

그냥 그 자리에 수동적인 정보수용자로 머무는 것이 아니라 다양한 문화적·사회적·정치적 취향을 가지는 유권자로 재편성되고 이를 통해 현대 정당활동과 조직의 상당 부분은 대체되거나 변화할 수 있다.

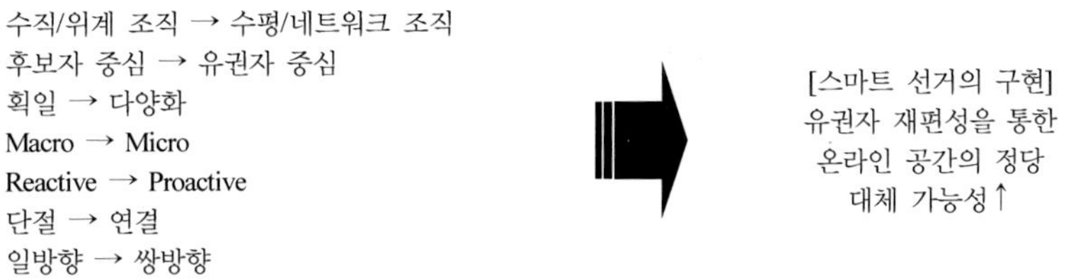

[그림 1] 스마트 캠페인으로의 정치구조 변화(Online Campaign Wave)

수직/위계 조직 → 수평/네트워크 조직
후보자 중심 → 유권자 중심
획일 → 다양화
Macro → Micro
Reactive → Proactive
단절 → 연결
일방향 → 쌍방향

그러나 이 세 가지 물음에 대한 답은 당분간은 유보하는 것이 좋겠다. 그것보다는 과연 온라인 캠페인이 스마트한 캠페인이 될 수 있는 모습은 무엇인지 구체적으로 살펴보자. 그 뒤에 정당이 해야 할 역할이나 온라인이 정당을 과연 대체할 수 있을 것인지 생각해보자고 결정하게 되었다. 이미 2000년대 중반부터 단순한 홈페이지 운동을 벗어나 블로그, 유튜브, SNS를 활용한 정치활동이나 캠페인 사례는 간헐적으로 있었다. 그러나 스마트한 캠페인의 전형은 2012년 미국 대선이 되어서야 나타났다. 그동안의 정치활동과 캠페인은 하나의 특징, 즉 정보 제공, 연결, 대화만을 보여 주었다면 2012년 대선은 이 모든 사례를 석기시대의 것으로 만들면서[13] 상세하고 생동감 있는 사례를 모두 보여 주었다.

---

13) 2012년 오바마 캠페인의 책임자인 짐 메시나(Jim Messina)가 가디언과의 인터뷰에서 사용한 표현으로서 그는 "2008년의 선거운동도 훌륭했지만 그 시대는 이미 쥬라기 시대(Jurassic Park)가 되었다고 표현하였다"(The Guardian 2012년 9월 4일자).

[표 1] 미국의 주요 시기별 인터넷과 소셜미디어 사용현황

구분	1998~2002	2003~2006	2007~2010	2011~2012 현재
일반 인터넷 사용률	· 인터넷 이용 56%(1996) · 주당 평균 인터넷 이용시간 10시간(1996) · 가구별 이용 18%(1997) · 휴대폰 사용자 50%(2000)	· 인터넷 이용 61%(2004) · 블로그 독자 3,300만 명(2004)	· 가구별 이용 62%(2007) · 성인 이용 80%(2007) · 무선인터넷 보급 56%(2009) · 휴대폰 사용자 85%(2009)	· 휴대폰 사용자 88%(2012) · 스마트폰 사용자 46%(2012)
소셜미디어 사용률	−	· 후보자의 페이스북 사용 16%(2006) · 온라인 이용자의 SNS 사용 16%(2006)	· 정치물 게시 10%(2009) · 후보자의 72%가 페이스북 이용 (2008) · 온라인 이용자의 SNS 이용 60%(2009)	· 온라인 이용자의 SNS 이용 65%(2011) · SNS 사용자의 66%가 정치 관련 시민활동 (2011)
정치적 미디어 사용률	· 온라인 이용자 가운데 정치 정보 습득 20%(1996) · 9명의 공화당 후보 가운데 6 명이 홈페이지 개설(1996) · 모든 대선 후보자 홈페이지 개설(2000) · 상원의원 후보자 웹사이트 개설률 55%(2002)	· 뉴스와 정보 습득 26%(2004) · 정치정보 습득 20%(2004) · 정치동영상 시청 13%(2004) · 정치동영상 시청 19%(2006) · 온라인 정치모금 후원 2%(2004) · 정치블로거 독자 1,100만 명 (2004) · 인터넷을 통해 정치정보를 습득하는 블로거 72%(2004) · 민주당이 공화당보다 활발히 이용(2004) · 상원의원 후보자 웹사이트 개설률 97%(2006) · 상원의원 후보자 유튜브 개설률 10%(2006)	· 정치정보 습득 46%(2008) · 대선 캠페인 뉴스 습득 33%(2009) · 정치 동영상 시청 35%(2010) · 온라인 정치모금 후원 46%(2009) · 온라인 정치 이용자 73%(2010) · 정치적 목적으로 인터넷 사용 54%(2010) · 정치적 목적으로 SNS 이용 22%(2010) · 사실 확인을 위해 온라인 이용 28%(2010) · 민주당이 공화당보다 활발히 이용 (2008)	· 정치적인 트위터에 노출된 트위터 사용자는 그렇지 않은 일반 트위터 사용자보다 98% 더 정치인 기부사이트를 방문(2011) · 페이스북 이용자는 다른 인터넷 이용자에 비해 정치집회에 참여할 확률이 2.5배, 투표 권유확률은 57%, 투표참여확률은 43% 높음 (2011)

[표 2] 미국 온라인 선거운동의 진화과정과 특징

구분		1998~2002	2003~2006	2007~2010	2011~2012 현재
특징		후보자 중심	유권자 중심	후보자와 유권자의 연결	후보자와 유권자의 융합
후보자		[온라인 공간으로 진출] ·벤추라의 홈페이지	[온라인 커뮤니티와 팬덤] ·하워드딘과 미트업	[교량자본의 네트워크 파워] ·MyBo 네트워크 ·롱테일 파워 ·별개의 데이터베이스 ·모바일 앱 ·일방적 진실해명	[마이크로 타기팅] ·모든 소셜미디어 채널의 연결 ·통합 데이터베이스 [풀뿌리 네트워크] ·자원봉사자의 조직화 ·Camp Obama의 리더 양성 ·소통형 매시업 콘텐츠의 모바일 앱 [마이크로리스닝] ·실시간 유권자 대화 [소셜매니페스토] ·줄리아의 인생 [능동적 공격] ·소셜 진실규명(200만 명) ·팩트 배틀
		·무브온	·무브온	·무브온 ·티파티 네트워크	·무브온
유권자			·UCC 정치고발 ·정치 패러디 ·블로거 감시	·유튜브 토론 ·정치 패러디	[실시간 여론] ·실시간 여론 표출: 빅데이터 ·정치 패러디
			[유머의 민주화] ·온라인 정치 게임 -단순 플래시게임	·쌍방향 정치 게임 -웹 게임	·온라인 정치 게임의 다변화 -모바일, 정치교육 게임 -마이크로 타기팅

　이제까지의 모든 정치적 실험이 이번 대선에서 마치 종합선물세트와 같이 표현되었기 때문에 2012년 미국 사례는 정보 제공, 대화, 참여, 실천, 조직화 방식, 물적·인적 자원 등의 모든 방법을 활성화시킨 사례로 손색이 없다는 판단을 하게 되었다.

　책의 구성을 위해 먼저, 미국 온라인 대선의 특징을 좀 더 분명하면서도 연속성 있게 이해하고자 미국의 온라인 선거운동 과정을 후보자 중심, 유권자 중심, 후보자와 유권자의 연결 중심, 후보자와 유권자 융합 중심의 네 시기로 구분하였다. 네 시기의 일반적인 인터넷, 소셜미디어 사용 및 온라인 정치의 활용현황은 [표 1]과 같고, 각 시기의 주요 선거에서 나타난 핵심 사례는 [표 2]와 같다. 물론 각각의 사례는 단 한 번 등장하고 사라진 것이 아니라, 대부분 등장부터 현재까지 누적되어 나타나고 있으며, 과거의 방법이 소멸되고 새로운 방법이 갑자기 나타나는 독립적인 현상이 아니라는 것을 유념할 필요가 있다.

　이러한 온라인 선거운동의 사례분석을 하기 전에 서론에서는 온라인 선거운동 이전 시기의 매스미디어 선거운동의 특징을 간략히 정리하였다. 라디오연설, TV 토론, TV 광고는 불과 80여 년 전부터 현재까지 이어지고 있는 전형적인 매스미디어 선거운동이다. 이러한 매스미디어 선거운동의 방법과 특징을 보면, 현재의 온라인 선거운동이 과거의 매스미디어 선거운동을 단순히 대체하는 것에 불과하다고 평가하기 어렵다. 오히려 현재의 온라인 선거운동은 일방적인 홍보와 정보 제공 그 이상의 정치적 의미가 있다고 생각해볼 수 있을 것이다.

　따라서 1장부터 4장까지는 유권자의 관여력이 훨씬 높고 다양하게 나타나는 온라인 선거운동을 네 시기로 구분하여 분석하였다. 17년 정도에 해당하는 네 시기를 거치는 동안 흥미로운 것은 인터넷과 소셜미디어의 절대 사용규모는 당연히 증가했지만 —[표 1]과 [표 2]에 정리되어 있듯이— 인터넷과 소셜미디어의 정치적 사용규모도 증가하고 있다는 것이다. 아울러, 후보자와 유권자의 선거운동방법이 놀랍도록 빠르게 진화하고 있다는 사실도 중요하다. 진화의 내용을 통해 알 수 있는 것은 유권자의 속성이 과거의 '대중(mass)'으로 획일화되는 것이 아니라 '공중(public)'의 속성을 보이고 있으며, 온라인 공간에서 이루어지는 이 모든 활동은 대부분이 정당이 해야 할 역할이라는 사실이다.

사례연구만큼 중요한 것은 이론적 분석과 해석이기 때문에 5장에서는 4장까지 제시한 사례들이 의미하는 유권자와 선거운동방법의 특징과 뉴미디어 선거운동의 원칙을 정리해보았다. 단순히 새로운 세대가 등장하였다는 세대론이라기보다는 사회의 특징을 정리함으로써 유권자의 속성이 과거와 다르게 나타날 수 있는 지점을 제시하고, 온라인에서 이루어지는 많은 선거운동이 정당이 해야 할 역할임을 지적하면서 온라인 선거운동과 정당 그리고 민주주의가 조화를 이룰 수 있는 방향을 제시하고자 한 것이다.

조희정

목 차

머리말 · 5

서론: 온라인선거운동 이전의 매스미디어 선거운동
  1. 라디오 연설 · 34
  2. TV 토론 · 36
  3. TV 광고 · 41
  4. 매스미디어 선거운동의 특징 · 44
  5. 온라인 선거운동의 도입 · 45

제1장 후보자 중심의 홈페이지 선거운동(1996~2002년)
  제1절 홈페이지 선거운동의 출현 · 55
  제2절 무브온의 약진 · 61
  1. 무브온의 성장과정 · 61
  2. 무브온의 조직구조 · 63
  3. 무브온의 수평적 소통방식과 주요 활동 · 66
  제3절 소결 · 76

제2장 유권자 중심의 UCC와 온라인 커뮤니티 선거운동
  (2003~2006년)
  제1절 미트업 커뮤니티와 하워드 딘 · 86

제2절 블로거와 동영상 정치고발 · 90

제3절 정치 패러디와 정치유머의 민주화 · 94

    1. 정치 패러디 · 94

    2. 온라인 정치 게임 · 102

제4절 소결 · 105

제3장 후보자와 유권자의 만남, 네트워크 선거운동 (2007~2010년)

제1절 채널별 활용현황 · 113

    1. 유권자의 미디어 활용 · 113

    2. 유튜브 정치토론 · 118

제2절 네트워크 선거운동의 특징 · 122

    1. 교량자본의 활성화 · 122

    2. 마이크로 타기팅과 롱테일 파워 · 138

    3. 모바일 앱과 쌍방향 정치 게임, 정치 패러디 · 140

    4. 진실 규명 전략 · 152

    5. 기타 후보자의 소셜미디어 활용 · 153

제3절 2010년 중간선거 · 161

    1. 채널별 특징 · 161

    2. 공화당의 약진과 티파티의 출현 · 169

3. 소셜미디어의 득표 효과 · 178

제4절 소결 · 184

제4장 후보자와 유권자의 융합, 소셜전략 선거운동
(2011~2012년 현재)

제1절 빅데이터와 마이크로 타기팅 · 195

1. 다채널의 유권자 접점 확대 · 196
2. 풀뿌리 네트워크 조직화 · 232
3. 자금 모금: 크라우드 펀딩(Crowdfunding) · 235

제2절 마이크로 리스닝 · 239

1. 타운홀 미팅 · 239
2. 실시간 대화 · 241

제3절 소셜매니페스토(Social Manifesto) 활성화 · 244

1. 줄리아의 인생 · 244
2. 폴리티파이 · 248
3. 인포그라픽스의 정책 스토리텔링 · 250

제4절 사실 검증과 공격 · 253

1. 집단지성에 의한 사실 검증 · 253
2. 정치적 진실 평가 서비스 · 256
3. 공격적 선거운동 · 258

제5절 소셜 서비스 활성화·262

  1. 소셜미디어 홍보·262

  2. 모바일 앱·278

  3. 실시간 여론분석·281

제6절 재미의 정치화와 표현의 민주화·291

  1. 온라인 정치 게임·291

  2. 정치 패러디·308

제7절 소결·321

  1. 2012년 소셜전략 선거운동의 특징·321

  2. 2012년 소셜전략 선거운동의 한계·329

제5장 뉴미디어 선거운동의 현실과 과제

제1절 국내 소셜미디어 선거운동의 발전 과정·337

  1. 도입기의 정보제공, 참여형 선거운동(1997~2009년)·338

  2. 전개기의 소셜미디어 선거운동(2010~2012년 현재)·341

제2절 뉴미디어 선거운동의 원칙·353

  1. 10가지 선거운동전략·353

  2. 뉴미디어 선거전략의 원칙·365

맺음말·369

참고자료·375

그 림 목 차

[그림 1] 스마트 캠페인으로의 정치구조 변화
　　　　　(Online Campaign Wave) · 13

[그림 2] 루스벨트 대통령의 노변정담 · 36

[그림 3] 케네디와 닉슨의 TV 토론 · 37

[그림 4] Daisy 광고 · 42

[그림 5] 미국 온라인 선거운동의 진화과정과 주요 사례 · 47

[그림 1-1] 제시 벤추라 인형 · 56

[그림 1-2] 무브온 위원회의 지역 리더 양성방식 · 65

[그림 1-3] 무브온의 조직화 방식 · 66

[그림 1-4] 액션 포럼 사이트(현재 비활성화 상태) · 68

[그림 1-5] 미트업의 무브온 페이지 · 69

[그림 1-6] Call for Change 누적 통화 수 · 70

[그림 1-7] 온라인 청원 사이트, 사인온(signon.org) · 73

[그림 1-8] The 99% Spring · 74

[그림 2-1] 『혁명은 TV로 중계되지 않는다』 · 86

[그림 2-2] Capitol Ill(2000. 7. 15) · 95

[그림 2-3] This Land(2004. 7. 9) · 96

[그림 2-4] Good to be in DC(2004. 10. 18) · 98

[그림 2-5] Second Term(2005.11.19) · 101

[그림 2-6] 케리의 플립플롭 올림픽
　　　　　(Kerry's Flipflop Olympic) · 102

[그림 2-7] 정치기계 게임 · 103

[그림 3-1] 유튜브/CNN 민주당 토론회 · 120

[그림 3-2] 오바마와 힐러리의 초기 트위터 활용 비교 · 126

[그림 3-3] HOPE 포스터 · 127

[그림 3-4] 오바마의 주요 UCC(2008년) · 130

[그림 3-5] 오바마와 맥케인 홈페이지의 순 방문자 추이 · 131

[그림 3-6] 주요 정치인의 구글 검색 동향 · 132

[그림 3-7] 오바마의 소셜미디어와 커뮤니티 네트워크 · 133

[그림 3-8] 오바마 온라인 선거운동의 사회적 관여와
관계확장의 네트워크 · 134

[그림 3-9] 보트빌더 · 139

[그림 3-10] 2008년 오바마 캠프의 롱테일 전략 · 140

[그림 3-11] 오바마 모바일 앱 '오바마 08' · 141

[그림 3-12] 마이보 액티비티 트랙커 · 142

[그림 3-13] 번아웃 파라다이스의 오바마 광고 · 143

[그림 3-14] Campaign Game: General Election · 144

[그림 3-15] Time for Some Campaignin(2008. 7. 15) · 147

[그림 3-16] He's Barack Obama(2009. 06. 19) · 148

[그림 3-17] Great American Dance OFF! · 149

[그림 3-18] 오바마 걸(Obama Girl)의 Crush On Obama · 150

[그림 3-19] 크리스틴 오도넬의 정치광고
'나는 마녀가 아닙니다' · 151

[그림 3-20] 오도넬의 정치광고 패러디 · 152

[그림 3-21] Vote Different · 154

[그림 3-22] 맥케인 스페이스 · 158

[그림 3-23] 페일린 역할을 하는 티나 페이(Tina Fey) · 160

[그림 3-24] 미국 중간선거에 대한 트위터 블로그 · 162

[그림 3-25] 페이스북의 투표서약과 독려 페이지 · 163

[그림 3-26] SNS 사용자의 연령 분포
(2008년과 2010년 비교) · 164

[그림 3-27] 미국 뉴스 웹사이트의 역대 트래픽 순위 · 168

[그림 3-28] 포스퀘어의 실시간 투표율 게시 페이지 · 168

[그림 3-29] 케일 카렌더(Keil Carender) · 172

[그림 3-30] 카렌더의 블로그 'Redistributing Knowledge' · 173

[그림 3-31] 카렌더의 구글 프로필 · 174

[그림 3-32] 티파티의 깃발 · 176

[그림 3-33] 뉴욕타임스의 트위터 버즈(Buzz) 분석 · 179

[그림 3-34] 페이스북의 2010년 11월 미국 중간선거에 대한
　　　　　　정확한 투표 예측 · 180

[그림 4-1] 오바마의 국정연설에 대한 트윗 참여 현황 · 197

[그림 4-2] 미국의 학자금 대출에 대한 트윗 추이 · 198

[그림 4-3] 오바마는 어디에나 있다 · 200

[그림 4-4] 초기와 후기의 오바마 홈페이지 · 202

[그림 4-5] 오바마 홈페이지의 세금계산기 서비스 · 203

[그림 4-6] Four more years · 205

[그림 4-7] 미셸 오바마의 페이스북 · 209

[그림 4-8] 오바마와 롬니의 구글플러스 첫 게시물
　　　　　　확산도 · 211

[그림 4-9] Obama for America 앱 · 213

[그림 4-10] 미트 롬니의 페이스북과 트위터에서의 지지도
　　　　　　변화 · 217

[그림 4-11] 롬니, 샌토럼, 폴, 깅그리치의 페이스북과 트위터
　　　　　　에서의 지지도 변화 · 218

[그림 4-12] 트위터, 블로그, 주류 뉴스에서의 후보자에 대한
　　　　　　의견의 종류와 비중 · 220

[그림 4-13] 롬니의 트위터 팔로어 추이 · 221

[그림 4-14] 미트 롬니의 '오카' 앱 · 224

[그림 4-15] Orca 시스템에서의 모바일 투표독려 · 225

[그림 4-16] 티파티 운동에 대한 호감도(2011년) · 227

[그림 4-17] 티파티의 전국 조직 분포 현황 · 230

[그림 4-18] 티파티 운동의 트위터 네트워크 · 231

[그림 4-19] 롬니 캠프의 자원봉사자 모집 방식 · 234

[그림 4-20] 오바마 캠프의 현장 결제 시스템 · 237

[그림 4-21] 트위터의 타운홀 미팅 · 240

[그림 4-22] 타운홀 미팅에서 다루어진 주요 주제 · 241

[그림 4-23] 오바마의 레딧 대화 화면 · 242

[그림 4-24] 오바마 캠프의 정책 안내 인포그라픽스 '줄리아의
인생' · 245

[그림 4-25] 폴리티파이 · 249

[그림 4-26] 미국 실업자 수 변화에 대한 인포그라픽스 · 251

[그림 4-27] 롬니의 세금 도피정보에 대한 인포그라픽스 · 252

[그림 4-28] Truth Team · 254

[그림 4-29] 폴리티팩트 · 257

[그림 4-30] 팩트 체크 · 258

[그림 4-31] Obama Isn't Working · 260

[그림 4-32] 1차 대선후보 토론 이후 트위터의 반응 · 263

[그림 4-33] 트위터에서 두 후보의 핵심 사용 단어 · 264

[그림 4-34] 오바마와 롬니의 트윗 양과 트윗별 지역
점유율 · 265

[그림 4-35] 트위터에서 후보자에 대한 긍정·부정 의견(좌측
그림)과 언급 횟수(우측 그림) · 267

[그림 4-36] 트위터 정치지수(Twindex) · 268

[그림 4-37] 트위터 정치지수(Twindex) 추이와 중요
정치적 사건 · 269

[그림 4-38] 소셜베이커스의 '치어 미터' 지표(종합) · 269

[그림 4-39] 소셜베이커스의 '치어 미터' 비교:
오바마와 롬니에 대한 호감도 비교 · 270

[그림 4-40] 오바마/바이든과 롬니/라이언의 페이스북
활용 비교 · 272

[그림 4-41] 오바마와 롬니의 페이스북 '좋아요' 수
추이 비교 · 272

[그림 4-42] 페이스북의 투표결과 추적 지도 서비스 · 275

[그림 4-43] 'Vote Early Style' · 276

[그림 4-44] 2012 선거운동기간 동안의 주요 동영상 · 277

[그림 4-45] 데일리코스의 트래픽(2007~2012년) · 278

[그림 4-46] 뉴욕타임스의 'Election 2012' 앱 · 280

[그림 4-47] 소셜미디어에서 공화당 후보의 인기도 비교 · 282

[그림 4-48] 소셜베이커스의 후보 토론회 페이스북
호응도 분석 · 283

[그림 4-49] 페이스북-CNN의 Election Insights 서비스 · 284

[그림 4-50] 인트레이드의 오바마 재선에 대한 마켓 추이 · 285

[그림 4-51] PoliticIT · 286

[그림 4-52] FiveThirtyEight 서비스의 분석 데이터 · 287

[그림 4-53] 맥주 선호도에 따른 정치 성향 분석 · 289

[그림 4-54] 아마존 정치 서적의 분극화 구매 성향
(2008년 cf 2012년) · 290

[그림 4-55] Vote!!! · 293

[그림 4-56] 매스이펙트 3의 오바마 광고 · 294

[그림 4-57] President Forever 2012 · 295

[그림 4-58] Congress Forever 2010 · 296

[그림 4-59] Play the Election · 303

[그림 4-60] iSideWith · 305

[그림 4-61] On the Road to the White House · 307

[그림 4-62] '줄리아의 인생'의 패러디 사이트 · 308

[그림 4-63] 오바마 진영에서 올린 이스트우드 발언
　　　　　　풍자 사진 · 309

[그림 4-64] 1차 토론 후 최후의 승자로 평가된 빅 버드와 풍자
　　　　　　이미지 · 311

[그림 4-65] 고티에의 Somebody That I Used to Know · 315

[그림 4-66] Obama That I Used To Know · 316

[그림 4-67] Some Justice That I Used To Know · 316

[그림 4-68] 롬니의 바인더 게임 · 318

[그림 4-69] 미국 대선에서의 미디어 점유율(2000~2012) · 322

[그림 4-70] 오바마와 롬니의 소셜미디어 활용 규모 비교 · 325

표 목 차

[표 1] 미국의 주요 시기별 인터넷과 소셜미디어 사용현황・14

[표 2] 미국 온라인 선거운동의 진화과정과 특징・15

[표 3] 후보별 선거운동비용과 정치광고비용・43

[표 1-1] 미국 온라인 선거운동 사례(1996~2002년)・59

[표 1-2] 무브온의 조직 구조・64

[표 2-1] 미국의 UCC 선거운동 사례(2006년)・91

[표 3-1] 연령별 대선 캠페인 관련 뉴스 출처(2008년)・114

[표 3-2] 주요 선거뉴스 출처(2002~2010년)・115

[표 3-3] 미국 대선 투표율(1992~2008년)・115

[표 3-4] SNS와 정치활동(기준: 2008년 SNS 이용자)・116

[표 3-5] 연령별 SNS 이용자의 정치활동・117

[표 3-6] 서비스별 미국 온라인 정치캠페인 사례
(2007~2008년)・118

[표 3-7] 오바마 온라인 선거운동의 주요 서비스와
이용현황・123

[표 3-8] 오바마 게임스의 온라인 정치 게임・145

[표 3-9] 미국의 인터넷, 소셜미디어, 모바일 사용현황
(2008년과 2011년 비교)・163

[표 4-1] 오바마의 주요 페이스북 페이지・206

[표 4-2] 공화당 후보자의 소셜미디어 활용현황・216

[표 4-3] 진실규명팀의 세 서비스 활동 비교(업데이트)・256

[표 4-4] 오바마와 롬니의 페이스북 지지자 비교・273

[표 4-5] iSideWith의 7가지 이슈・304

[표 4-6] 트위터의 정치인 가짜 계정・319

[표 4-7] 오바마와 롬니의 소셜미디어 활용 규모 비교 · 323
[표 4-8] 2012년 대선의 소셜전략 선거운동의 특징 · 326
[표 5-1] 주요 선거시기의 대표적인 뉴미디어
　　　　　활용사례와 쟁점 · 337
[표 5-2] 후보자의 소셜미디어 활용 유형 · 345
[표 5-3] 유권자의 소셜미디어 활용 유형 · 346
[표 5-4] 19대 총선 기간 동안 '나는 꼼수다'의 주요 내용 · 350
[표 5-5] 온라인 선거운동의 10가지 전략 · 354

[주요 표기에 대한 설명]

1. 이 책에 나오는 모든 출처는 각주로 표기함.

2. 모든 URL에서 http://는 생략하고 표기하였으며, 너무 긴 URL의 경우는 단
   축 URL로 표기함.

3. 모든 영어는 최대한 한글로 표기하는 것을 원칙으로 하고, 필요할 경우는
   원어 그대로 표기함.

서론

온라인선거운동 이전의
매스미디어 선거운동

선거운동과정은 '후보자가 대중적 지지와 정책적 선호를 이끌어내
고 유지해 나가기 위해 대중을 대상으로 설득하고 이해시키는 과정'
이다.[14] 후보자와 유권자가 만나는 현재의 온라인 선거운동 방식은
2000년 초반부터 급격히 진행된 미디어 환경 변화 때문에 출현할 수
있었다. 그 이전까지 후보자와 유권자의 거리는 너무나 멀리 떨어져
있었다. 정치인은 TV 속이나 광장의 연단과 같은 먼 거리에서 결코
가까이 다가갈 수 없는 인물로만 존재했고, 유권자는 TV · 라디오 ·
신문이 걸러서 전해주는 정보와 소식을 통해 정치인을 알게 되고 선
택해야만 하는 한계가 뚜렷했던 제한적인 상황이었다.

그러나 인터넷과 소셜미디어 사용이 증가하면서 정치인에 대해 더
많은 정보를 알 수 있게 되었고, 정치인의 온라인 채널로 들어가면
직접 대화도 할 수 있는 기회가 마련되었다. 온라인 선거운동 방식이
정치적으로 의미 있는 이유는 후보자와 유권자의 거리가 가까워졌을
뿐만 아니라, 그것이 정치의 중요한 행위자인 '유권자'의 존재가치를

---

14) 주미영 · 이소영(2009: 161)

높일 수 있는 하나의 기회이기 때문이다. 온라인 선거운동 이전의 매스미디어 선거운동이 후보자·정당·매스미디어와 같은 일방적인 후보자에 의해 유권자를 영원히 수동적인 존재로 머물게 했다면, 현재의 온라인 선거운동에서는 후보자만큼 유권자도 중요하다는 —너무도 당연하지만 그 이전에는 결코 그 중요성이 부각되지 못했던— 사실을 강조할 수 있게 되었기 때문이다.

이 책은 온라인 선거운동의 발전경향을 가장 전형적으로 보여주는 1996~2012년까지 17년 동안의 미국 온라인 선거운동을 시기별로 정리함으로써, 온라인 선거운동이 가지는 민주적 의미와 정치적 의의를 강조하고자 한다. 그러나 이에 앞서 라디오 연설, TV 토론, TV 광고와 같은 전형적인 매스미디어 선거운동의 역사를 간략히 검토하면서 과거에는 후보자와 유권자가 얼마나 멀리 떨어져 있었는가를 알아본다.

1. 라디오 연설

1927년 라스웰(Harold Lasswell)이 '정치 커뮤니케이션(Political Communication)'이라는 용어를 처음 사용한 이래, 1960년대 케네디(John F. Kennedy)와 닉슨(Richard Nixon)의 TV 토론 그리고 1998년 제시 벤추라의 홈페이지 선거운동으로 이어지는 기간 동안 정치 커뮤니케이션 발전 과정에서 기술을 활용한 현대의 선거운동 형태는 매스미디어 선거운동에서 온라인 선거운동으로 변화하였다. 이러한 과거의 매스미디어 선거운동은 주로 TV 토론, TV 광고, 방송사 여론조사, 홍보우편(DM, Direct Mail) 등의 선거운동으로서, 보통 이와 같은 수단을 '전통적인’ 선거운동이라고 부른다.

　매스미디어를 정치에 활용한 대표적인 사례로는 —비록 선거운동은 아니지만— 1930년대 루스벨트(Franklin Roosevelt) 대통령의 노변정담(Fireside Chats)을 들 수 있다. 노변정담 이전인 1920년대에도 라디오를 통해 여성의 투표권 요구와 대통령 선거 결과 보도 등이 이루어졌으며, 1925년 쿨리지(Calvin Coolidge) 대통령의 취임연설은 라디오 중계를 통해 1,500만 명이 청취하기도 하였다.

　1930년대에는 미국 전체 가구의 62%가 라디오를 보유하고 있어[15] 가히 라디오의 시대라 해도 과언이 아니었다.[16] 당시 루스벨트는 라디오를 통해 대국민 메시지인 노변정담을 정기적으로 방송하면서 대공황의 위기를 효과적으로 극복하고 국민을 통합할 수 있는 효과를 거두었다.[17] 이러한 노변정담에 이어 1935~1956년까지는 NBC 방송이 제작한 최초의 매스미디어 타운홀 미팅(Townhall meeting)인 ‘라디오 타운 미팅(America’s Town Meeting of the Air)’을 통해 공공문제에 대한 청취자와 패널 간의 토론도 이루어졌고, 1948년에는 공화당 오레곤주 대선 예비선거에서 토머스 듀이(Thomas Edmund Dewey)와 해럴드 스태슨(Harold Stassen)이 최초로 라디오 토론회를 열기도 하였다.

---

15) 1938년 라디오의 보급률은 거의 80%에 이르렀다.

16) 미국의 본격적인 라디오 방송은 1910년대에 시작되었으며 「라디오법」은 1912년에 제정되었다.

17) 한편, 루스벨트의 노변정담에 대해서는 최초로 방송의 정치적 이용에 대한 논란이 야기되기도 하였다(강준만 2001: 30).

[그림 2] 루스벨트 대통령의 노변정담

2. TV 토론

라디오보다 정치적 파급력이 더욱 큰 미디어로서 TV는 아이젠하워(Dwight David Eisenhower)가 TV를 선거운동에 처음으로 사용한 1952년 대선부터 본격적으로 사용되었다. 트루먼이 대통령 후보로 출마했을 당시인 1948년에는 미국 가정의 TV 보급률이 1%였지만 아이젠하워가 재선에 출마한 1956년에는 무려 75%로 급증하였다.

가장 대표적인 TV 토론은 1960년 제35대 미국 대선 당시 케네디와 닉슨의 정치토론이었다.[18] 정치 신인이었던 케네디가 TV 토론을 통해 노련한 정치인인 닉슨에 대항하여 진취적이고 미국의 이상을 실현할 수 있는 유력한 정치인으로서 지명도가 상승하였으며, 4회에 걸친 대토론회를 통해 1억 명의 시·청취자를 모은 이 TV 토론은 이후로도 가장 성공적인 TV선거운동사례로 평가받았다.

당시에 라디오로 토론회를 들은 사람들은 닉슨이 더 잘했다고 평가하였고, TV로 본 사람들은 케네디가 더 잘했다고 생각했다는 점은 특이한 사항이기도 하거니와 정치에 있어 인물의 시각적인 이미지가 얼마나 중요한가를 보여주기도 한다. 아울러, 한때 닉슨이 "TV는 정치적 지도자들에게 -특히 위기상황에서- 기자나 평론가의 개입 없

[그림 3] 케네디와 닉슨의 TV 토론

---

18) 역사상 가장 인상적이었으며 효과적이었던 이 토론을 다른 말로는 '위대한 토론(The Great Debate)'이라고 부른다. 이외에 미국의 주요 TV 토론에 대한 모든 자료와 토론 내용에 대해서는 www.museum.tv/-debateweb/html/index.htm, www.debates.org/index.php?page=debate-history 참조.

이 국민과 의사소통을 가능하게 한다"고 TV의 역할을 높이 평가한 것을 생각해보면 TV 토론으로 인해 닉슨 자신이 복구할 수 없는 피해를 입은 이 상황은 매우 역설적이라고 할 수 있다.[19]

그러나 1960~1976년까지 미국에서는 동등시간규칙(Equal Time Rule)[20]에 대한 논쟁 때문에 TV 토론을 실시하지 않았고, 1975년 아스펜 원칙(Aspen Ruling)[21]에 의해 TV 토론이 재개되었으며, 1976년 카터(Jimmy Carter)와 포드(Gerald Ford)의 TV 토론이 현대적인 TV 토론의 시작으로 평가되었다. 한편, 제도적으로는 1987년에 대선 TV 토론을 독립적으로 주최하는 '대통령토론위원회(CPD, Commission on Presidential Debates, www.debates.org)'도 설치되었다.

[참고] 워싱턴포스트(Washington Post) **선정 역대 TV 토론의 결정적인 순간**[22]

1) 화장을 전혀 하지 않은 닉슨(1960년)
역사적인 첫 TV 토론을 앞두고 닉슨은 화장을 거부했으며, 그의 나이 들어 보이는 모습은, 젊고 화장까지 한 케네디 후보와 대조를 이뤄 후보자의 TV 친화성의 중요함을 일깨우게 했다.

---

19) 닉슨은 1952년 9월 공화당 후보로서 부정혐의에 대한 지탄에 대해 변명하면서 TV방송 시간을 사서 '체커즈 연설(Checkers Speech)'을 한 바 있다. 닉슨의 이러한 행동은 TV를 여론조작의 무기로 사용하였다는 비난을 받았다(강준만 2001: 40).

20) 한 방송국이 공직자를 선출하는 선거 시 한 후보에게 그 시설의 사용을 허락할 경우 나머지 모든 법적 후보자들에게도 그들이 원한다면 '똑같은 시간', '똑같은 시설', '똑같은 비용' 등 세 가지 원칙에 의해 시설 사용을 허락할 것을 규정한 미국의 대표적인 방송규제기관인 연방통신위원회(Federal Communications Commission, 이하 FCC)의 규칙(강준만 2001: 52).

21) 이 원칙에 의하면 비방송업체들에 의해 주최되거나 완전히 생방송으로 보도된다면 군소정당의 입후보자에게 동등시간을 할애하지 않아도 된다.

22) 《매일경제신문》(2012년 10월 3일자)

2) 포드의 '소련, 동유럽 점령 없을 것'이라는 발언(1978년)

공화당 후보인 포드 대통령은 소련이 동유럽을 지배하지 않는다고 밝혀 당시 공산주의에 대한 미국인의 시각과 동떨어진 입장을 보였다. 이 발언은 며칠간 언론 1면을 장식하며 논쟁이 이어졌고 포드 대통령은 연임에 실패했다.

3) 레이건의 '또 시작이군' 발언(1980년)

민주당 지미 카터 후보가 공화당 레이건 후보를 복지 정책 반대자라며 공격하자 레이건은 '또 시작이군'이라는 말로 대응하였다. 이 발언과 '살림살이 나아지셨습니까'라는 마지막 질문으로 레이건은 토론회에서 큰 주목을 받았다.

4) 나이 논란을 유머로 넘긴 레이건(1984년)

73세 나이로 재선에 도전한 레이건 대통령은 상대 후보인 월터 먼데일이 나이를 물고 늘어지자 '나는 자네의 젊음과 미숙함을 공격하지 않겠다'고 말했는데, 이 발언은 곤란한 이슈에 유머로 대처한 사례로 지금도 종종 인용된다.

5) 듀카키스(Michael Stanley Dukakis)의 사형제에 대한 기계적인 답변(1988년)

듀카키스 민주당 대통령 후보는 '당신의 아내를 성폭행하고 살해한 범인에게 사형을 집행하는 것을 어떻게 생각하느냐'는 패널 질문에 재빨리 '사형제를 반대한다'고 답했다. 좀 더 성실한 답변을 기대했던 유권자들은 그의 기계적이고 무성의한 답변에 크게 실망했다.

6) 청중 질문에 시계를 쳐다본 부시(1992년)

재선에 도전한 조지 H. W. 부시 대통령은 방청석에서 질문을 시작하려는 순간 눈에 띄게 손목시계를 쳐다보았으며, 이 모습은 방청객 질문에 집중하는 모습을 보여준 빌 클린턴 민주당 후보와 대조를 이루었다.

7) 앨 고어의 한숨(2000년)

고어 민주당 후보는 부시 공화당 후보 발언 때 크게 한숨을 쉬었다. 이 장면으로 고어 후보는 인격이 거만하다는 평을 받았으며 TV 쇼프로그램들은 이를 패러디해 비꼬기도 했다.

8) 오바마를 '저 사람'이라고 표현한 맥케인(2008년)

2차 TV 토론회에서 맥케인은 당시 논란이 되었던 에너지 관련 법안을 설명하면서 청중에게 '누가 그 법안에 찬성했는지 아느냐'고 질문한 뒤 오바마 쪽을 손가락질하며 '저 사람(That one)'이라고 말했다. 토론회 이후 언론에서는 이 표현이 경멸적인지, 단순한 말실수인지 큰 논란이 벌어졌고 결과적으로 이는 맥케인에게 불리하게 작용했다.

1985년 미국인들의 하루 평균 TV 시청시간은 4시간이었는데, 2000년에는 7시간 이상으로 늘어났다. 그러나 TV는 상의하달식의 수동적인 미디어였고, 많은 사람들이 TV의 그러한 수동화 영향에 대해 우려를 표시했다. 사회적 자본 연구로 유명한 퍼트남(Putnam)은 TV 시청, 특히 오락 때문에 TV에 의존하는 것은 개인을 사회로부터 단절시키는 것과 깊은 상관관계가 있다고 주장하였다. 한 통계에 의하면 TV를 보는 데 소비하는 시간은 그 개인이 사회활동에 참여할 수 있는 기회를 10%씩 줄인다고도 한다.

그러나 한편으로 TV 토론과 정치참여의 관계에 대해 기존 연구[23]에서는 1980년 미국 민주당과 공화당의 예비선거 TV 토론을 시청한 사람들은 그렇지 않은 사람들보다 선거 관심도가 증가한 경향이 있음을 밝혔으며,[24] TV 토론은 유권자가 선거운동에 관심을 갖게 하고, 선거과정에 참여하게끔 한다고 주장하였다.[25] 또한 TV 토론을 시청한 사람들이 그렇지 않은 사람들보다 투표행위를 더 많이 할 가능성이 있다고 분석하였으며[26] TV 토론에서 제공된 후보자에 대한 정보

---

23) 김성태 외(2011: 11)

24) Lemert et al.(1983)

25) Kain et al.(2000)

26) 송종길(2006)

가 유권자들의 지식학습(knowledge learning)에 중요한 역할을 하고, 유권자들의 정치효능감(Political Efficacy)과 투표행위를 증진시킨다는 연구결과도 제시된 바 있다.[27]

3. TV 광고

TV 토론과 함께 TV 광고도 매스미디어 선거운동의 중요한 형태이다. 유권자들은 정치에 직접 참여하지 않고 매스미디어를 통해 정치를 이해한다. 선거운동에서 미디어는 정치적 상징을 제공하며, 대중들이 그것을 해석하고 타인과의 상호교류를 통해 의미를 재생산하고 변화시킬 수 있게 한다. 대중들이 알고 있는 정치 관련 내용의 대부분은 미디어를 통해 창조된 정치적 환상일 수 있지만, 그것이 사실로 전달된 이상 사람들은 진실로 인식을 한다.

이런 의미에서 정치광고는 선거에서 터무니없는 거짓말을 합리화하는 도구로 사용되기도 한다. 그러나 아직까지 미국에서는 그것 때문에 선거운동을 처벌할 수 있는 법적 근거는 없다. FCC는 재정 관련 문제를 다룰 뿐 광고 내용의 문제를 다루지 않기 때문에 거짓된 광고라도 검열받지 않은 상태로 방송되는 것을 허용한다. 따라서 정치광고는 왜곡되고, 과장되고, 반쪽 진실만 전달되거나 누락되는 등의 부정적 문제가 있다고 지적되기도 한다.[28]

---

27) 조성대 외(2007)
28) 주미영·이소영(2009: 166)

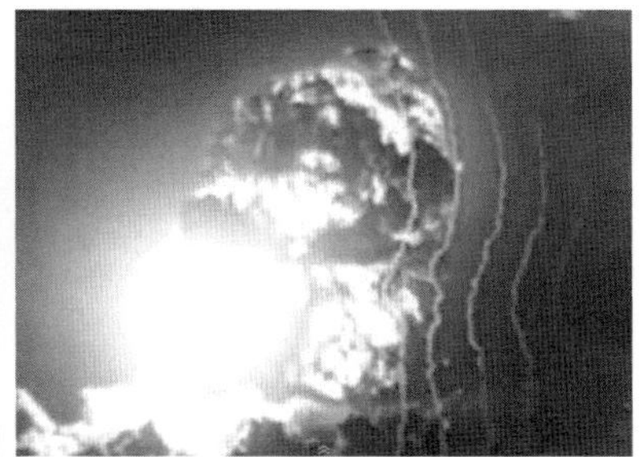

[그림 4] Daisy 광고

미국 정치 역사상 가장 유명한 일명 '데이지(Daisy, 또는 'Peace, Little Girl'이라고도 부름)' 광고[29]는 1964년 당시 재선을 노리던 존슨(Lyndon Johnson) 대통령 진영이 공화당의 배리 골드워터(Barry Goldwater) 상원의원과 전쟁찬성주의자들을 겨냥하여 만든 60초짜리 광고로서, 데이지 꽃잎을 따던 소녀와 핵전쟁의 이미지를 극대비시켜 미국인에게 가장 강력한 평화 메시지를 전달하는 데 성공했다는 평가를 받았다.

2008년 미국 대선과정에서 4월부터 11월 선거 직전까지 두 후보가 정치광고에 사용한 총액은 4억 5천만 달러 이상이었고, 380개 이상의 광고가 TV에 방송되었을 정도로 과도한 광고전쟁을 치렀다. 2008년 대선의 TV 광고 역시 상당 부분 네거티브 캠페인(Negative Campaign)의 전형적인 특징을 보였다. 전당대회 이전에는 맥케인이 거의 대부분의 광고를 통해 네거티브 캠페인을 해왔던 반면, 공화당 전당대회 이후부터는 오바마가 자신의 광고의 77%, 맥케인은 56%를 네거티브 광고로 내보냈다.[30]

---

29) 데이지 광고의 세부 내용은 www.youtube.com/watch?v=J5Ot48CSVCE 참조
30) 주미영·이소영(2009: 167)에서 재인용

[표 3] 후보별 선거운동비용과 정치광고비용

2008년 4월 3일~11월 5일
단위: 달러

구분	오바마	맥케인
선거운동 경비	659,697,818	375,167,234
개인 기부금	583,102,124(88.4%)	200,576,362(54.5%)
PACs	12,625	1,535,943
정당	150	14,997
TV 광고비용	235,974,838(35.8%)	125,530,148(33.5%)

* 자료: 주미영·이소영(2009: 166)에서 재인용

한편, 2004년 미국 대선에는 TV 광고에 5억 4,700만 달러가 지출된 반면 온라인 광고에는 420만 달러가 쓰여 온라인광고의 저비용이 큰 장점으로 부각되었다. 이처럼 온라인 광고는 TV 광고에 비해 저렴하고, 시청자의 반응속도를 빠르게 알 수 있고, 더 넓은 범위로 유포될 수 있으며, 개인에게 맞춘 타기팅 광고도 가능하며, 좀 더 자유로운 형식으로 제작할 수 있는 것이 장점이다. 그러나 한편으로는 TV보다 상대적으로 수요가 적고, 자신의 자율성만큼 자신의 경쟁상대 역시 온라인 광고의 제작에서 자유롭다는 점에서 차별적인 장점이 별로 없다는 것이 한계로 평가되기도 한다. 아울러 온라인 광고보다 TV 광고가 효율적이라는 비판도 제기되었으며, 온라인 광고의 신뢰성이 낮다는 의식조사 결과도 발표된 바 있다.[31]

어쨌든 1995년만 해도 전국 TV망을 통해 단 3회 방송된 60초짜리 광고로 18~49세 주요 시청자 층의 80%에 도달할 수 있었지만 2000년에는 동일 규모의 인구 층에 도달하기 위해서는 프라임 타임(prime time) 시간대의 광고 117만 개가 필요한 상황이 되었다. 그동안 타깃 인구

---

31) Andrew Paul Williams·John C Tedesco eds.(2006)

층이 급격히 변화했기 때문이다.[32] 이처럼 TV 광고는 높은 영향력에
비해 천문학적인 비용으로 인해 점점 더 이용하기 어려운 선거운동
방법으로 평가되고 있다.

4. 매스미디어 선거운동의 특징

우리나라에서는 1963년 「대통령선거법」부터 선거운동에 매스미디
어 이용이 가능했는데 당시에는 주로 신문 정치광고를 해오다가
1987년 민주화 이후 처음 치러진 제13대 대선부터 여론조사, 선거전
략, 직업적인 정치광고의 역할이 중요해졌다. 1992년 대선에서는 TV
광고가 허용되었으며 1997년 대선에서는 TV 토론을 처음 채택하여
현재까지 실시해오고 있다.[33] 당시 언론사 개별 초청 TV 토론에 대한
국민의 비판이 들끓자, 1997년 12월 1일, 7일, 14일 등 모두 세 차례에
걸쳐 120분씩 합동토론회를 개최하였고, 이 토론회는 대통령 선거의
승패를 결정짓는 중요한 이벤트로 평가받았다.[34] 이어서, 2004년 「공
직선거법」 개정을 통해서는 미디어를 통한 선거운동이 공식제도로
확립되었다. 이 외에 1930년대부터 실시된 신문의 여론조사나 1970년
대의 매스미디어 여론조사 등도 매스미디어 선거운동의 한 형태로
볼 수 있다.

매스미디어 선거운동의 특징은 메시지와 선거운동의 논지를 일방

---

32) 김경미(2009: 18)

33) 1995년 6·27 지방선거에서 TV 토론이 처음 등장하긴 했지만 이때에는 본격화되었다고 보기 어렵다.

34) 권혁남(2006, 김성태 외 2011: 11에서 재인용)

적으로 다수에게 전달하는 데 주력한다는 것이며, 장점은 그만큼 다수의 유권자에게 효과적으로 정보를 제공하고 의사소통을 할 수 있다는 것이다. 매스미디어를 통해 후보자가 (상대적으로) 저비용·고효율의 정치를 실현할 수 있고, 매스미디어로서는 시청자에게 중요한 보도나 논평을 제공하여 자신의 가치를 극대화할 수 있다는 것이 대표적인 긍정적 평가이다.[35]

이에 비해 후보자의 본질이나 실체와는 거리가 먼 이미지 정치의 확대, 정책보다는 개인의 신변정보에만 관심을 가지는 정치의 연예화, 그리고 후보자와 유권자 간의 커뮤니케이션을 증진시키기보다는 대중을 수동적으로 만들 수 있는 문제, 선거를 이성적인 성찰의 대상이 아닌 게임이나 전략 대결로 만들어버리는 것 등은 매스미디어 선거운동의 폐해로 지적되는 내용이다.[36]

5. 온라인 선거운동의 도입

전통적인 선거운동으로서 1930년대의 라디오 연설, 1960년대부터의 TV 토론과 TV 광고는 현재에도 여전히 이어지고 있는 방법이다. 특히 TV를 통한 정보전달은 막대한 규모의 대중에게 효과적으로 메시지를 전달할 수 있는 방법으로 평가되지만 점점 높은 비용이 소요되면서 그 효과에 대한 의문이 제기되었다. 이 과정에서 1990년대부

---

35) Westling(2007: 2)

36) Kellner(1990); 유재천(2001); 강정인(1998) 이외에 미국 대선과정에서 미디어가 정당의 역할을 대체하는 것의 문제와 대책을 포괄적으로 평가한 책으로는 Patterson(1993) 참조.

터 인터넷을 통한 온라인 선거운동이 시작되었다. 온라인 선거운동은 무엇보다 전통적인 선거운동의 높은 비용을 대폭 줄일 수 있다는 비용의 효용성과 함께 한편으로 대중전달력 또한 높다는 평가를 받았다. 그리고 새로운 기술이라는 새로움의 매력으로 인해 유권자는 점차적으로 자신들이 검색·쇼핑·게임을 하는 일상적인 인터넷이라는 수단이 정치적으로도 활용될 수 있음을 깨닫게 되었다. 더구나 과거의 전통적인 선거운동은 대중화되는 데 오랜 시간이 걸린 데 비해, 온라인 선거운동은 불과 20여 년이 채 되지 않았음에도 불구하고 전 세계의 다양한 선거운동에서 매우 활발하게 사용되는 보편적인 방법이기도 하다.

항상 신기술을 사용한 선거운동에서 선도적인 사례를 제시한 미국의 온라인 선거운동의 형성과정은 미국뿐만 아니라 보편적인 온라인 선거운동의 전형을 제시한다. 국가별로 이러한 선거운동의 방식은 각기 다른 시기에 출현하기는 하지만 언젠가는 반드시 겪게 되는 과정이라는 의미이다. 이러한 미국 온라인 선거운동의 변화과정은 1996~2002년까지 후보자를 중심으로 한 홈페이지 선거운동, 2003~2006년까지 유권자 중심으로 이루어진 UCC(User Created Contents)[37]와 온라인 커뮤니티 선거운동, 2007~2010년까지 후보자와 유권자가 만나는 계기를 이루어낸 네트워크선거운동 그리고 2011년부터 2012년 현재까지 후보자와 유권자의 구분 없이 융합현상이 나타나게 되는 소셜전략 선거운동으로 구분할 수 있다. 이러한 과정은 각기 도입, 전개, 성장의 과정으로 구분할 수 있으며, 현재를 온라인 선거운동의 가장

---

37) UCC는 우리나라만의 명칭으로, 미국에서는 UGC(User Generated Contents)라고 부른다.

진화한 형태인 '스마트 선거운동(Smart Campaign)'의 시기로 평가할 수도 있다. 한편, 이와 같은 구분은 단지 기술적인 도구만을 중심으로 이루어진 것은 아니다. 물론 홈페이지 없는 제시 벤추라, 온라인 커뮤니티 없는 하워드 딘, SNS 없는 오바마를 상상하기 어렵겠지만 각각의 온라인 선거운동 시기에 나타난 특징은 몇 가지 기술만으로 설명될 수 없을 정도로 많다. 또한 이것이 온라인 선거운동이 결과만으로 평가되기 어려운 이유이기도 하다.

1990년대 중반 들어 인터넷과 홈페이지가 확산되면서 우리가 가장 먼저 접한 것은 매스미디어를 통해서 보기 어려웠던 다양하고 새로운 정보들이었다. 정보를 많이 습득한 유권자들은 무서운 속도로 기술을 활용하여 활발한 선거운동을 하기 시작했다. 후보자보다 빠른 속도로 유권자 사이의 기술 활용이 늘어났으며, 그것은 다시 후보자

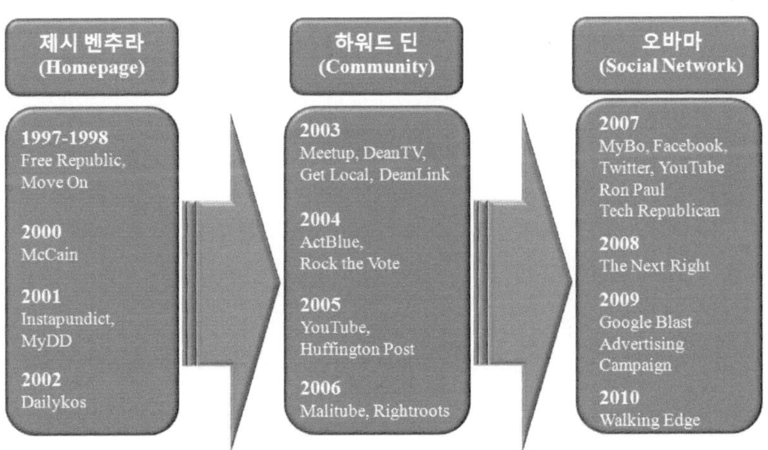

* 자료: Steven Devy(2010. 4. 6)를 참조하여 재구성

[그림 5] 미국 온라인 선거운동의 진화과정과 주요 사례

로 하여금 뉴미디어를 선택할 수밖에 없는 상황으로 역전되었다. 정치참여에 있어서 인터넷은 이용자들이 게시글 작성·댓글 달기·게시물 퍼나르기·온라인 여론조사 참여 등을 통해 공공의제나 정치문제에 대한 자신의 의견을 능동적으로 개진할 수 있기 때문에 그 자체로 시민 참여를 촉진할 수 있는 매우 유용한 수단이 되었다.[38]

온라인 선거운동의 패턴은 매우 간단하다. 즉 정보습득·대화·의견제시이다. 고전적인 정책론에서 구분하는 것처럼 의제가 제시되면 숙의를 거치고 정책으로 채택되는 사이클과 같이 정보 습득만을 강조한 초기 단계에서 자신의 주변 사람들과 정보를 나누는 다음 단계를 지나면 스스로 정책을 제시하여 현실적으로 새로운 변화를 만들어내는 의견제시 단계로 변화하게 된다. 이 세 가지 과정은 각국마다 처한 현실에 따라 세 단계 모두가 한꺼번에 나타나기도 하고, 어떤 국가는 지나친 규제나 문화적 위축 때문에, 정보습득만도 어려운 상황에서 지체되어 있기도 한다.

1990년대 중반부터 나타난 초기의 온라인 선거운동은 홈페이지 공간에서 시작되었다. 홈페이지 중심의 선거운동이 '나 여기에 있어요'라고 일방적으로 홍보하는 것에 그쳤다면, 2000년대 중반의 UCC와 온라인 커뮤니티 선거운동에서는 '우리 모이자'라고 말하고 있다. 이어서 2000년대 후반에 접어들어서는 SNS를 통해 "서로 다르게 모인 '우리'와 연결해볼까"라는 시도가 이루어졌다. 여기에서 '우리'는 서로 다른 정치 사회적 배경을 가진 다수가 한 사람을 지지하면서 모이게 된 다양한 집단을 의미한다. 그러나 언제나 새로운 뉴미디어의 출

---

38) 김성태 외(2011: 12)에서 재인용

현, 유권자의 적극성 발전, 후보자 반응의 중요성 증대와 아울러 온라인 선거운동의 전개과정에서 무엇보다 중요한 것은 이제는 유권자의 존재가치가 매우 격상되었다는 것이다. 따라서 1장부터 4장까지는 후보사 중심의 온라인 선거운동이 유권자 중심의 가치를 높이면서 어떻게 진화했는가를 살펴보고, 아울러 선거운동 방법의 다양화가 시민의 성장과 사회의 활력에 미치는 영향을 정리해본다.

제1장

후보자 중심의 홈페이지 선거운동(1996~2002년)

미국 온라인 선거운동은 1996년부터 시작되었다. 이 시기에 미국 성인들이 온라인 공간에서 정치정보를 습득하는 규모는 전체 온라인 사용자 가운데 20%를 넘지 않았으며 주당 평균 인터넷 이용시간도 10시간이 되지 않는 수준이었고,[39] 인터넷 사용률은 56%에 불과하였다. 퓨리서치센터의 조사에 의하면 1996년에는 미국 성인의 14%인 2,200만 명 정도, 1999년에는 미국 성인의 16%가 인터넷에서 정치정보를 이용하였으며, 특히 1999년에는 주당 평균 인터넷 이용시간은 8.8시간으로, 하루에 한 시간 정도 인터넷을 사용하는 수준이었다. 한편, 1996년은 투표율이 50%가 안 되는 미국 근대 역사상 최초의 선거였다. 1996년에 이어 2000년 대선은 인터넷 선거가 될 것이라는 기대가 팽배하였지만 사실은 그렇게 되지 못했다.

그러나 모순적이면서 의미심장하게도 바로 이 시기가 미국 온라인 선거운동의 원년이다. 온라인에서 여러 신기술들이 구현되면서 유권자의 관심을 이끌었다. 전면적인 인터넷 선거운동은 나타나지 않았지

---

39) Pew Research Center(2000)

만 많은 새로운 시도들이 시작된 것이다. 정치 관련 사이트에는 상호작용이 가능한 배너(banner) 광고·실시간 동영상·온라인 채팅방(online chatting room)·온라인 설문조사(online survey)·게임·퀴즈 등 다양한 참여거리가 마련되어 유권자들이 참여의식을 느낄 수 있는 계기를 제공하기 시작했다.

양적인 의미에서나 질적인 의미에서 이 시기의 미국 온라인 선거운동은 많은 한계를 가지고 있었지만 지속적으로 이후의 시기에 영향을 미칠 수 있는 다양한 형태를 시도하여 시험적인 시기(Pilot Era)로서의 의미를 가지며, 한편으로는 홈페이지를 통한 정보제공부터 온라인 커뮤니티를 통한 유권자 대화에 이르는 온라인 정치참여 모델의 초기 단계를 보여주었다. 한편, 후보자 중심의 홈페이지 선거운동의 가장 성공적인 사례로는 프로레슬러 제시 벤추라의 홈페이지를 통한 선거운동사례가 대표적이고, 유권자의 사회운동으로서 무브온의 조직화가 나타나기 시작했다. 따라서 제1장에서는 제시 벤추라 선거운동의 특징과 무브온 조직화가 과거의 선거운동과 다른 점을 알아본다.

홈페이지
선거운동의 출현

온라인 선거운동 초기의 7년이라는 기간 동안 홈페이지라는 채널 확대와 정치자금 모금 정도가 진행되었다. 즉, 온라인은 선거의 전체적인 구조로 작동하기보다는 오로지 기술적이고 수단적인 의미가 강했으며, 활용 정도가 높지 않아서 자발적인 유권자 참여를 촉진하고 확대시키기에는 어려운 인프라(infrastructure) 환경에 머물러 있었다.

이 시기의 미국 온라인 선거운동의 특징은 가장 기본적인 홍보공간으로서 홈페이지를 채택하였다는 것에 있다. 1996년 대선에서 후보자 웹사이트가 개설된 것이 미국 온라인 선거운동의 시초이며,[40] 대통령 후보 지명전에 참여한 공화당 후보 대부분이 웹사이트를 구축했으며, 주요 정당 및 기타 군소 정당 후보도 웹사이트를 개설했다. 그러나 상원의 홈페이지 개설률은 절반 정도였고, 하원은 15% 정도의 매우 낮은 수준이었다.

---

40) 이보다 앞선 사례로 1995년 캐나다의 개혁당 사례가 있지만 당시 캐나다의 인터넷 인프라 구축 부족으로 이 선거운동은 완전한 실패로 기록되었다(유민호 2000 1, 21). 또한 미국에서 선거캠페인에 최초로 인터넷을 이용한 사람은 1992년 민주당 대통령 후보 경선에서 인터넷을 활용한 제리 브라운(Jerry Brown)이며, 이어서 1995년에 민주당은 정당 웹사이트를 최초로 개설하였다(김경미 2009: 4). 그러나 이와 같은 선례는 단발에 그치고 정치적 효과를 크게 거두지 않았기 때문에 이 책에서는 1996년을 미국 온라인 선거운동의 원년으로 평가한다.

이어 1998년 미네소타주 주지사 선거에서는 제시 벤추라가 자신의 홈페이지(www.jesseventura.org)를 통해 지지자와 의견교환을 나누는 혁신적인 시도를 하였다. 벤추라는 단순히 일방적으로 정보제공을 하는 데 머무르기보다는 온라인 공간을 통해 유권자를 움직이는 최초의 사례를 제시하였다. 더구나 기성정치인이 아닌 프로레슬러라는 비정치인을 정치인으로 만드는 과정에 홈페이지가 활용될 수도 있다는 사실에 많은 사람들이 관심을 가지게 되었다.

벤추라는 홈페이지를 통해 확보한 3천여 명의 지자들에게 투표일 3일 전에 이메일을 보내 주 전역에서 동시에 개최한 지지결의대회(local organizational meeting)에 대한 소식을 전했다. 또한 홈페이지를 통해 네티즌과 의견을 교환하고, 벤추라 인형을 판매하여 정치자금을 모금하였다. 지역언론은 이러한 활동에 주목하여 보도했고, 온라인 선거운동을 시작한 지 불과 3일 만에 벤추라는 상대후보인 콜맨(Coleman)과 험프리(Humphrey)를 물리치고 당선되었으며,[41] 이후에는 벤추라 외에도 웹사이트를 개설한 후보자의 비율도 매우 증가하였다. 2000년에는 스티브 포브스(Steve Forbes)가 홈페이지(www.forbes2000.com)를 통해 대선 출마를 선언하였다.

한편, 1998년 벤추라의 당선에 대

* 자료: www.epier.com/product.asp?1833688

[그림 1-1] 제시 벤추라 인형

---

41) 김성태 외(2011: 16)

해 많은 사람들이 인터넷 때문이라고 평가하였지만 벤추라 홈페이지 관리자인 매드센(Madsen)은 "인터넷은 기술이 아닌 '관계'에 관한 것이다. …… 인터넷이 없었다면 우리가 선거에서 승리할 수 없었겠지만, 오직 인터넷 때문에 승리한 것이 아니다. 우리가 승리한 원인은 우리의 지지자들, 선거운동원, 자원봉사자들이었다"고 밝혔다.[42] 즉, 단순한 기술수단을 이용한 것이 아니라 사람들과의 관계 및 인적 자원을 확보하기 위한 기술활용이 중요함을 강조하였다. 이와 같은 사용자 중심의 관점은 온라인 선거운동에서 매우 중요한 관점이다. 즉, 벤추라의 선거운동에서 이메일은 상호작용적인 특성 때문에 자원봉사자나 기부금을 모으기 위한 중요한 수단이 될 수 있었으며, 사람의 연결이 보다 중요한 가치로 여겨졌다는 사실이 중요한 것이다.

1998년에 이어 2000년 대선에서 부시(Bush)와 고어(Gore)의 사이트를 보면 부시의 경우는 후보자에 대한 정보가 불충분하다는 평가를 받았고, 고어는 선거 의제 제기는 훌륭하지만 후원금 요구가 과하다는 평가를 받았다. 결국 두 후보 모두 후보자 중심의 선거운동방식에만 머물러 있었기 때문에 유권자와의 소통에는 실패한 것이다. 한편, 이 시기에 두 후보 가운데 한 명의 사이트라도 방문한 사람은 전체 온라인 사용자의 16%에 그쳤으며, 이 가운데 1/3만이 이들 사이트의 정보가 유용하다고 응답하여 유권자의 호응도도 매우 미진했음을 알 수 있다.[43]

이처럼 웹 캠페인(Web Campaign), 사이버 캠페인(Cyber Campaign)으로 묘사되는 초기의 온라인 선거운동은 주로 홈페이지를 통해 이루어졌다.

---

42) Steve Davis etc(2002)

43) 2000년 당시 미국 성인의 인터넷 이용률은 절반도 안 되는 **46%**였으며, 가정에서의 브로드밴드 사용률도 **5%**에 지나지 않았다. 또한 휴대폰 소유비율도 **50%** 정도였으며, 무선 인터넷은 전혀 보급되지 않은 상태였다(**Pew** Research Center 2009. 12. 10).

홈페이지를 통한 정책홍보뿐만 아니라 자원봉사자들이 온라인 선거운동의 중요 행위자로 부각되었으며 온라인 정치자금 모금이 적극적으로 시도되는 등[44] 홍보뿐만 아니라 의견 교환과 정치자금 모금이라는 다각적인 선거운동 구조가 이미 형성되기 시작했다는 특징을 보이기 시작했다.[45] 그러나 이 모든 특징은 2000년까지는 완전히 현실화되지 못한 채 '가능성'으로만 평가되었다는 점에서 후보자 중심의 선거운동의 한계에 머물러 있었다. '가능성'이라고 비판하는 이유는 대부분의 웹사이트가 오프라인에서 배포된 자료를 전자적으로 옮겨놓은 '브로슈어(Brochure)' 수준에 불과했기 때문이다. 즉, 이 시기의 온라인 선거운동은 온라인의 장점을 충분히 활용하여 자생적으로 발전하지 못한 채, 오프라인의 선거운동을 보조하는 수단에 머물러 있었다.[46]

물론 후보와 유권자 간의 의견교환과 정치자금 모금, 후보에 대한 기념품 판매 등의 선거운동 방식은 현재까지도 영향을 미치고 있는 가장 강력한 방식이라는 점에서 이 시기의 선거운동 형태는 온라인 선거운동의 원형을 제시한 것이라고 평가할 수 있다. 아울러 현재에도 영향력이 막강한 무브온과 같은 온라인의 강력한 정치단체들이 설립되었고, 유권자 정보를 데이터베이스화하고, 보트닷컴(vote.com)과 같은 인터넷 투표 방법, 연설모습을 비디오로 촬영하여 홈페이지에 게시하는 등의 시도들이 나타났다는 점 등은 긍정적으로 평가할

---

44) 1990년대 말, 폴리틱스 온라인(Politics Online)은 온라인 기금 모금이 가능한 소프트웨어를 최초로 개발하였다.

45) 미국 연방선거위원회(FEC, Federal Election Commission)는 1999년 7월 10일 대선 후보들이 예비선거기간 중 웹사이트를 통해 신용카드로 정치자금을 모금하는 것을 허용하는 법안을 가결하였다. 이 법안에 의하면 개인이 정치인에게 낼 수 있는 한도액은 250달러인데, 이러한 온라인 모금은 부정부패의 소지를 막고 정치자금의 투명성 확보를 목적으로 한다. 한편 2002년 미국 연방의회는 선거자금법을 개혁하여 '소프트머니 금지법'을 통과시켰다. 이에 따라 기업이나 이익단체들은 소프트머니가 금지되면서 대신 기업주나 가족의 이름으로 혹은 직원의 이름으로 선거자금을 기부할 수 있게 되었다.

46) 김경미(2009: 5)

수 있는 부분이다(이 시기 온라인 선거운동의 주요 사례에 대해서는
[표 1-1] 참조).

[표 1-1] 미국 온라인 선거운동 사례(1996~2002년)

시기	내용
1996년 대통령 선거	- 미국 온라인 선거운동 원년 - 9명의 공화당 후보 가운데 6명이 웹 사이트 개설 - 일반 의원들의 신속한 홈페이지 업데이트는 여전히 이루어지지 않음. 일례로 클린턴 탄핵 시 자신의 홈페이지에 의견을 피력한 의원은 극히 일부
1998년 7월	- 무브온(moveon) 창설. 사이트 개설 첫날 3백 명의 청원자 접속 - 11월 선거 후, 클린턴 탄핵에 찬성한 의원을 낙선시키기 위해 그들의 경쟁자를 위한 모금운동 시작(1999년 1월까지 1,280만 달러 모금)
1998년 미네소타 주 주지사 선거	[개혁당 제시 벤추라] - 홈페이지인 제시넷(JesseNet)의 3천 명의 이메일 주소를 이용하여 정책을 대화 형태로 홍보하여 당선 - 자신의 인형을 팔아 하루 평균 1,500달러 모금 - 중간선거 최대 이변으로서 '인터넷의 케네디', 개혁당 대통령 후보로까지 거론됨 - 홈페이지 유지에 단 6백 달러만 지출했다는 점에서 저비용 고효율 선거운동 사례로 평가됨
1998년 인디애나 주 선거	[민주당] - 유권자 정보가 수록된 CD롬을 활용하여 적극적으로 선거운동 - 32년 만에 가장 많은 민주당 당선자 배출 효과
1999년	[민주당 브래들리] - 9월까지 인터넷을 통해 65만 달러 모금 [애리조나 주] - 대선 예비선거에서 인터넷 투표 실시 [딕 모리스(Dick Morris, 클린턴 정치참모)] - 12월 유권자 현안 투표가 가능한 보트닷컴(vote.com) 개설
2000년 대통령 선거	[존 맥케인] - 대선에서 최초로 인터넷 사용 - 뉴햄프셔 예비선거에서 인터넷 선거운동에 힘입어 승리 - 웹사이트에서 유권자와 화상으로 직접 대화, 거리유세 중계 - 적극적인 온라인 모금 활동. 인터넷을 이용하여 650만 달러 모금 [스티브 포브스] - 온라인으로 대선 출마선언을 한 미국 최초의 정치인 - 웹사이트를 통해 출마선언 - 연설 모습을 담은 비디오 자료 제공

2000년 대통령 선거	− 11명의 각 당 대선 후보가 웹사이트 개설 − 정책홍보뿐만 아니라 자원봉사자 활동, 정치자금 모금, 기념품 판매
2002년 12월 5일	[트렌트 로트(Trent Lott)] − 스트롬 서몬트의 100세 생일 파티에서 인종차별을 지지하는 듯한 발언을 한 것이 조시 마셜(Josh Marshall)의 블로그 '토킹 포인츠 메모(Talking Points Memo)'와 글렌 레이놀즈의 블로그 '인스타펀디트'를 통해 확산되면서 12월 20일 공화당 원내총무에서 사임
2003년	[에드워드 슈록(Edward L. Schrock)] − 동성애 반대를 표명하며 동성애 반대 법률을 지지했으나 '블로그 액티브 (BlogActive.com)'에서 전화섹스를 하는 남자들로부터 성행위를 요구받는 오디오 테이프를 처음으로 공개하여 즉시 사임함

* 자료: 조희정(2009)을 재수정

무브온의 약진

1. 무브온의 성장과정

1998년에 전개된 벤추라의 홈페이지 선거운동만큼이나 중요한 또 하나의 사건은 현재까지도 미국에서 가장 영향력 있는 온라인 정치 단체 중의 하나인 무브온(www.moveon.org) 활동이 시작되었다는 것이다. '움직여 나아가야 한다'는 의미의 명칭처럼 무브온은 단순한 정당 지지가 아니라, 그들이 지지하는 민주주의의 가치를 공유하는 무소속이나 공화당 후보들과도 행동을 같이 한다는 것이 강점이며, 시작부터 인터넷을 활용한 정치운동을 주도하면서 온라인과 오프라인이 결합된 활동을 하고 있다.

무브온은 1998년 9월, 클린턴 대통령의 성추문 사건으로 인해 제기된 대통령 탄핵을 반대하며 '클린턴 대통령을 질책하고 미국이 직면한 문제를 해결하기 위해 나아가자(Censure President Clinton and Move On to Pressing Issues Facing the Nation)'라는 슬로건을 제시하였다. 이 청원 제출이 무브온 운동의 시작이었고, 호응하는 사람들이 늘어나고 입소문이 퍼지면서 1998년 9월부터 1999년 1월까지 약 50만 명의 청원 메시지를 모아 의회에 발송하였다.

무브온의 초기 활동은 웹과 이메일을 통해 이루어졌으며, 여기에 든 비용은 참여자당 약 0.02센트에 불과하여 미국 역사상 가장 적은 비용으로 대중청원운동을 전개한 최초의 사례로 평가된다. 무브온의 총괄감독인 피터 셔먼(Peter Schurman)은 민주주의를 위협하는 기업의 돈과 미디어의 위력에 대항하여 인터넷은 시민연대를 구현할 수 있는 매우 효과적인 도구라고 강조하기도 하였다.[47] 그러나 서키(Shirky)는 무브온이 사회적 동원에 활용하는 메일이라는 도구가 과연 효과적인 도구인가에 대해 의문을 제시하였다. 즉 사회적 약속은 뛰어나지만 도구를 잘못 선택한 경우이기 때문에 앞으로 무브온의 활동이 성공하기 위해서는 좀 더 사람들의 성의를 잘 표현할 수 있는 효과적인 도구를 활용해야 할 것이라고 조언하기도 했다.[48] 이러한 조언은 당시의 상황에서는 적절한 지적일 수 있지만, 2012년 오바마의 선거운동이 이메일을 기반으로 시작한 것을 고려하면, 개인의 친화력을 도모할 수 있는 수단으로서 이메일의 위력에 대해 서키가 다소 낮게 평가했다고도 볼 수 있다.

어쨌든, 무브온은 이후에도 정치운동을 계속하여 이라크 침공 대신 무기 사찰을 요구하고, 비소나 수은 같은 오염물질에 대한 규제 재강화, 캠페인 재정 개혁을 요구하는 등 본격적인 온라인 시민운동을 전개하였다. 애초에 클린턴 대통령의 탄핵 반대 캠페인에서 시작하였지만 그 이후 선거와 의회정치에 적극적으로 관여하며 동시에 반전 운동의 가장 중요한 가상공간을 만들어나갔으며, 이와 같은 무브온의 활동은 정치적 조직화의 새로운 형태로 평가되고 있다.

---

47) MoveOn.org(2010: 29~30) 이 책은 국내에 소개된 가장 상세한 무브온 소개서이다.

48) Clay Shirky(2008: 307)

2. 무브온의 조직구조

2012년 현재 무브온은 버클리 시스템즈의 설립자이자 소프트웨어 사업가인 조인 블레이즈(Joan Blades)와 웨스 보이드(Wes Boyd) 부부가 공동회장이고, 케리 올슨(Carrie Olson)이 업무집행 책임자이며, 이사장은 엘리 파라이저(Eli Pariser), 전무는 저스틴 루벤(Justin Ruben)이다. 무브온은 트위터(@moveon), 페이스북(moveon), 유튜브(karinmoveon)를 연결한 다각적인 채널을 이용하여 정보를 제공하고, 지역조직인 무브온 위원회(moveon council)를 통해서 여러 지역 및 소규모 모임의 조직화를 주도한다. 유권자들은 자신이 거주하고 있는 우편번호를 기준으로 30마일 이내의 무브온 위원회를 검색할 수 있으며, 이메일을 통해 조직화 방식에 대한 전화교육이나 개인교육을 신청할 수 있다.

무브온 조직구조는 가장 상위에 있는 무브온, 지역 및 소규모 조직을 관리하는 무브온 위원회로 구성되어 있다. 무브온 위원회는 다시 단위별로 세분화되고 각 단위마다 조직화 방식에 대한 상세한 교육을 받는다. 무브온은 '캘리포니아 비영리 공공 이익 기관(California nonprofit public benefit corporation)'과 '캘리포니아 비영리 상호 이익 기관(California nonprofit mutual benefit corporation)'이라는 두 개의 법인체로 구성되는데, 이들을 합쳐 무브온이라고 부른다.[49] 무브온 시민 행동(MoveOn.org Civic Action)은 비과세 대상을 규정한 「연방조세법(Internal Revenue Code)」 501(c)[50] 조항에 따른 비영리 조직[51]으로서 공

---

49) www.moveon.org/volunteer/nondisclosure.html

50) www.law.cornell.edu/uscode/text/26/501

51) 무브온은 전통적인 527그룹에 속한다. 연방조세법 제527조에서는 정치단체들에게도 면세혜택을 주는데, 이들은 정당이나 후보와는 독립적으로 운영되는 외곽 정치단체들로서, 일상적으로 527그룹으로 통칭된

식적인 무브온으로 알려져 있고, 주로 교육이나 국내 주요 쟁점에 초
점을 맞춘 활동을 한다.

[표 1-2] 무브온의 조직 구조

무브온 위원회(Council)	
위원회 핵심 멤버 (Council Core)	[역할] - 각 위원회의 리더 - 위원회와 연대하고 협력 - 로컬 미디어에 대한 홍보 담당 - 회원 조직화 담당 - 새로운 리더 육성 - 위원회의 엔진과 같은 역할 담당 [활동] ① 새로운 위원회 멤버를 모집, 육성, 훈련 ② 행동을 조직 ③ 매월 조직 회의 주최
위원회 기획자 (Council Coordinator)	[역할] - 지역 리더 양성 - 무브온의 지역 멤버들을 모아 진보 운동 이끌어냄 - 무브온 캠페인을 이끄는 전국 풀뿌리 지역운동 네트워크에서 현지 리더에 해당함 [활동] ① 위원회를 만들 핵심 팀 멤버를 모집 ② 지역에서 운동을 펼칠 핵심 멤버들을 강하게 육성 ③ 위원회가 빠른 대응력을 갖추도록 협력
지역기획자 (Regional Coordinator)	[역할] - 지역 회원 조직화 담당 - 다른 멤버들을 현지의 기획자로 육성 - 위원회 기획자의 지역 조직 활동 지원 (이벤트 기획자로서의 역할은 아님) [활동] ① 새로운 위원회를 만들 위원회 기획자를 모집 ② 위원회 기획자를 현지 리더로서 조직 행동을 이끌 수 있도록 강하게 육성 ③ 위원회 기획자가 빠른 대응력을 갖추도록 협력

* 자료: www.moveon.org/organize/about

다. 이들은 환경, 교육, 낙태 등 의제를 지지하거나 특정 후보나 정당을 지지하기 위해 무제한으로 모금
활동을 할 수 있다. 반드시 국세청에 의무적으로 등록하고 비용과 지출을 신고해야 하지만, 연방선거위원
회에 등록된 경우 국세청 신고의무는 면제된다. 무브온은 미국 내에서 네 번째로 큰 527그룹이기도 하다
(MoveOn.org 2010: 7~8).

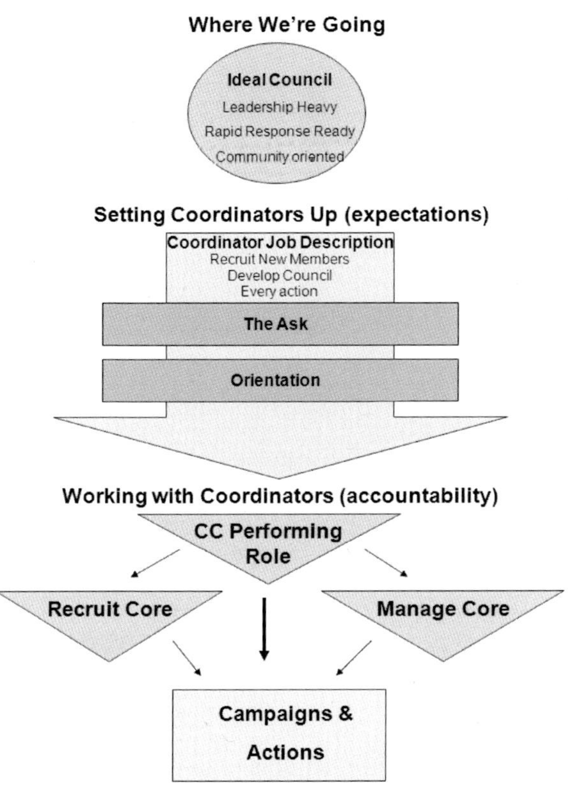

* 자료: www.moveon.org/team/roles/ccjob.html(검색일: 2009년 1월)

[그림 1-2] 무브온 위원회의 지역 리더 양성방식

반면 무브온 팩(MoveOn PAC)으로 알려진 무브온 정치행동(MoveOn.org Political Action)은 전국의 많은 정치 후보자들의 정치 운동을 후원하는 연방정치행동이사회이다. 무브온은 원칙상 어떤 회계연도에도 한 기부자로부터 5천 달러 이상의 성금을 받을 수 없고, 기업 또는 CEO의 후원을 받을 수 없는데, 사실상 7백만 명 이상의 회원들로부터 받는 평균 40달러 내의 기부금이 활동비의 대부분을 차지한다.[52]

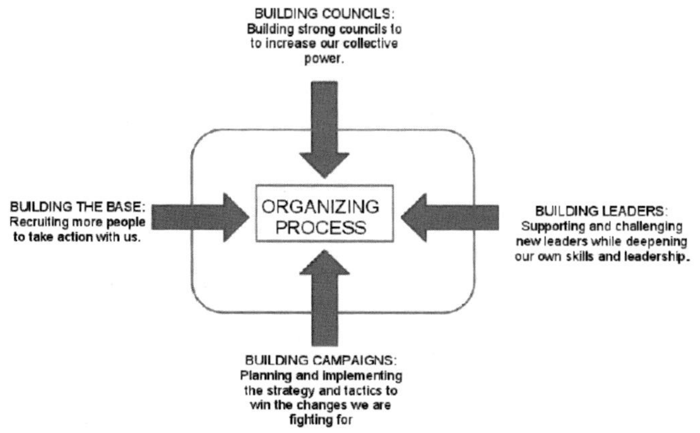

* 자료: www.moveon.org/team/training/index.html

[그림 1-3] 무브온의 조직화 방식

다음의 [그림 1-3]을 보면 이처럼 언뜻 위계적으로 보이는 조직화 방식은 지역단위 위원회 양성·리더 양성·기반 구축·캠페인 생성 이라는, 각기 다르지만 유기적으로 연관된 4차원 활동의 수평적이고 조직적인 융합에 의해 진행됨을 알 수 있다.

3. 무브온의 수평적 소통방식과 주요 활동

무브온은 다양한 소통방법을 사용한다. 웹 사이트에서 비디오, 다운로드 가능한 오디오, 이미지 등의 멀티미디어는 물론이고, 인쇄물 광고, 방송 미디어, 빌보드와 버스 표지판, 범퍼스티커 등과 같은 전

---

52) moveon.org/about.html

통적인 홍보 방식도 이용한다. 또한 오프라인 매체의 광고물들은 인터넷 웹 사이트에서 디지털 버전으로 다운로드할 수 있도록 서비스한다. 무브온에 참여한 시민들의 다양한 편지를 통해 무브우 활동을 소개한 책에는 연대, 투표, 언론참여, 정치행동을 강조하는 무브온의 상세전략이 소개되어 있는데, 온라인 청원, 정보 공유, 메시지 전파, 투표독려, 미디어 시민운동, 자원봉사, 정치자금 기부, 지역활동 활성화 등의 전략은 현재의 온라인 선거운동에서도 매우 유용하게 쓰일 수 있는 선진적인 선거전략이며, 무브온의 풀뿌리에 근간한 운동 정신을 잘 알려주는 것이기도 하다.[53]

1998년부터, 무브온은 민주당 정치후보들을 위해 정치 후원금을 모집해 왔고, 무브온 정치행동의 경우는 2000년 선거부터 많은 민주당 선거 후보들을 지지하고 후원해왔다.[54] 2002년에 「맥케인−파인골드 정치자금개혁법(The McCain−Feingold Campaign Finance Reform legislation)」[55]이 발효되었지만, 무브온은 미국의 「조세법」 제527조에서 비영리집단 활동의 무기명 기부를 허용한다는 점을 이용하여 '527 그룹'의 전략으로 법안의 제재를 우회했다. 또한 온라인을 통해 참여할 수 있는 민주적 과정을 개발하여 이메일 통신, 설문조사, 행동포럼을 통해 회원들의 관심주제를 파악하여 2001년과 2002년에는 '선거운동 자금제도 개혁'과 '환경문제'를 중심으로 활동을 전개하였다.[56]

---

53) MoveOn(2010)

54) moveon.org/press/pr/obamaendorsementrelease.html

55) 정당들이 소프트머니(기업이나 조합 등의 무제한, 무기명 기부)를 받지 못하도록 규제하는 법

56) MoveOn.org(2010: 23)

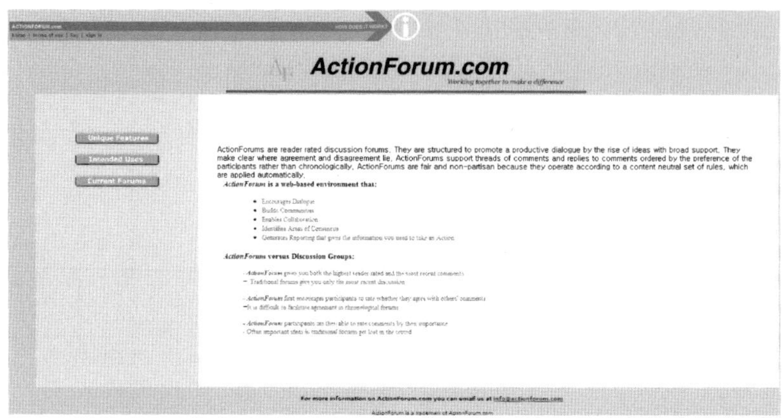

* 자료: **actionforum.com**

[그림 1-4] 액션 포럼 사이트(현재 비활성화 상태)

2004년 1월에는 전국회원 180만 명의 조직으로 성장하여 전국 온라인 회원토론사이트인 액션포럼(Action Forum)[57]을 풀뿌리 민주주의 방식으로 운영하여 회원들에게 무브온의 행동 전략 및 우선순위 등을 제안하도록 했다.

무브온은 또한 미트업 같은 그룹과도 협업하여, 길거리 시위, 빵 바자회, 하우스 파티(House Party) 등을 조직하고, 사람들이 각 커뮤니티에서 개인적으로 만나고 또 집단적으로 행동할 수 있는 기회를 제공하였다.[58]

---

57) www.actionforum.com

58) moveon.meetup.com

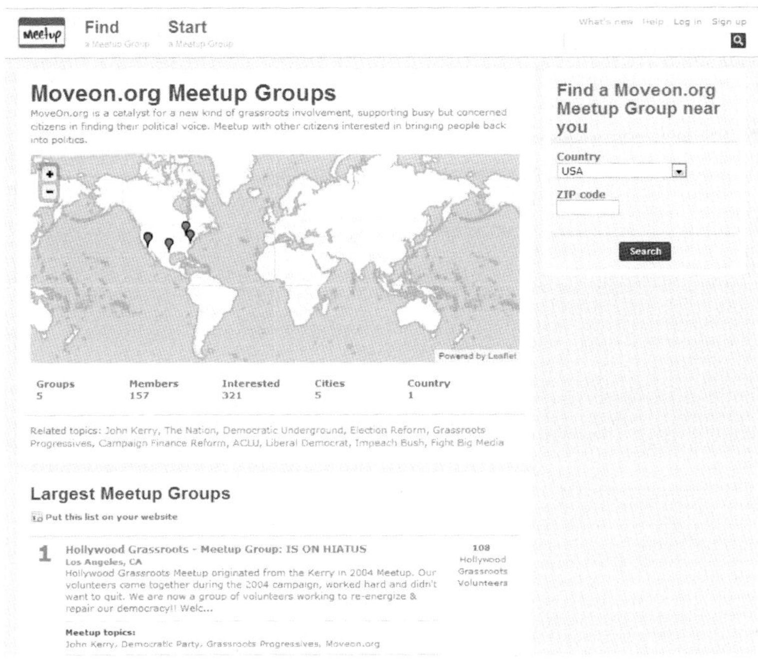

* 자료: moveon.meetup.com

[그림 1-5] 미트업의 무브온 페이지

민주당 지지 527그룹들은 자유주의 성향의 재력가들로부터 후원을 이끌어냈다. 예를 들어, 무브온 유권자 펀드에 조지 소로스(George Soros)는 146만 달러를, 프로그레시브 협회(theProgressive Corporation)의 이사 피터 루이스(Peter B. Lewis)는 50만 달러를 기부했다.59) 2004년 이후 무브온은 527그룹에 대한 어떠한 기부도 받지 않았고, 2008년에는 영구적으로 폐쇄했다. 2004년 대선 당시, 무브온은 조지 W.부시 후보를 아돌프 히틀러에 비유한 광고 때문에 반(反)명예훼손 연맹(the

---

59) www.washingtonpost.com/wp-dyn/articles/A44513-2004Mar9_2.html

Anti-Defamation League)으로부터 비난을 받았고, 해당 광고는 웹사이트에서 철수되었다.[60] 이어서, 2005년 4월, 네오콘(NeoCon) 출신의 존 볼튼(John Bolton) 전 국무부 차관이 UN대사로 내정되자, 회원들을 중심으로 반대 서명운동을 전개하였다. 또한 2006년 중간선거 기간에는 주요 선거구에 등록된 유권자들에게 7백만 통 이상의 전화 연락을 하는, 이른바 'Call for Change'라는 새로운 시스템을 고안했다.[61]

'Call for Change' 운동에 참여하는 방식은 개인이 지인들에게 전화를 거는 것과 전국 17,000여 명에 이르는 자원자가 가까운 이웃집에 모여 조직적으로 전화를 거는, 두 가지 방식으로 진행되었다. 후자의 경우 모임을 계기로 또 다른 새로운 자원자를 끌어들이고 지역 커뮤니티를 만들 수 있었다. 당시에는 61개 지역을 세부 목표로 하여 총

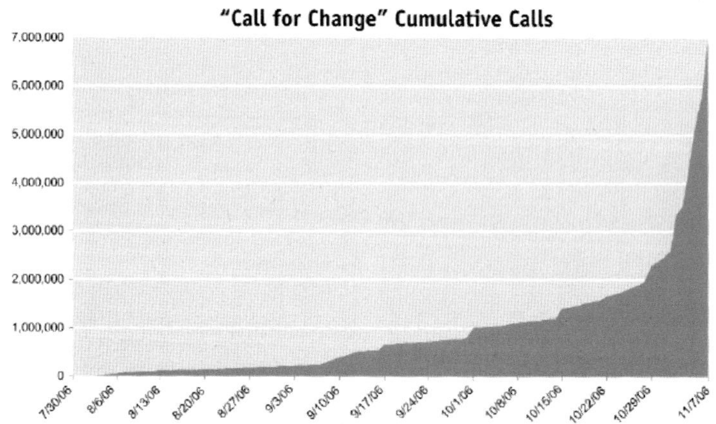

* 자료: pol.moveon.org/2006report

[그림 1-6] Call for Change 누적 통화 수

---

60) www.adl.org/PresRele/HolNa_52/4435_52.htm

61) pol.moveon.org/2006report

 민주주의의 기술: 미국의 온라인 선거운동

7,001,102통의 전화를 걸었다. 또한 「테러방지법(Anti-terrorism legislation, Patriot Act)」 재개정 운동을 펼쳐 시민의 권리를 보장하는 쪽으로 법안을 손질하도록 e-청원도 전개하였다.

2007년 11월, 페이스북에서 친구가 무엇을 구매했는지 알려주는 '비컨(Beacon)'이란 프로그램이 프라이버시 침해 논쟁에 휩싸였는데, 무브온은 이에 대한 반대운동을 시작했다. 페이스북에 그룹을 만들고, 페이스북이 사용자 승인 없이 다른 웹 사이트에 개인 구매 정보를 게시하지 못하도록 요구하는 온라인 청원서를 작성했는데, 열흘이 채 되지 않아 무브온의 그룹 멤버 수는 5만 명 이상이 되었다. 법정 소송 후 페이스북의 주커버그는 사과문을 올리고, 비컨은 승인을 의무화하도록 바뀌었다.62)

2007년 9월 20일, 데이비드 퍼트레이어스(David Petraeus) 사령관에 대한 광고('General Petraeus or General Betray Us?') 역시 논란의 대상이 되어, 많은 민주당의 전략가들이 무브온은 공화당과 부시 정부의 이라크 정책이 아닌 사령관 개인에 대한 마녀사냥식 광고를 함으로써, 공화당 내 온건파들과 부시 지지자들에게 변명할 여지를 주고 이라크 전쟁으로부터 국민들의 시선을 돌릴 기회를 주었다고 비난하였다.63) 폭스 뉴스(Fox News)의 데이비드 로데스(David Rhodes)는 무브온이 민주당을 가지고, 조지 소로스는 무브온을 가진다고 냉소한 바도 있다.64) 한편, 2007년 재선에서 메인 주 수잔 콜린스(Susan Collins) 공화당 상원의원은 구글 키워드광고(Google Adwords)에 무브온을 사용했는데,65)

---

62) en.wikipedia.org/wiki/Facebook_Beacon

63) www.washingtonpost.com/wp-dyn/content/article/2007/09/20/AR2007092001005.html

64) www.cnn.com/2007/POLITICS/03/10/debate.canceled/index.html

65) 콜린스의 재선 캠페인 사이트에 링크되는 배너 광고 문구는 다음과 같다. 'Stop Moveon.org. More

무브온이 구글에 해당 광고 삭제를 요청하고 구글이 내부 정책에 따라 해당 광고를 삭제했다.66) 이에 대해 표현의 자유와 상대방의 패러디를 허용하지 않는 것에 대한 비판의 목소리도 있었다.67) 2007년 동안 무브온 활동 가운데 가장 영향력이 큰 활동은 복지 예산 관련 활동으로서, 당시 공화당이 복지예산을 대폭 삭감하는 내용의 예산안을 통과시키려 하자 무브온 회원들은 e-청원과 시위를 벌여 삭감 규모를 크게 줄였다.

2008년 대선에서 무브온은 투표자에게 실제 뉴스인 것처럼 보이게 하기 위해 이메일 수신자의 이름을 넣어 그 사람의 투표불참이 오바마 선거 패배의 원인이 될 수 있다는 내용의 비디오를 제작하였다. 그리고 선거운동의 마지막 주에는 450만 명의 회원 가운데 120만 명의 젊은 층에게 이 비디오를 이메일로 발송하였다. 무브온은 이 비디오를 받은 사람이 자신의 소셜미디어 내에 있는 사람에게 전송하기를 희망했으며, 그 전략대로 초당 40~50명의 속도로 다른 사람에게 보내져 전체적으로 약 2,100만 명이 보게 되었다. 이는 2008년 미국 대선 기간 중 가장 확산성이 강한 비디오로 평가되었다.68) 한편, 2008년 맥케인의 이라크 정책을 겨냥하여 무브온이 제작한 군 입대 관련 TV 광고가 논란이 되기도 했다.69)

2009년에는 오바마 행정부가 출범하기도 전에 미국의 정치의제과제(MoveOn's Top Goals for 2009)에 대해 온라인 투표를 실시하여 정책

MoveOn money in Maine than anywhere else. Learn how to help'

66) googlepublicpolicy.blogspot.com/2007/10/our-advertising-policies-and-political.html

67) www.wired.com/politics/onlinerights/news/2007/10/moveon

68) Winograd · Hais(2009, 김경미 2009: 19에서 재인용)

69) www.nytimes.com/2008/06/23/opinion/23kristol.html?_r=0

화하는 데 노력했다. 이는 단순히 오바마와 민주당을 지지하고 지원하는 선거 머신에 머무르지 않고 정책지지단체로서의 역할을 한다는 긍정적 평가를 받았다.[70]

2011년 5월 16일, 무브온은 '체인지온(Change.org)'이나 '아바즈(Avaaz)', '피티션온라인(PetitionOnline)'처럼 온라인 청원을 위한 비영리 호스팅 서비스인 사인온(SignOn.org)을 새롭게 시작했다. 또 2012년 대선을 준비하여 2012년 2월 9일에는 'the99spring.com'이라는 도메인 네임을 구매했다.

* 자료: **signon.org**

[그림 1-7] 온라인 청원 사이트, 사인온(signon.org)

---

70) MoveOn.org(2010: 9)

* 자료: the99spring.com

[그림 1-8] The 99% Spring

2012년 현재, 무브온은 7백만 명이 넘는 회원을 갖게 될 정도로 규모가 커졌다. 무브온의 세력이 확장되고 모금운동이 성장함에 따라, 책임성과 관련된 경계의 목소리도 있다. 제프리 골드팝의 지적과 같이 무브온이 인터넷 논의를 일치된 행동으로 발전시켰을 때, 그것은 사회운동의 근육을 발전시키고 있었다는 점을 주목해야 한다. 그런 의미에서 이들이 단순히 반전의 메시지만을 전파한 것이 아니라 다른 차원에서 활동적인 정치인이나 정당과 결합할 경우에는 실제의 제도화 과정에 참여 가능하다는 점을 눈여겨볼 필요가 있다.[71] 이들

운동은 웹을 통한 사회운동의 내구력을 형성하고 다듬는 데 공헌해 왔으며, 다른 한편으로는 사회운동과 정당의 관계를 재정립하는 데 이바지하였다. 많은 정치인들이 무브온의 활동 이후 전쟁에 대한 태도 등에 대해 근본적인 질문을 제기하는 것으로 태도가 변화했기 때문이다. 골드팝은 이러한 과정을 사회운동과 인터넷이 결합하여 민주적 대안을 창출하는 과정으로 평가한다.

웹에 의한 파편화(혹은 발칸화(balkanization)) 확대이론과 달리 무브온의 반전운동 사례는 작은 수의 사람들이 시작하여 웹을 통해 상호이해를 확대하고, 다양한 반전 그룹이 연결되며 그러한 그룹의 생각과 주장이 발칸화되지 않도록 주의를 기울였다. 이러한 노력은 테러와의 전쟁에 반대하는 가능한 모든 그룹이 함께할 수 있는 최소주의적인 토대를 제공했다. 이 네트워크를 통해 그 운동에 참여한 사람과 집단은 공동의 행위과정에 참여할 능력을 배양할 수 있었으며, 실제로 공동의 시위와 사회운동에 참여하면서 민주주의를 확장하는 데 기여했다.

---

71) Jeffrey C. Goldfarb(2006)

소결

스티브 데이비스(Steve Davis)는 2000년 미국 대선에서 온라인 정치 단체를 통해 인터넷의 기여를 인식하기보다는 평범한 사람들에 의해 구축되는 온라인 커뮤니티의 역동성을 통해 분석하였다. 이때 선거는 새로운 형태의 사회 자본(Social Capital)[72]이 형성될 수 있는 온라인 커뮤니티 형성을 위한 촉매제로 기능한다. 퍼트남에 의하면 민주주의와 경제발전에 결정적 역할을 하며, 이전의 집단행동을 통해 형성된 규범·가치·태도·신뢰를 공유하고, 미래의 사회적·정치적 동원에 이용될 수 있는 다양한 인적 자원 네트워크를 의미하는 사회 자본의 쇠퇴는 젊은 세대에서 가장 심각하게 나타나는데, 퍼트남의 이러한 지적과 달리 인터넷은 젊은 세대와 친화력이 높기 때문에 사회 자본의 촉매 가능성이 있다는 반론도 많이 제기되어 왔다.[73]

인터넷은 시공간에 의해 분리된 시민들이 서로에 대해 그리고 사회에 대해 훨씬 더 관심을 가지게 하고 연결하는 방식을 제공한다.

---

72) 퍼트남(Putnam)의 저서 『나 홀로 볼링(Bowling Alone)』에 의하면 물질적인 자본에 비견되는 사회 자본은 개인과 사회 네트워크와의 연결, 호혜성, 신뢰로 구성된다.

73) 물론 퍼트남은 온라인의 정치참여와 사회 자본의 관계에 대해서는 증명이 불가능하다거나 사회자본이 전제된 후의 참여라는 이유로 회의적인 입장을 취하였다.

그러나 2000년 대선에서 단체들은 인터넷을 단순히 도구로 간주한 반면, 사용자들은 매일 인터넷을 자신들의 확장으로서 받아들이고 온라인 커뮤니티를 형성하는 다른 사용자와 연결되기 위해 사용하였다. 퍼트남은 인터넷의 문화는 공동체주의적이라기보다는 개인주의적이라고 지적했으며 인터넷은 사람들 간의 협동과 신뢰를 위해 필요한 피드백(feedback), 다양성, 깊이, 사회적 역할의 참여를 빼앗는다고 주장했다.[74] 그러나 이와 같은 관점은 너무나 정태적인, 즉 변화와 다양성을 고려하지 못한 관점이다. 인터넷은 퍼트남이 생각하는 것보다 훨씬 복합적이기 때문에 인터넷 그 자체 때문에 사회 자본이 감소한다고 보는 것은 무리가 있는 것이다.

데이비스는 2000년 대선에서 후보자 입장에서는 온라인 선거운동이 활성화되었다고 평가하기 어렵지만, 온라인에서 정보, 커뮤니케이션, 오락이 나타나는 방식에 있어서는 거대한 약진기라고 평가하였다.[75] 그럼에도 불구하고 당시 온라인 선거운동의 문제로는 다음과 같은 것이 지적되었다.

첫째, 온라인 미디어는 지속적인 청중확보에 실패하여 수요를 창출하지 못하고 실패하였다. 수도폴리틱스닷컴(pseudopolitics.com), 그래스루츠닷컴(grassroots.com), 보터닷컴(voter.com), 폴리틱스닷컴(politics.com) 등이 그 사례인데, 수도폴리틱스닷컴은 360도 웹캠기술 등을 제공하며 정치 뉴스를 제공하였지만 투자 유치에 실패하여 2001년에 소멸되었으며, 그래스루츠닷컴은 정치조직에 소프트웨어를 판매하는 서비스로 전락하였고, 보터닷컴은 3개월 만에 폐업하였으며, 폴리틱스닷

---

74) Steve Davis(2002: 6, 11, 12)

75) Steve Davis(2002: 17)

컴 역시 실패하였다. 2000년에는 그만큼 사용자가 많지 않았기 때문에 광고를 유치하지 못하여 수익창출에 실패한 것인데, 이 외에 그나마 명맥을 이어오고 있는 것은 온라인 저널 서비스인 살롱닷컴(salon.com)과 청소년 대상의 서비스인 유스보트닷컴(youthvote.com) 정도라고 평가되었다.

둘째, 후보자는 의제 설정, 이슈 제시, 연설문 발행, 공식적인 콘텐츠 제공, 선거활동가·자원봉사자·기부자와의 내적인 연결, 지지자에게 이메일 발송 등을 하는 등 온라인 선거운동을 전개하였지만 이는 보편적인 유권자에 대한 폭넓은 네트워크 형성으로 이어지기보다는 정당 지지자에게만 매력이 있었다는 제한적인 효과로 나타났다. 원래 정치에 관심 있는 사람들을 더욱 강화하는 것에만 머물렀다는 것이다.

셋째, 애플리케이션에 있어서는 전자투표(Electronic Voting) 시스템 혹은 운영상의 문제가 나타났는데 결국 신기술의 도입이 발전을 가져다줄 것이라는 맹신을 전제로 기술을 적용하고 있다는 비판이 제기된 것이다.

넷째, 여전히 극심한 문제는 정보격차(Digital Divide)였다. 도시의 고학력의 백인 남성만이 사용하는 인터넷이라는 제한성 때문에 소외계층의 참여에는 제한이 나타나, 결국 기존 세력의 확장에만 인터넷이 유리할 뿐이라는 가설을 보여줄 뿐이었다. 이와 같은 상황은 뉴미디어 사용이 확대되는 2010년 후반부터는 매우 발전적으로 해소되지만 2000년만 해도 기술을 사용하지 않는 유권자는 정치참여에서 소외될 뿐이라는 정보격차 문제가 매우 심각한 정치적 문제로 지적되던 상황이었다.

이와 같은 문제를 안고 시작된 미국의 초기 온라인 선거운동은 이후에 인터넷 사용이 확대되고, 유권자들의 정치적 경험에 의한 정치 효능감이 증가하면서 후보자 중심에서 유권자 중심성이 더욱 강화되는 방향으로 진행하게 된다. 여기에 UCC와 블로그, 커뮤니티와 같은 개인의 정치적 참여가 매우 큰 기여를 하게 된다.

제2장

유권자 중심의 UCC와 온라인 커뮤니티 선거운동(2003~2006년)

2002년까지 미국 온라인 선거운동의 핵심이 홈페이지와 무브온으로 대표된다면 인터넷 환경이 좀 더 질적으로 발전한 2003년부터 2006년까지는 미트업이나 유튜브와 같은 온라인 커뮤니티와 동영상의 위력이 강하게 나타났다. 즉, 2005년에 동영상 서비스를 시작한 유튜브를 통해 많은 사람들이 UCC를 올리기 시작하면서 그 안에 정치적인 UCC도 포함된 것이다. 그러나 그 형태가 공식적인 뉴스나 딱딱하고 엄숙한 내용의 UCC가 아니라 유권자나 후보자 캠프에서 후보자의 일상을 자연스럽게 올린 UCC들이 많았기 때문에 사람들은 단지 홈페이지만을 활용하던 상황에서 자연스럽게 UCC로 관심을 가지게 되었다.

특히, 미국에서는 2006년 중간선거부터 UCC의 정치적 영향력이 증가했는데, 이는 과거의 수동적인 유권자에서 적극적인 유권자의 시작을 알리는 중요한 계기가 되었다. 즉, 선거캠프에서 동영상을 제작한 UCC 유통이 활발해진 것이 아니라 많은 사람들이 사회문화적으로 UCC를 활용하던 중에 정치인의 실수, 연설 등을 알리는 데 UCC를 적극적으로 활용하기 시작하면서 이에 대한 정치적 반응이 중요해진 것이다.

더불어 미트업 등의 온라인 커뮤니티 서비스에서 나타난 네트워크화를 통해 선거운동에서 연결(networking)의 중요성이 나타나기 시작하였다. 홈페이지를 개별적으로 방문하는 것에만 머물렀던 유권자들은 이제 나 외에 다른 지지자도 있으며, 그들과 모임을 조직하여 단체행동을 할 수도 있다는 것을 알게 되었다. 비단 정치적인 모임이 아니더라도 당시 미국에서는 우리나라의 다음(Daum)이나 네이버의 카페와 마찬가지로 수많은 종류의 온라인 커뮤니티가 생겨났는데 '딘의 아이들(Deanie Babes)'과 같은 하워드 딘의 열정적인 지지자 커뮤니티처럼 정치인에 대한 팬덤(Fandom) 현상도 그 안에 포함되어 있었다. 따라서 홈페이지 선거운동에 이어서 나타난 이 시기의 중요한 키워드는 'UCC'와 '온라인 커뮤니티'라고 할 수 있다.

UCC와 온라인 커뮤니티까지 활용하게 되는 2003~2006년 동안 미국사회의 미디어 활용도는 다음과 같다. 우선, 이전 시기에 비해 2004년에는 시민들의 인터넷을 통한 정치 정보 습득 비중도 20% 이상으로 증가하였고, 소극적 정보습득만 하는 것이 아니라 글쓰기나 의견나눔 등 의견을 표시하는 적극적인 참여도 증대되었다. 미국인의 13%는 정치 동영상 UCC를 시청, 온라인 정치 후원금 규모는 2%, 77%가 이라크 전쟁 뉴스보기나 커뮤니케이션을 하기 위해 인터넷을 사용하고 26%가 인터넷에서 뉴스와 정보를 습득하는 수준이었다.[76] 후보자들의 경우는 전체 정치인의 97%가 선거운동을 위해 웹을 이용하였지만 현직의원(7%)이 도전자(32%)보다 인터넷을 덜 적극적으로 사용하고 민주당이 공화당보다 활발하게 블로그를 이용했다[77](이와 같은 공화

---

76) Pew Research Center(2004)

77) Williams · Gulati(2007. 8. 30: 3)

당의 웹 사용 지체 현상은 2010년 중간선거를 기점으로 조금 다른 양
상으로 전개된다).

　일반적인 인터넷 활용의 증가와 정치적 참여의 증가에 이어 또 하
나의 특징적인 현상은 블로거라는 존재가 뚜렷하게 부각되었다는 것
이다. 당시 미국에서는 블로거의 72%가 인터넷을 통해 정치정보를
습득하였으며, 2004년 11월 미국 내 블로그 독자는 3,300만 명을 넘었
고, 이 가운데 1,100만 명이 정치 블로거의 고정 독자라고 밝혔다. 이
수는 신문, 라디오, TV 등 전통적 미디어 독자의 일부에 지나지 않지
만, 블로그를 포함한 모든 온라인 정보원에서 정치 뉴스를 얻거나 정
치 토론에 참여하는 미국인의 수가 2006년 7천 5백만 명을 넘었음을
감안하면 블로그의 정치적 영향력이 점차 증가했다고 볼 수 있다.[78]

　한편, 2006년에는 미국 인터넷 사용자 가운데 소셜미디어 사용자
는 39%였으며,[79] 정당 후보의 96%, 하원의원의 86%가 웹사이트를
가지고 있었고, 후보자의 16%가 페이스북 페이지를 가지고 있었다.
아울러, 웹사이트가 일반적인 대화소통과 자금모금의 도구로 성장하
였으며, 후보자와 온라인 정치운동가들은 인터넷상에서 자신을 차별
화하기 위해 노력하였다. 이들은 잠재적으로 선거이익을 창출하는 온
라인 도구를 강조하였는데, 이 가운데 특히 페이스북을 시작으로 소
셜미디어가 효과적인 선거운동방식으로 등장하여 이후의 시기에 영
향력을 더욱 확대하게 되었다.[80]

---

78) Kline et al(2006, 김성태 외 2011: 18에서 재인용)

79) 이마케터(eMarketer.com) 자료

80) Williams · Gulati(2009)

미트업 커뮤니티와
하워드 딘

비록 2004년 2월에 출마 포기 선언을 하였지만 이전의 낮은 지명도에 비해 약 1년간 만이라도 온라인에서 막강한 영향력을 발휘한 버몬트 주지사 출신 대선 후보 하워드 딘은 온라인 커뮤니티 서비스인 '미트업(MeetUp.com, '만남을 도와준다'는 의미)'에서 유권자들을 효율적으로 모집하여 인터넷의 정치적 영향력을 구현하였다. 하워드 딘 사례는 특히 자신의 불리함을 뛰어넘어 예비선거에서 선전한 성공적인 사례로 평가되었다.

* 자료: www.amazon.com/THE – REVOLUTION –
WILL – NOT – TELEVISED/dp/0060761555# –

[그림 2-1] 『혁명은 TV로 중계되지 않는다』

딘의 선거특보이자 딘의 모든 온라인 선거운동에 대해 『혁명은 TV로 중계되지 않는다』라는 책으로 펴낸 조 트리피(Joe Trippi)는 9천 명의 지지자에서 60만 명의 열성 지지자를 조직하고,[81] 모금액의 25%인

2,700만 달러를 온라인 커뮤니티를 통해 모금하며 소액 다수 기부로 채울 수 있었던 것은 인터넷의 힘이었으며,[82] 이는 과거 매스미디어의 정보에 의해 제한적 참여만 할 수 있었던 수동적 유권자가 쌍방향 대화의 주체로 변화한 것이라고 높이 평가하였다. 또한 1976년부터 2000년까지 민주당과 공화당을 막론하고, 예비선거 전해에 연방 예산과 맞먹을 만큼 많은 자금이 필요했던 선거에 비해 인터넷은 저비용[83] 고효율 정치의 가능성을 보여주었다고 평가하였다.[84] 예를 들어 소수의 부유층과 기업인이 주도한 2002년까지의 선거에서는 높은 비용이 드는 TV 토론 중심의 선거운동이 핵심이었으며, 그만큼 참여하지 못한 유권자의 무관심은 깊어만 갔다. 대통령 선거의 투표율은 50% 이하로 내려가고, 정당 일을 하는 사람의 숫자 역시 30년 전에 비해 42%나 줄었으며, 몇몇 지방조직의 자원봉사자 수도 39%나 떨어졌고, 정치집회나 연설과 같은 모임에 참여한 사람의 수도 35% 감소하였다.[85]

그러나 쌍방향 대화가 이루어지는 인터넷 시스템이 과거 선거운동방식의 비효율성을 대체하고, '닷컴의 기적'을 이룬 것이 바로 하워드 딘의 온라인 선거운동이었다. 딘의 선거운동에서 새롭게 시도된 것은 선거운동에 대해 블로그에서 실시간 동영상으로 방영하는 것[86]과 겟 로컬(get

---

81) 이들은 당시까지 정치활동은커녕 선거운동이라는 것에 한 번도 참여해 본 경험이 없는 평범한 사람들이었다(Joe Trippi 2004: 9).

82) 오프라인 집회에 모인 미트업 지지자들은 자신들이 딘에게 낸 후원금을 알리기 위해 보내는 후원금의 끝 단위에 1페니씩을 붙여서 기부하기로 결정했다. 조 트리피의 보고에 의하면 모금기간 후에 40만 달러의 모금액이 1페니 단위로 입금되었다고 한다(Joe Trippi 2004: 174).

83) TV 광고에 2억 달러를 쏟아 붓는 대신 딘 캠프에서는 월 1회 웹사이트를 업데이트하는 비용으로 총 2만 달러만을 지출하였다.

84) Joe Trippi(2004)

85) Joe Trippi(2004: 17)

86) 웨이브 익스프레스사의 기술을 이용하여 '하워드 딘 TV' 개설(선거 끝날 당시 하워드 딘의 24시간 비디오 클립과 연설 시청자는 5만 명).

local)을 통한 지역 시민의 조직화 방식이었다. 현재는 이미 익숙한 것이 되었지만 당시에는 캠코더에 촬영한 내용으로 여과되지 않은 생생한 후보자의 일거수일투족을 보여줌으로써 시민의 알 권리에 투명한 방식으로 접근하려는 시도가 처음 이루어졌으며, 컴퓨터에 간단한 프로그램만 다운받아 거주 지역의 우편번호만 입력하면 가장 가까운 지지자 모임을 찾아주거나 자원봉사자에게 연결해주며 지역 내 지지자들의 지역봉사 소식도 알려주는 지역 단위의 네트워크화가 처음으로 시도되었다. 이러한 운동방식은 일방향의 메시지 전달에 주력했던 전통적인 선거운동 방식에 비해 유권자와의 소통의 중요성을 인지하고, 유권자 집단의 조직화에 노력했다는 점에서 매우 중요한 의미를 가진다.[87]

딘의 온라인 선거운동의 가장 큰 특징은 블로그 정치의 서막을 알렸다는 데에 있다. 이후부터는 적극적인 유권자로서 블로거들의 활동이 ―민주당과 공화당을 막론하고― 활발해졌는데, 2003년 3월에 딘 캠프에서 개설한 미국 대선 최초의 블로그 '콜 투 액션(deancalltoaction.blogspot.com)'에는 시민들과 피드백이 가능한 메뉴가 없었지만, 이후에 콜 투 액션 블로그의 완성판이라 할 수 있는 '미국을 위한 딘 블로그(deanforamerica.com)'에서는 시민들의 연속 댓글이 서비스의 핵심을 이루는 변화가 나타난 것도 주목할 만한 현상이다. 또한 이 블로그에서 다른 주목할 만한 블로그와 연결해놓음으로써 관심 있는 시민들의 토론망을 자연스럽게 연결했다.[88]

이 시기의 인터넷 정치 정보 습득이 상승세였음에도 불구하고 하위

---

87) Westling(2007: 2)

88) 1990년대 이후부터 사라진 사이트의 과거 모습을 추적할 수 있는 웨이백머신(archive.org/web/web.php)을 통해서 선거기간 이후 없어진 '콜 투 액션'과 '미국을 위한 딘' 블로그의 콘텐츠를 추적하였다.

드 딘의 온라인 선거운동은 실패한 사례로 평가되고 있다. 물론 선거 막바지에 정보공개를 거부하고 대통령 선거라는 비중 있는 선거의 부담에 현명하게 대처하지 못한 딘이라는 인물 자체의 한계를 실패 원인으로 평가하기도 하지만 온라인 선거운동에 있어서는 '온라인'의 속성 자체를 이해하지 못했다는 평가가 대부분이다.[89] 본질적인 실패 요인은 교량형 자본(Bridging Capital)과 결속형 자본(Bonding Capital)의 차이를 이해하지 못함에 있었다는 것이다.[90] 즉, 딘의 선거운동은 가장 열성적인 지지자들끼리 내부의 결속형 자본을 형성하는 데에는 타의 추종을 불허했지만 자발적인 참여보다 선거 승리라는 목표를 중시하는 방향으로 본질이 변화하여 폐쇄성이 강한 결속형 자본의 강화에만 머물러 외부적으로 포용성이 강한 교량형 자본을 확대하는 데 실패했다는 것이 가장 큰 문제로 지적되었다. 선거의 핵심은 이미 나를 지지하는 사람들을 강화하는 것에도 있지만, 선거에 무관심한 층을 투표하도록 이끄는 것과 아울러 선거에 대한 관심의 폭을 확대하는 것에 있기 때문이다.[91]

이와 같은 한계는 2008년 오바마의 선거운동에서 지지자 내부의 결속형 자본보다는 지지자 모임 간 교량형 자본이 활성화됨으로써 진화하게 되었다. 선거운동의 범위와 구조를 하나의 정치생태계로 본다면, 나의 지지자와 나만 존재하는 폐쇄적인 그룹이 아니라, 나와 너 그리고 우리가 함께 공존할 수 있는 가치를 지향해야 한다는 것이 하워드 딘 온라인 선거운동 실패의 교훈이라고 할 수 있다.

---

89) 서키는 이에 대해 미트업을 통한 지지자의 동원은 열성 지지자들의 모임을 쉽게 만들어준 것에 불과할 뿐인데, 이를 지지도의 상승이라고 평가한 딘 측의 오판을 지적한다(Clay Shirky 2008: 309).

90) 퍼트남은 이러한 교량형 자본과 결속형 자본의 특징을 다음과 같이 비교한다. '누군가 나를 알리고자 한다면 결속형 자본에 의존할 테지만 분명한 이익을 보고자 한다면 교량형 자본이 필수적이다.'(Putnam 2009: 23)

91) Clay Shirky(2008: 240~241)

블로거와 동영상 정치고발

하워드 딘 이후에는 2005년 유튜브의 등장과 함께 2006년 중간선거를 기점으로 동영상 콘텐츠로서 UCC의 정치적 파급력이 폭발적으로 증대하기 시작하였다. UCC는 정치·사회 의제에 대한 다양한 의견을 공유할 수 있다는 점에서 효과적인 정치홍보 수단으로 활용되었다.[92] 유권자는 사용자 제작 콘텐츠로서 UCC를 스스로 제작하면서 이를 정치적 자원으로 효과적으로 활용하여 유권자의 자발적 선거운동 참여와 감시를 통해 정치인의 투명성을 강화하는 수단으로 이용하였으며 몇몇 중요 정치인의 정치적 성공과 실패에 큰 영향을 미치게 되었다(UCC 정치참여 사례에 대해서는 [표 2-1] 참조).[93] 따라서 이 시기 온라인 선거운동의 특징은 블로그와 UCC에 있으며 이러한 특징은 2008년까지 미국의 온라인 선거운동에서 큰 비중을 차지하게 되었다.

또한 유튜브와 동시에 1인 미디어로서 블로그가 활성화되면서 블로그 운영자로서 블로거들이 새로운 특징을 갖춘 유권자 집단으로

---

92) 김성태 외(2011: 7)

93) 그러나 UCC가 네거티브 전략에 집중될 경우에는 정치를 가십화하고 사회적 갈등을 증폭시킬 우려가 있다(한국정보화진흥원, 2007: 9~10).

등장하였다. 블로그는 1990년대 후반부터 등장했지만 2001년 9·11 사태 이후 많은 블로거들이 서로의 슬픔을 위로하고, 한편으로는 부시 대통령의 테러와의 전쟁 등의 사건에 초점을 두고 글을 쓰면서 급속도로 확산되었다. 블로그는 일방적으로 정보를 전달받았던 수신자로서의 유권자를 정보의 생산자로 변모시켰다. 또한 블로그는 개인이 주체가 되어 정보를 수집·생산·유통할 수 있다는 점에서 이전의 인터넷 토론 게시판과 구분된다.[94]

미국에서 정치 블로그는 사람들이 정치적 뉴스와 의견을 접할 수 있는 주요 원천으로서 기존 신문과 TV의 대안으로 기능하고 있다. 2004년 8월, 미국 대선을 앞둔 시기에 가장 인기 있는 10개 정치 블로그의 방문자 수는 2,800만 명으로 이는 당시 온라인 케이블 뉴스 방송 세 곳의 트래픽에 필적하는 수치였다. 선거 이후에도 정치 블로그들은 독자를 지속적으로 유지하였는데, 대선 이후 약 6개월간 상위 10개 정치 블로그의 독자는 모두 3,100만 명을 넘었다.[95]

[표 2-1] 미국의 UCC 선거운동 사례(2006년)

시기	내용
2006년 3월	[래더 게이트(Rather Gate) 스캔들] – CBS의 앵커 댄 래더가 시사 프로그램 '60minutes'에서 부시의 군복무 특혜 의혹을 제기하는 서류를 공개 – 보수파 블로거들이 '파워라인'과 '리틀 그린 풋볼' 블로그에서 문서의 글자체가 당시의 타자기에서는 나올 수 없는 타임스 뉴 로만체(Times New Roman)라고 폭로하면서 수천만 명의 관심을 받게 됨 – 결과적으로 래더의 사과와 함께 부시에게 유리한 상황으로 국면이 전환됨(래더는 사임)

---

94) 김성태 외(2011: 6, 18)

95) 김성태 외(2011: 18)

7~8월 코네티컷 주 상원의원 예비경선	[리버만(Joseph Lieberman) vs 라몬트(Ned Lamont)] － 블로그 전쟁(Blog Wars)이라고 평가되는 선거운동 경쟁 － 3선에 도전하는 민주당 후보 리버만이 같은 당내 신진 후보 라몬트에게 4% 차로 패배 － 8월 내 유튜브에 게시된 라몬트의 UCC는 200여 개일 정도로 진보 블로거들의 적극적인 지지를 받음 － 유튜브에서는 UCC vs. UCC의 온라인 토론이 진행되는 특징이 나타남
8월 14일 버지니아 주 상원의원 선거	[조지 앨런(George Allen)] － 유세 도중, 앨런이 자신의 선거운동을 감시하던 인도계 민주당 블로거에게 마카카(Macaca: 원숭이) 발언을 한 UCC가 유튜브에 배포되면서 6천만 명이 시청. 이 동영상에 대해 10월부터 대중매체들이 앞다투어 보도. 인종차별이라는 비난을 받아 공개사과까지 했지만 8,941표라는 근소한 표차로 낙선 － 공화당의 차기 대통령 후보로 거론되었지만 선거 패배로 몰락한 사례 － 이 UCC는 정치 게임의 결과까지 바꾼 미국 최초의 바이럴 비디오(viral video)로 평가됨
8월 17일 몬테나 주 주지사 선거	[콘래드 번즈(Conrad Burns)] － 몬테나 주 농장법안 공청회에서 졸고 있는 모습이 'Conrad Burns' Naptime'이라는 UCC로 유튜브에 올라 10만 명이 시청하였으며 2,847표라는 근소한 차이로 낙선
9월 델라웨어	[조 바이든(Joe Biden)] － 인종차별적 발언을 한 것이 유튜브에 게시됨
10월 상원의원 선거	[짐 탤런트(Jim Talent)] － 탤런트의 지지자인 라디오 진행자 러시 림보가 상대편 맥카스킬(McCaskill) 지지자인 파킨슨씨병 환자 마이클 J. 폭스의 몸짓을 비하한 라디오 방송 동영상이 유튜브에 공개되면서 탤런트는 선거에서 패배
10월 21일 테네시 주 상원의원선거	[해롤드 포드 주니어(Harold Ford Jr.)] － 민주당 상원의원 후보 － 테러리스트의 사생활 보호나 세금 증대를 주장하였는데 이를 조롱하는 공화당 쪽 UCC 'Harold call me!'가 유튜브에 배포되어, 게시 당일 27만 회 조회 수를 기록 － 5만여 표차로 낙선
10월 30일 캘리포니아 주 주지사 선거	[존 케리(John Kerry)] － 지원연설을 한 케리가 '열심히 공부하지 않으면 이라크에 가서 목숨을 잃을 수도 있다'라고 발언하는 'You get stuck in Iraq'라는 UCC가 유튜브에 올라 이틀도 안 되어 사과하고 이후 지원 유세 일정을 모두 취소함

* 자료: 조희정(2009)을 수정·보완함

특히 진보파[96]와 보수파 블로그[97]에 시민들의 정치적 참여가 응집되기 시작하였으며 그들은 선거운동 방식을 새롭게 구성하고 서로를

연결하며 또한 온라인에서 동원할 수 있는 수많은 과거의 자료를 들
춰내어 후보자들의 행적을 낱낱이 공개하는 등의 자발적 선거운동을
구성해냈다. 이들은 캠코더를 들고 후보자 유세현장에서 일거수일투족
을 감시하였으며 이를 유튜브나 자신들의 블로그에 공개하여 과거에
비해 더욱 적극적인 유권자층을 형성하였다는 점에서 의미가 있다.[98]

2006년은 블로그 선거운동의 절정기에 해당한다. 1년 동안 대략 7건
의 중요한 UCC가 블로거들에 의해 제작되면서 선거의 당락에 큰 영
향을 미쳤다.[99] '블로그 전쟁'[100]이라고도 표현되는 이러한 현상에서
는 특정 정파가 우세한 것이 아니라 모든 당파의 블로거들이 적극적
으로 참여했으며, 정치인의 공식 활동뿐만 아니라 알려지지 않은 뉴
스까지 정보 제공 범위가 확대되었다는 점에서 종래의 매스미디어
선거운동에서 볼 수 없는 정보를 많이 볼 수 있었다. 또한 UCC와
UCC, 즉 UCC를 통한 시민 토론이 진행되었다는 점을 보더라도 동영
상을 활용한 시민의 적극성이 이전의 시기에 비해 훨씬 고조되었다
고 평가할 수 있다.

---

96) 미국의 진보파 블로그로는 데일리코스(dailycos.com)가 가장 유명하며, 그 외에도 크룩샌드 라이어
(crooksandliars.com), 핫 에어(hotair.com), 파이어 도그 레이크(firedoglake.com), 마이디디
(mydd.com), 덤프 조(dumpjoe.com) 등이 있다. 데일리코스의 경우는 하루 방문자 수가 100만 명 이
상으로 이 규모는 백악관 사이트 방문자 수와 맞먹는다고 평가된다.

97) 미국의 보수파 블로그로는 아메리카 블로그(americablog.com), 파워라인 블로그(powerblog.com), 리
틀그린풋볼(littlegreenfootballs.com) 등이 있다.

98) 아메리카블로그 운영자 존 애러버시스(John Aravosis)는 이렇게 열정적이고 자유롭고 당파성이 강한 블
로거의 활동은 18세기의 다양한 정치적 의견을 담은 팸플릿의 유행현상과 비슷하다고 평가한다(다큐멘터
리 *Blog Wars* 참조).

99) 온라인상의 정치적 동영상 UCC를 적극적으로 생산하고 이용하는 새로운 유형의 네티즌을 video
blogger라는 의미에서 Vlogger라고 부르기도 한다(이원태 2007: 180). [표 2-1]에 제시되어 있는 UCC
사례의 세부 내용과 UCC 업로드 후 지지율 추이에 대한 상세한 자료는 이원태(2007: 181~191) 참조.

100) 2006년 7월 코네티컷에서의 리버만과 라몬트의 선거경쟁은 블로거의 정치활동의 특징을 나타내는 대표
적인 사례이다. 미국 Fremantle사의 다큐멘터리에서는 이 사례에 대해 블로그 전쟁이라고 표현하였다.

정치 패러디와
정치유머의 민주화[101]

1. 정치 패러디

이 시기에는 UCC와 블로그 활성화와 함께 정치 패러디 서비스와 콘텐츠도 매우 활성화되었다. 집잽(JibJab), 목 더 보트(Mock the Vote 2004, mockthevote.com), 아톰쇽웨이브(現 Atom Entertainment)와 같은 정치 패러디 전문 사이트가 인기를 끌었고, 집잽이 제작한 'This Land Is Your Land'[102]나 후속작품인 '워싱턴 DC에 사는 것이 좋아(Good To Be In DC)'라는 플래시 애니메이션은 8,000만 명 이상이 시청하였다. 집잽의 경우 2004년 7월 한 달 동안 사이트의 총 히트 수(hit)가 1,040만 회에 달했는데, 이는 같은 기간 동안 케리와 부시의 웹사이트 히트 수를 합한 것보다 3배 이상 되는 정도의 인기로 평가되었다.[103]

MBA 학생이었던 그렉(Gregg)과 독립 애니메이터로 활동 중이었던

---

101) ≪아이뉴스24≫(2004년 10월 1일 자)

102) 이 플래시의 음악은 1970년대 포크 가수인 우디 거스리의 노래 '이 땅은 너의 땅(This land is your land)'을 개사한 것이다.

103) 같은 기간 동안 케리의 사이트(www.kerry–edward2004.com)의 히트 수는 220만 회, 부시 사이트(www.georgewbush.com)는 110만 회를 기록하는 데 그쳤다.

에반(Evan), 스피리델리스(Spiridellis) 형제가 1999년경 뉴욕 브루클린의
한 게러지 오피스에서 설립한 인터넷 미디어 집잽은 처음엔 외주로
전자카드(eCards)를 만들면서 자금을 모았고 2000년 2월부터 바이럴
비디오를 제작했다. 2000년 대선에서는 부시와 고어를 풍자한 프리스
타일 랩 배틀 비디오 'Capitol Ill'가 500만 회 히트 수를 기록하면서 폭
스의 MadTV, ABC 뉴스, CNN 등에 방송되기 시작했다.

2000년의 성공을 회고하며, 형제는 2004년 대선에서도 당시 후보
였던 부시와 케리가 등장하는 '이 땅은 너의 땅(This Land Is Your Land)'
을 패러디하여 부르는 플래시 애니메이션을 제작했다. 선거가 끝날
때까지 이 동영상은 8천만 회 이상의 조회 수를 기록했고, 세계 곳곳
은 물론 남극과 국제 우주 정거장에서도 이 동영상을 시청했을 정도
로 당시 선풍적인 인기를 끌었다. 수천여 군데 웹사이트에 링크되면

[그림 2-2] Capitol Ill(2000. 7. 15)

서 동영상이 퍼지자, 후에 NBC Nightly News, Fox News, ABC World News Tonight를 포함하여 미국 내 거대 언론사들이 이 동영상을 보도했고, 제이 레노(Jay Leno)의 '투나잇 쇼(The Tonight Show)'에서는 제작자 에반과 그렉 스피리델리스(Evan & Gregg Spiridellis) 형제를 초청하기도 했다. 스피리델리스 형제는 그들의 애니메이션을 통해 미국의 진보와 보수 간의 간격이 이어질 수 있다고 시사하였다.104)

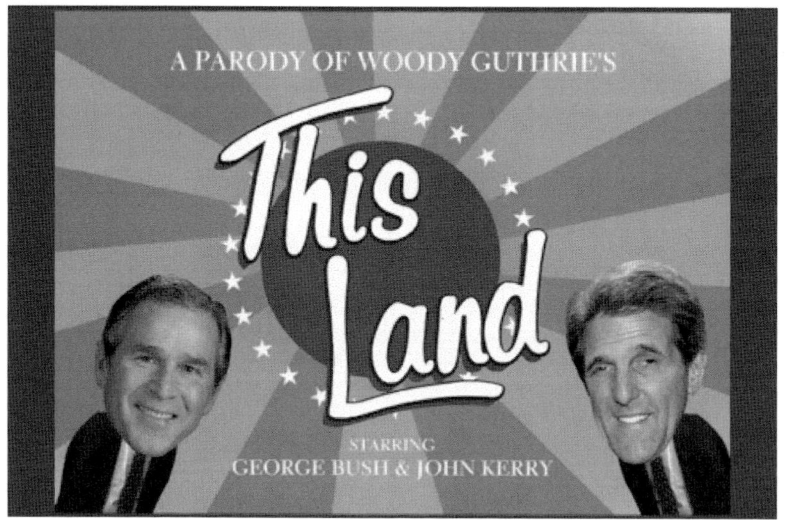

* 자료: jibjab.com/originals/this_land

[그림 2-3] This Land(2004. 7. 9)

---

104) blog.jibjab.com/history; abcnews.go.com/WNT/PersonOfWeek/story?id=369362&page=1#.UI4DlrFg_ao

※ ‘This Land’의 가사[105)

[부시] 이 땅은 당신의 땅, 이 땅은 나의 땅 / 나는 텍사스 호랑이, 당신은 자유주의적 소시지 / 나는 위대한 십자군, 당신은 허먼 몬스터 / 이 땅은 틀림없이 나를 위해 투표할 거야

[케리] 이 땅은 당신의 땅, 이 땅은 나의 땅 / 나는 지식인, 당신은 멍청한 바보 / 나는 훈장을 받은 참전용사, 세 개나 받았지 / 이 땅은 틀림없이 나를 위해 투표할 거야

[부시] 당신은 팬케이크 하우스에서 파는 것보다 더 많은 와플[106)을 갖고 있지 / 당신은 말을 이리저리 바꾸지만, 나는 세금을 깎아 주지 / 당신은 UN의 노리개, 내가 걷어차 주지 / 이 땅은 틀림없이 나를 위해 투표할 거야

[케리] 핵이라는 말을 꺼내지도 마, 나 정말 무섭거든 / 이따금씩 뇌는 아주 편하게 가지고 다닐 수도 있지만 / 그게 별로 도움은 안 될 거야, 내가 훈장 세 개를 갖고 있으니 말이야 / 이 땅은 틀림없이 나를 위해 투표할 거야

[하워드 딘] 이야호오~~

[부시] 당신은 자유주의적인 계집애 같은 남자

[케리] 당신은 우익 또라이 바보

[부시] 당신은 공산주의자

[케리] 당신은 문 손잡이만큼 멍청해

[부시] 너 보톡스 수술했지?

[케리] 어쨌든 난 훈장 세 개 있다구

[함께] 이 땅은 틀림없이 나를 위해 투표할 거야

[아메리칸 인디언] 이 땅은 나의 땅이었어

[온갖 기업들] 그치만 지금은 우리 땅이야!

[아놀드 슈왈제네거] 캘-리-포-니-아로부터

[빌 클린턴] 뉴욕의 섬들까지… (힐러리, 클린턴의 뺨을 친다) 내가 뭘 했다구?

[케리] 자유주의적 소시지들로부터

[부시] 우익 바보들까지

[다함께] 이 땅은 당신과 나의 것이지

[부시] 아, 딕 체니도 빼면 안 돼!

'This Land' 이후에도 정치 패러디 동영상은 계속 제작되었다. 2004년 10월, 후속작인 'Good to be in DC'에는 부시와 딕 체니, 케리와 존 에드워즈를 비롯한 유명 정치인들이 대거 등장하여 포크송 '딕시(Dixie)'에 맞춰 워싱턴 D.C.에서의 생활에 대해 노래를 부른다. 이 동영상은 전편만큼 유명세를 떨치진 못했지만 사람들에게 투표를 장려하고 선거 이슈를 부각시키는 데에는 기여하였다. 마찬가지로 집잽은 이 동영상에서도 민주당과 공화당 양 진영 모두를 비판하는 무당파성을 보이고 있다.[107]

* 자료: jibjab.com/originals/good_to_be_in_dc

[그림 2-4] Good to be in DC(2004. 10. 18)

---

105) deulpul.net/661415)

106) 와플(waffle)에는 살짝 구운 케이크라는 의미 외에 알맹이 없는 모호한 말이라는 의미도 담겨 있다.

107) deulpul.net/751802

※ 'Good to be in DC'의 가사[108)

[부시, 유권자들의 지지가 절반으로 쪼개졌다는 기사를 보며] 아, 이거 우리가 이긴다는 좀 더 확실한 보장이 있으면 좋겠는데
[체니, 전화기를 흔들며] 핼리버튼의 내 친구들에게 전화 한번 해볼까?
[유전 앞에 선 핼리버튼 사람들, 부시에게 주는 일억 달러 수표를 들고] 돈 보내줄게!
[부시, 핼리버튼 모자를 쓰고 돈다발을 흔들며] 그럼 계속할 수 있겠군
[체니, 워싱턴의 주요 건물을 배경으로] 계속 집권하는 거야
[부시와 체니] 워싱턴 디씨 랜드!
[케리, 꽃을 들고 있고 뒤에는 악의 축 지도자들인 김정일과 후세인 등이 케리를 지지하는 플래카드를 흔들고] 난 예민해, 난 거짓말도 하지 않아
[에드워즈, 케리를 안으며] 난 이 사람을 끌어안고 뽀뽀하고 싶어
[제임스 맥그리비[109) 뉴저지로 진입하는 고속도로 위에서] 저 사람들도 게이요?
[케리, 고속도로를 리무진으로 달리며] 말하지 않겠어
[에드워즈, 케리와 한 침대에 누워] 우리가 가는 길
[케리와 에드워즈, 침대 불을 끄며] 워싱턴 디씨로 가는 길
[고위 정치인들 수십 명, 워싱턴의 링컨기념관을 배경으로 춤을 추며] 디씨에서 사는 건 신나는 일!
[맥그리비, 보라색 옷을 입고 점프를 하며] 얏호! 얏호!
[부시와 체니, 백악관 앞마당 석유 드럼통 속에서 돈을 들고 튀어나오며] 석유로 번 돈
[케리, 하인츠 케첩을 흔들며] 케첩
[에드워즈, 홀렁 벗고 빨간 팬티 차림으로] 멋진 엉덩이
[네 명 함께] 이게 우리가 워싱턴으로 오는 수단
[에드워즈, 체니를 향해 손가락질을 하며] 바보 자식
[체니, 에드워즈를 향해 가운뎃손가락을 올리며] 엿이나 처먹어!
[둘이 어깨를 걸고] 이게 바로 우리가 디씨에서 말하는 방식
[2000년에 부통령 후보였던 조 리버만, 거지가 된 앨 고어를 가리키며] 명심하세요

---

108) deulpul.net/751802

[고어, 쓰레기통 옆에서 구직 표지판을 들고] 투표하세요
[대법원 판사들] 안 그러면 우리가 대통령을 뽑아주리다
[최근에 잘못된 문서로 부시를 공격하다 혼난 CBS 앵커맨 댄 래더] 저
는 댄 래더입니다. 확실한 소식입니다. …… 어쩌구… 저쩌구…
[정치인들, 춤추며] 디씨에서 사는 건 신 나는 일!
[법무장관 존 애쉬크로포트, 동성애 상징이 그려진 티셔츠를 양복 안에
서 내보이며] 나도 게이야! 나도 게이라구!
[케리, 베트남전으로 받은 훈장을 들고 반전 시위대를 배경으로] 메달을
던져버리고, 브라도 태웠지[뒤에 선 제인 폰다, 자기의 빨간 브라를 태
우다 함께 타버린다.110)]
[클린턴, 심장병 전문 병실에서 두 미모의 간호사들을 끼고] 우린 심지
어 쓰리섬까지 했다구
[힐러리 나타나서 클린턴 뺨을 때리고, 클린턴] 내가 뭘 어쨌다구?(힐러
리, 한 대 더 때린다)
[마이클 무어, 케리를 지지하는 플래카드를 들고] 누구나 말이지
[우익 라디오 토론 프로그램 진행자 러시 림보, 부시를 지지하는 플래카
드를 들고] 한쪽을 택하지
[민주당에 우호적인 공화당 상원의원 존 맥케인] 난 양쪽을 다 챙긴다구
[체니] 명심하세요
[에드워즈] 투표하세요
[케리, 부시] 내가 워싱턴에 들어가길 원한다면 말이에요!
[두 사람이 피리를 불고, 화면에 "투표하세요"가 뜨면서 끝남]

부시 대통령의 2기가 시작되자 집잽은 'Second Term'이라는 애니메
이션을 내놓았는데, 부시가 재임에 성공하여 동맹국 지도자들과 크로
포드 목장에서 신나게 자축의 노래를 부르는 모습을 풍자하는 내용
이다. 특히 이 동영상에는 노무현 전 대통령과 윤영관 전 외교부 장

---

109) 뉴저지 주지사로, 동성애자임을 밝히고 사임

110) 케리는 베트남전에서 돌아와, 훈장을 내던지며 반전 운동에 참여했고, 60년대 여성운동이 한창일 때 여
    성운동가들은 브라를 불태우고 여성성을 생긴 그대로 유지하자고 주장했다

자료: jibjab.com/originals/second_term

[그림 2-5] Second Term(2005.11.19)

관도 등장하고, 이라크 전쟁을 반대한 시라크 프랑스 대통령과 슈뢰더 독일 총리와 블레어 영국 총리가 크로포드 목장에서 부시와 함께 수영복 차림으로 바비큐를 구워먹는 모습도 있다.

부시 선거운동사이트에는 케리를 비꼬는 '케리의 플립플롭 올림픽(Kerry's Flipflop Olympic)'이라는 패러디물이 게시되었는데, 이는 특정 이슈에 대해 민주당의 잘못된 점을 바로 잡는 방식의 패러디였다.

[그림 2-6] 케리의 플립플롭 올림픽(Kerry's Flipflop Olympic)

또한 사우스캐롤라이나 대학의 학생이 올린 '모두에게 미안해요 (www.sorryeverybody.com)'는 부시의 재선을 막지 못한 것에 대해 전 세계에 사과한다는 의미의 풍자 사이트로서, 사이트 개설 2주 만에 5천만 회 이상의 방문수를 기록하고, 15,000개의 사진과 '사과글'이 올라오는 인기를 누렸다. 여기에 더하여 유사 사이트까지 개설되어 패러디 열풍은 선거가 끝난 후까지도 이어졌다.

2. 온라인 정치 게임

패러디물과 함께 온라인 정치 관련 게임도 인기를 끌었다. 유비소프트엔터테인먼트의 '정치기계(The Political Machine)'와 랜덤게임즈의 '프런트러너(Frontrunner)'는 대표적인 온라인 정치 게임으로서, 일종의 정부 시뮬레이션 게임(Government Simulation Game)이며, 사용자가 정치광고를 구매하고, 지방유세를 하는 등 선거운동을 실제 경험할 수 있는 내용으로, 가격은 25달러 이하이다. 2012년까지 이어지고 있는 '정치기계' 게임은 민주당과 공화당의 역사 속의 대선 후보까지 등장시켜 게임을 할 수 있는 온라인 정치 게임의 원형이라고 할 수 있다.

무료 게임으로는 '스태퍼즈(Statfers)'가 있는데, 이 게임은 선거운동 사무소를 돌아다니면서 전화 응대, 우편물 개봉, 방문객 접견, 커피 마시기 등 다양한 활동을 할 수 있다. 반면, 당파적인 패러디로서 에모게임(Emogame)의 '부시게임(Bushgame)'은 헐크 호건, 히-맨(He-Man),

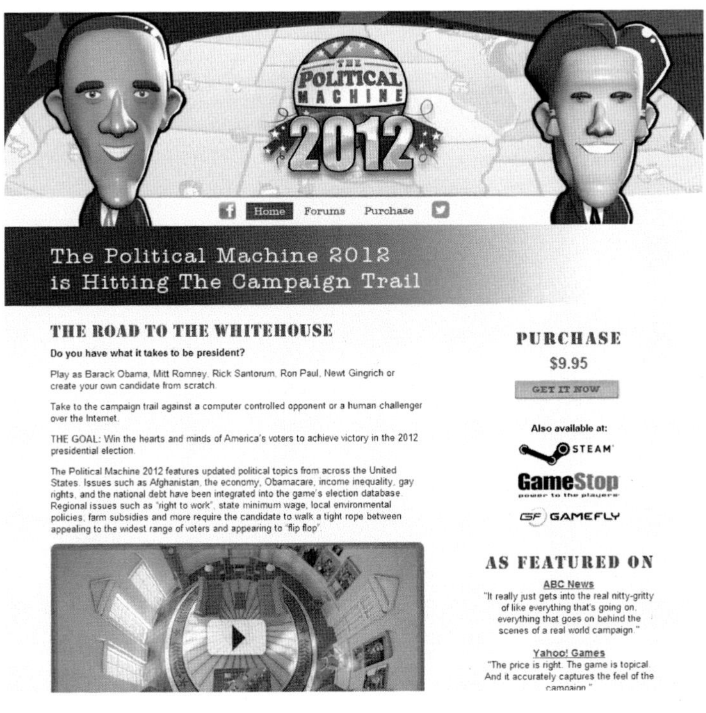

* 자료: www.politicalmachine.com

[그림 2-7] 정치기계 게임

미스터 T 등이 기업 이익으로부터 백악관을 구출하는 내용을 담고 있어 플레이어들은 게임을 즐기면서 재정적자나 환경정책에 대한 교훈을 얻을 수 있다. 버거킹의 '우스꽝스러운 닭(Subservient Chicken)' 광고의 패러디물인 '우스꽝스러운 대통령(Subservientpresident.net)'은 각종 명령에 대해 부시 가면을 쓴 대통령이 응답하는 방식으로 진행되는 게임이다.

이에 더하여 리퀴드 제너레이션은 부시와 케리를 코끼리와 똥으로 모욕한 게임방을 폐쇄하는 일도 일어났으며, 미니클립이 선보인 '부시 슛-아웃(Bush Shoot-out)' 게임은 대통령이 백악관 집무실 뒤쪽에서 마스크를 쓴 총잡이를 쏘는 내용으로 구성되어 있다. 코미디 센트럴 사이트의 일부 게임에서는 케리 측 선거운동원이 백악관 가까이 접근하면 골프채로 후려치는 내용을 담은 내용이 있기도 하였다.

소결

2004년 대선에서는 선거후보자의 웹사이트 방문자 수가 크게 증가하였다. 케리와 부시의 웹사이트 방문자 수는 각각 2,000만 명, 1,600만 명을 기록하였는데 이는 2000년 대선의 부시와 고어의 사이트 방문자 수보다 2배 많은 규모이다. 또한 2006년 중간선거에서는 상원의원 후보자의 웹사이트 이용률이 2002년의 55%에서 97%로 크게 증가하였다. 대략 2배 이상의 규모가 증가한 만큼 질적인 차원에서도 다양한 온라인 선거운동방식이 시도되었고, 이전 시기보다 훨씬 발전하였다.

온라인 선거운동으로 제시되는 여러 방식은 홈페이지를 통한 정보 제공, 즉 단순히 정보를 알리는 것에만 있는 것이 아니다. 홈페이지를 통해 정보를 제공받다가 후보자가 마음에 들면 정치자금을 기부할 수 있고, 돈뿐만 아니라 행동으로 자원봉사라는 일종의 재능기부를 할 수도 있다. 후보자를 마음에 들어 하는 사람이 많다면, 마음에 맞는 지지자끼리 모임을 조직하여 생산적인 많은 지지활동을 할 수도 있다.

인터넷 사용이 증가하고 인터넷을 통한 정치적 사용이 증가한 이 시기에는 홈페이지뿐만 아니라 좀 더 많은 선거운동이 전개되었다. 하워드 딘은 뉴스와 연동된 온라인 기금모금, 미트업 등 지지자 조직을 위한 온라인 커뮤니티 활용, 캠페인 정책결정을 위한 온라인 수단 이용, 지지층 확산을 위한 블로그 사용, 유권자의 지역에 맞춘 서비스로서 겟 로컬 프로그램, 실시간 후보 활동 소개 동영상을 블로그에 올리기 등 정보공개, 조직화, 유권자 참여 촉진을 위해 새로운 온라인 선거운동 방법을 선보였으며, 그 과정에서 정치자금 모금 수단으로 활용되는 인터넷의 잠재력도 크게 부각되었다. 이어서 2006년 중간선거에서는 적극적인 행위자로서 블로거들이 정치인의 활동을 감시하고 고발하기 위해 UCC를 적극적으로 활용하였으며, 그들은 때로 당파적인 조직이 되기도 하고, 개인의 정보수집·생산·유통 활동은 선거당락에까지 영향을 미칠 정도로 강력한 것으로 나타났다. 또한 블로거들의 UCC를 통한 토론과 논쟁이 활성화되고, 온라인 커뮤니티 활동도 활발해졌다.

이처럼 미트업 커뮤니티, UCC, 블로그 등 이 시기의 온라인 선거운동의 키워드를 살펴보면, 과거보다 유권자의 활동이 훨씬 더 적극적으로 나타났다는 것을 알 수 있다. 즉, 홈페이지를 통한 후보자의 정보제공이 소극적인 유권자를 자리매김할 뿐이었다면, 온라인 커뮤니티를 통한 열정적인 지지, UCC 고발을 통해 나타난 블로거들의 적극적인 정치 고발은 유권자가 더 이상 수동적인 정보 소비자에 머무는 것은 아니라는 것을 보여준 것이다. 이에 비해 2006년 중간선거에서 유튜브를 활용한 후보는 극소수에 불과한 것으로 나타났는데, 130명의 상원의원 후보 가운데 10%만이 유튜브 채널을 만들었으며, 1,102명의 하원 후보의 경우 유튜브 채널을 개설한 후보가 단 한 명도 없을 정도였다. 이 외에 여러 후보와 관련된 동영상은 후보자나 공식 조직이 아닌 일반인이 올린 것들이었다.[111] 적극적으로 변화하는 유권자에 비해 후보자들은 여전히 수동적이었고, 소극적이었던 것이다.

한편, 정치 패러디와 온라인 정치 게임이라는 정치유머 민주화의 선거문화가 온라인을 통해 등장하였다는 특징도 눈여겨볼 만하다. 이미 우리나라에서는 위축되고 만 문화이지만 자유로운 유권자들의 선거 즐기기는 문화가 중심인 온라인의 소프트한 특성과도 잘 어울리고, 유쾌한 선거관심과 정치참여를 가능케 하는 원동력이라고 볼 수 있다. 비록 고도의 정교화된 온라인 정치 게임이나 양당 비판 이상의 내용을 담은 진일보한 모습의 패러디는 아니었지만 이와 같은 문화적 현상은 선거의 긴장감에서 벗어나 선거를 놀이로 즐길 수 있는 분위기를 조성하는 데 일조하였으며, 정치적 표현의 민주화라는 성숙한 모습을 보여주었다고 평가할 수 있다.

이렇듯 초기의 미국 온라인 선거운동이 매스미디어의 모습을 답보한 정보제공에 머물러 있다면, 2003~2006년의 시기에는 공동체와 개인 정치활동의 활성화가 이루어짐으로써 이전의 시기보다는 훨씬 질적으로 발전된 모습을 보여주게 되었다. 이러한 가능성은 이후에 미디어나 온라인 저널 등 온라인 공간의 정치콘텐츠가 발전하는 기회를 제공하였으며, 한편으로는 2008년 오바마의 네트워크선거운동 진화를 이룩할 수 있는 강력한 역사적 토대로 이어지게 된다. 따라서 제3장에서는 후보자와 유권자가 비로소 대화하고 서로의 의견을 이해하고 반영하게 되는 2008년 대선의 네트워크 선거운동 과정을 살펴본다.

---

111) 김경미(2009: 5~6)

제3장

후보자와 유권자의 만남, 네트워크 선거운동(2007~2010년)

6년여의 홈페이지를 통한 정보제공과 4년여의 블로그·온라인 커뮤니티를 통한 집단행동 혹은 연결된 개인(Networked Individual)의 정치고발과 참여라는 이전 시기의 선거운동 경로는 미국 온라인 선거운동의 바람직한 기반을 마련하였다. 즉, 홈페이지, 무브온, 미트업, 블로그, UCC, 그리고 정치 패러디와 온라인 정치 게임을 접하고 경험하면서 미국의 유권자들은 참여 효과, 즉 정치적 효능감을 느끼게 된 것이다. 이렇게 정치적 신념이나 기대가 지속적으로 축적될 경우, 시민은 더욱 활발해지고 사회는 더욱 역동적이 될 수 있다.

온라인처럼 빠르게 반응하고 변화하는 공간에서 10년의 온라인 선거운동 기반은 2007년을 기점으로 도약의 발판을 마련하게 된다. 물론 이러한 도약은 무수한 동영상을 올릴 수 있는 유튜브나 트위터, 페이스북과 같은 사람과 정보의 무한 연결이 가능한 SNS 그리고 매시업(Mashup)과 같은 융합 콘텐츠 기술 때문에 가능한 것이었지만, 이 모든 것을 적절히 이용하면서 '선거운동의 로드맵'으로 구조화한 오바마 캠프의 선거전략이 가장 큰 기여를 한 것이라고 볼 수 있다. 즉, 홍수처럼 콘텐츠와 사람이 넘쳐나던 혼동의 온라인 공간에 사람과

정보가 모이고, 모이게 한 힘을 바라보게 하고, 자신이 느낀 감상을 타인과 공유하고 나누게끔 여러 개의 다양한 물길을 꼼꼼하게 거미집처럼 엮어낸 것이다. 따라서 단순한 신기술 적용이 무작위로 확대되던 이전의 시기에 비해 사용의 원칙과 그 원칙 속에 사람(유권자)의 가치를 담기 시작한 2007년은 이전의 10년과 이후의 시기를 결정적으로 구분하고, 미국 온라인 선거운동의 질적인 도약을 이루어낸 역사적 시기라고 평가할 수 있다.

이처럼 2007~2010년 중간선거로 이어지는 미국의 네트워크 선거운동의 특징을 알아보기 위해, 제1절에서는 과거의 어떤 시기보다 다양해진 온라인 채널을 유권자와 서비스가 어떻게 활용하고 있는가를 살펴보고, 이어서 제2절에서는 오바마의 선거운동으로 대표되는 2008년 대선에서 나타난 네트워크 선거운동의 네 가지 특징을 제시한다. 이후 제3절에서는 2010년 중간선거에서도 지속되는 온라인 선거운동의 네트워크 구조로서의 역할을 평가하고 특히 티파티로 표상되는 보수세력의 온라인 약진 전략을 분석한 후, 마지막으로 이 시기의 네트워크 선거운동에 대해 평가한다.

채널별 활용현황

1. 유권자의 미디어 활용

유권자의 미디어 활용은 당연히 시간이 지날수록 증가한다. 이 시기 역시 미국 가구의 인터넷 이용률이 1997년 18% 수준에서 2007년에는 61.7%로 크게 증가하였으며, 2009년에는 미국 성인의 80%가 인터넷을 이용하고, 휴대폰 사용자는 85%나 되었으며 무선 인터넷의 보급률도 56%에 달하는 고도의 인터넷 환경이 이루어져 이제는 인터넷이 보편적인 환경이 되었으며 아울러 휴대폰 사용자의 비율도 증가하여 웹과 모바일이 공존하는 환경으로 전환되는 분수령이 되었다.

인터넷의 정치적 이용 면에서는 미국인의 33%가 인터넷을 통해 대선 캠페인 관련 뉴스를 보았으며 30%는 인터넷을 통해 후보들의 정치적 일정, 입장, 연설 등 가공되지 않은 선거물을 접하였다. 또한 35%는 정치 UCC를 시청하였고 페이스북이나 마이스페이스에 정치 게시물을 올리는 유권자는 미국 성인의 10%. 온라인 정치 후원금의 46%는 인터넷이나 SMS를 통해 모금되었다.[112] 2008년에는 미국인 전체 성인의 약 46%가 인터넷을 통해 후보자들의 정치정보를 접한다고 응답하였다. 웹사이트에서 대통령 선거운동 비디오를 본 사람은 민주당원이 10명 중 6명꼴인 데 비해, 공화당원은 33%에 그쳐 큰 차이를 보였다. 당파별 미디어 활용에 있어서는, 민주당원은 정치와 선거에 대한 블로그를 읽는다고 응답한 비율도 43%에 달했지만 공화당원은 22%에 불과한 것으로 나타났다.[113] 퓨리서치센터와 프린스턴대학의 공동조사에 의하면 오바마를 지지하는 인터넷 사용자의 74%는 대선 관련 뉴스나 정보를 인터넷을 통해 얻는다고 응답하였고, 맥케인 지지자의 경우는 56%가 그렇다고 응답하였다.

연령별로는 18세 이상 50세 미만의 비교적 연령이 낮은 층에서 TV를 제외한 다른 전통적 미디어보다 인터넷을 통해 선거 관련 뉴스를 더 많이 접하고 있다고 응답하였다. 노년층에 비해 거의 4배에 달할 정도로 많은 젊은 층 유권자들이 인터넷을 선거뉴스의 주요 출처로 사용하고 있다고 응답했다. 한편, 50대 이상에게는 여전히 신문이 중요한 뉴스 제공 역할을 하고 있는 반면, 30대와 40대에게는 라디오가 선거뉴스의 보다 중요한 출처가 되는 것으로 나타났다.[114]

[표 3-1] 연령별 대선 캠페인 관련 뉴스 출처(2008년)

단위: %

출처 \ 연령	18~29세	30~49세	50~64세	65세 이상
TV	61	70	78	82
인터넷	49	37	29	12
신문	17	23	34	45

112) Pew Research Center(2009. 12. 10)

113) ≪뉴시스≫(2008년 6월 16일 자) 2000년에는 16%가 그렇다고 응답하였다.

114) 주미영 · 이소영(2009: 164)

라디오	15	27	18	16
잡지	5	2	2	3
기타	3	1	1	2
모름	2	1	1	1

* 각 범주는 1순위와 2순위의 응답을 합친 결과
** 자료: 주미영·이소영(2009: 164)에서 재인용

연령이 아닌 전체적인 선거뉴스 출처를 보았을 때 인터넷은 2002년에 비해 점차적으로 비중이 높아지는 것으로 나타났다.

[표 3-2] 주요 선거뉴스 출처(2002~2010년)

단위: %

출처 ＼ 연도	2002년	2006년	2010년
TV	66	69	67
신문	33	34	27
인터넷	7	15	24
라디오	13	17	14
잡지	1	2	2

* 자료: Pew Research Center(2011. 3. 17)

한편, 2008년의 연령대별 투표율도 젊은 유권자 층의 참여가 매우 높게 나타났다.

[표 3-3] 미국 대선 투표율(1992~2008년)

단위: %

연도 ＼ 구분	민주당 후보			공화당 후보		
	18~29세	30~44세	60세 이상	18~29세	30~44세	60세 이상
1992	43	41	50	34	38	38
1996	53	48	48	34	41	44

2000	48	48	51	46	49	47
2004	54	46	46	45	53	54
2008	66	52	47	32	46	51

* 자료: 뉴욕타임스 출구조사(2009, 김경미 2009: 15에서 재인용)

인터넷뿐만 아니라 소셜미디어를 통해 선거운동 정보를 얻는다고 응답한 사람은 8%로 나타났다.[115] 2004년의 경우 이 모든 지표가 1/3 수준이었지만 불과 4년 사이에 3배 이상 증가하였다. 2008년에는 민주당, 공화당 등 大정당 소속 후보자의 72%(816명 중 591명)가 페이스북 계정이 있었고, 그 가운데 약 50% 정도(816명 중 406명)가 페이스북을 업데이트하였다.[116] 소셜미디어 사용자는 인터넷 사용자 가운데 60%에 이를 정도로 증가하였다.[117] 물론 TV는 이 모든 수치의 2배에 해당하는 점유율을 보이고 있었는데, 2004년보다 줄어들긴 했지만 대선 캠페인 관련 뉴스 출처로 TV를 선택한 사람은 72%에 달했다. 이에 비해 신문과 라디오는 각각 29%와 21%라고 응답하였다.

[표 3-4] SNS와 정치활동(기준: 2008년 SNS 이용자)

단위: %

정치활동 내용	비율
친구가 투표한 대통령 후보 발견	41
친구들이 보도록 정치 콘텐츠 게재	33
자신이 투표한 대통령 후보 공개	26
정치집단/운동에 가입	16
대통령 후보자의 친구로 가입	12

* 자료: Pew Research Center(2009. 12. 10)

---

115) Smith · Rainie(2008. 6. 15)

116) Williams · Gulati(1999)

117) 이는 이마케터(eMarketer.com) 자료로서, 2009년 말, 영국은 64%, 한국은 62%로 나타났으며, 전 세계 평균은 62.5%라고 평가되었다.

소셜미디어 사용자의 경우 18~24세 이용자의 32%가 자신이 투표한 대통령 후보를 공개했으며, 54%는 친구들이 어느 후보에 투표했는지 알게 되었다.

[표 3-5] 연령별 SNS 이용자의 정치활동

단위: %

연령 정치활동	18~24세	25~34세	35~44세	45세 이상
후보 또는 캠페인에 대한 정보습득	26	24	19	19
정치집단 또는 운동에 가입	20	15	16	11
자신이 투표한 대통령 후보 공개	32	29	24	14
친구가 투표한 대통령 후보 발견	54	51	30	17
대통령 후보자의 친구로 가입	15	13	13	6
이 가운데 하나 경험	65	56	41	36

* 자료: Pew Research Center(2009. 12. 10)

이 시기에는 다양한 형태의 SNS들이 정치에 더욱 적극적으로 활용되기 시작하였는데, 이전 시기보다 훨씬 많은 마이스페이스, 유튜브, 트위터, 페이스북,[118] 헤드투헤드 등의 SNS가 정치 콘텐츠 서비스를 활발하게 전개하였다. 이와 같은 SNS의 의미는 '네트워크'에 국한되는 것이 아니라 '소셜'에도 있다. 즉, 선거운동 행위자로서 후보자와 유권자의 경계가 불분명해지고 있는 정치지형에서 소셜네트워크의 정치적 의미는 본질적으로 '의미의 쌍방향적 소통'이 중요한 것이며, 의미전달의 목적이 네트워크를 통해 구현된다는 것에 있다.

---

118) 웨스트링은 미국에서의 페이스북 정치가 하버마스가 의미하는 공론장을 구현하는 계기가 되었다고 평가한다(Westling 2007: 2).

[표 3-6] 서비스별 미국 온라인 정치캠페인 사례(2007~2008년)

서비스(개시일)	내용
마이스페이스 (2003년 말)	− 2008년 1월 예비선거를 위한 온라인 채널(impact.myspace.com) 개설 − 온라인 서비스를 통해 가상 예비선거(virtual presidential election) 실시. 이 투표에는 미국 내 회원만 참여 가능한데, 표를 행사한 후에는 예비선거 투표 과정을 지켜볼 수 있도록 서비스 − 선거참여 독려단체인 '디클레어 유어셀프(DY, Declare Yourself)'와 협력하여 이용자에게 등록을 장려하고 투표를 위한 프로그램을 제공함 − 상원 후보의 21%와 하원 후보의 2.7%가 프로필 정보 제공
유튜브 (2005년 2월)	− 3월 정치정보서비스 You Choose '08 개설 − 7월과 11월 CNN과 함께 민주당과 공화당 후보 UCC 토론회 실시 − UCC 시민채널 시티즌 튜브(youtube.com/citizentube) 개설. 시민이 참여하는 정치적 UCC의 공유 서비스 제공
페이스북 (2004년 2월)	− 후보들의 프로필 정보를 제공하는 Election Pulse 서비스 − 마이스페이스보다 월등히 많은 상원 후보의 32%와 하원 후보의 13%, 주지사 후보의 50%가 이용 − 2008년 1월 5일부터 3일 동안 ABC 방송사와 함께 뉴햄프셔에서 민주당과 공화당 토론회 개최(debate group). 3만 5천 명 이상이 참여
헤드투헤드08	− headtohead08.com − 유튜브, 마이스페이스, TV 광고, TV 토론 등 후보자들의 각종 UCC를 이슈별로 비교 − UCC를 통해 후보자 정책을 쉽게 이해할 수 있는 1:1 온라인 동영상 논쟁 서비스 제공

2. 유튜브 정치토론

유튜브는 월평균 1억 4,400만 명이 방문하는 거대 서비스로서, 2011년 4월 현재 미국 SNS 점유율 20.5%로 2위를 차지하였다.[119] UCC는 이전처럼 사용자가 제작만 하는 수준에서 더 나아가 유권자의 의사를 전달하고 후보자가 이에 대응하는 수준까지 발전하였는데, 2007년 1월 14일부터 진행된 민주당 경선 과정에서는 'Vote Different'라는 UCC를

---

119) goo.gl/X4sgx

통해 힐러리가 당선되면 조지 오웰이 '1984년'에서 예고한 빅 브라더 사회가 될 것이라는 경고 메시지가 전달되었고 이에 대한 시민들의 관심도 매우 높았다. 강한 느낌의 사실을 빠르게 전달할 수 있는 장점을 지닌 UCC는 기존의 텍스트나 이미지로 표현할 수 없었던 사용자의 욕구를 채워주는 매체 형식으로 더욱 발전하게 된 것이다.[120]

2006년 동안 2,662%라는 놀라운 성장세를 기록한 유튜브는 2008년 3월부터 '당신의 선택 2008(You Choose 2008)'이라는 서비스를 통해 토론회 정보뿐만 아니라 대통령 선거 전반에 대한 정보를 제공하였으며 이후 2008년 대선을 '유튜브 정치', '유튜브 선거', '유튜브 캠페인'으로 규정하는 데 큰 영향을 미쳤다.[121]

유튜브는 2007년 7월과 11월 CNN과 함께[122] UCC 질문에 대해 각 후보자들이 대답하는 '민주당 토론회(Democratic Debate)'와 '공화당 토론회(Republican Debate)'를 개최하여 이제 UCC가 단순히 유권자 입장에서 후보자를 고발하는 수단에 그치는 정도가 아니라 후보자와 의사소통하는 매개로 활용될 수 있음을 보여주었다. 이 토론회에 대한 네티즌의 관심은 매우 높아서 약 3천 건 정도의 질문 UCC가 모였는데, 토론회는 최종적으로 30여 개의 질문을 뽑아 각 후보가 짧게 답하는 형식으로 진행되었으며, 이 과정에서 다른 후보에 비해 상대적으로 의견을 분명히 표명한 힐러리와 오바마가 유력한 후보군으로 대두되었다.

---

120) 이원태(2007: 175)

121) www.youtube.com/youchoose; Lizza(2006. 8. 20); Gumbel(2006. 11. 4); Jarvis(2007. 1. 29) 참조

122) 유튜브의 정치적 영향력에 대한 다양한 평가에 대해서는 이원태(2007: 180) 참조

* 자료: edition.cnn.com/2007/POLITICS/07/23/debate.transcript

[그림 3-1] 유튜브/CNN 민주당 토론회

그러나 한편으로는 CNN과 유튜브가 3천 건의 UCC를 걸러서 유권자 참여를 제한했다는 점에서 질문의 선정기준 미공개, CNN의 규제 경향에 대한 불만이 제시되었으며 다수 후보의 응답시간이 너무 불충분하였고, 대답이 솔직하지 못하였다거나 후속 질문이 이루어지지 않았다는 비판을 받았다. 그리고 30여 개 질문의 종류를 분석하면 정치 사회적으로 의미 있는 질문보다는 개인 신변에 대한 질문이 거의 50%로 이루어졌다는 점에서 UCC라는 새로운 형태를 도입한 것 외에 진정으로 심도 있는 정치토론회로서의 의미는 부족하다는 비판이 제기되었다.

유튜브는 2008년 8월 25일부터 콜로라도 주 덴버에서 개최되는 민주당 전당대회에서 수백 명의 블로거들이 오바마의 연설을 촬영하여 실시간으로 유튜브에 올릴 수 있도록 약 5백 명의 블로거를 수용할 수 있는 서비스센터를 설치하였다. 유튜브가 아예 존재하지 않았던

2004년의 대선과 달리 2008년 대선에서는 유튜브를 통해 전당대회 연설 동영상을 실시간으로 볼 수 있는 키워드 검색 서비스 등 다양한 정치 실험을 서비스한 것이다. 빅텐트로 명명된 센터의 이용료는 100달러인데, 9월 1일 미네소타주 세인트폴에서 개최되는 공화당 전당대회에서도 2백여 명의 블로거에게 동일한 서비스를 제공하였다.

네트워크
선거운동의 특징

1. 교량자본의 활성화

2007년 1월 13일 온라인을 통해 대선 출마를 선언한 오바마의 선거운동은 홈페이지를 통한 정보제공방식에서 진일보하여 기존의 온라인 서비스를 최대한 적극적으로 정치적 자원으로 활용하고[123] 특히 지지자'를' 조직하기보다는 지지자 '스스로' 조직하도록 하는 유권자 중심의 네트워크 방식을 사용했다는 점이 가장 큰 특징이다. 일방적이고 수동적으로 지지자만을 조직하는 것보다는 적극적인 지지자들 스스로 자신의 네트워크를 조직하도록 독려하는 것이 훨씬 바람직하고 효과도 크다는 것을 알린 것이다. 또한 웹뿐만 아니라 모바일 서비스와의 연계를 통해 유권자 동원뿐만 아니라 정치자금 모금에도 적극적으로 활용했다는 점에서 능동적인 기술 융합 활용의 특징을 보이고 있다.

오바마는 네트워크 허브(hub)로 평가할 수 있는 그의 유명한 홈페

---

[123] 힐러리와 맥케인의 경우와 오바마의 주요 온라인 채널을 비교하면 오바마의 경우가 2~3배 이상 많은 것으로 나타났다.

이지인 마이 보(MyBO, mybarackobama.com)를 중심으로 다양한 소셜미디어를 연결하여 지지자층을 확산시켰다. 오바마의 선거 슬로건인 '오바마는 어디에나 있다(Obama is Everywhere)'는 오바마의 종합적인 소셜미디어 전략의 특징을 가장 상징적으로 나타내고 있다. 온라인상에 모인 오바마 패밀리 운영자 가운데 80%는 선거운동 경험이 전무한 이들로 나타났는데 이들 '개미'들의 참여를 통한 소액 다수 정치자금 모금의 효과도 네트워크의 효과로 평가되었다. 이에 대해 미국의 시사월간지 애틀랜틱 먼슬리(2008년 6월호)는 '올해 실리콘밸리의 최대 벤처는 오바마'라고 평가하기도 하였다.

마이보에서 연결된 소셜미디어를 콘텐츠 형태(텍스트, 이미지, 음성, 동영상)와 네트워크 성격을 중심으로 살펴보면, 다음의 [표 3-7]과 같다. 이 가운데 네트워크의 성격은 종합적으로 모두가 참여하는 기본 소셜미디어(A)(블로그, 마이보, 마이스페이스, 베보, 이벤트풀, 페이스북)와 동성애, 북마크, 구직, 뉴스, 인종, 종교 등 특화된 커뮤니티의 성격을 가지는 소셜미디어(B)로 구분할 수 있다.[124]

[표 3-7] 오바마 온라인 선거운동의 주요 서비스와 이용현황

2008년 11월 4일 기준

콘텐츠 형태	대표적 서비스	이용현황
텍스트	트위터	www.twitter.com/barackobama 문자 소식 중심 / 252개 메시지 업로드 / 팔로어 15만 명
	독스톡	www.docstoc.com 문서 중심
	스크라입	www.scribd.com 온라인 문서 중심

---

124) 미국에서 제공되고 있는 대부분의 서비스의 경우 웹 2.0 방식의 플랫폼을 지향하고 있기 때문에 각 형태별 서비스라 하여도 서비스 간 연계가 원활하게 이루어질 수 있다는 점에서 각각의 형태를 위와 같이 구분하는 것은 대표적인 서비스를 중심으로 구분한 것일 뿐 오로지 단일의 서비스만을 제공한다는 것을 의미하는 것은 아니다.

이미지	스머그머그	www.smugmug.com
	플리커	www.flickr.com/photos/barackobamadotcom 이웃 7,127명
음성	스카이프	www.skype.com
	콜 프렌즈	오바마의 블로그에서 서비스 이동전화 사용자들이 지인과 통화하여 투표 등록과 오바마 지지를 권유
동영상	레버	revver.com
	메타카페	www.metacafe.com
	블립	blip.tv
	비들러	www.viddler.com
	유튜브	youtube.com/user/BarackObamadotcom 2006년 9월 5일 개설 / 구독자 147,463명 / 동영상 1,827건 채널 98,766,425개(맥케인 25,145,424개) / 조회 수 20,301,328번
기본 소셜미디어 (A)	마이보	my.barackobama.com / 회원 100만 명 / 930개 커뮤니티
	블로그	2008년 8월 말 선거운동이 시작된 이래 5억 개 포스팅에서 언급됨
	마이스페이스	www.myspace.com/barackobama 친구 893,900명(맥케인 219,040명) / 415개 커뮤니티 투표 당일인 11월 3~4일 1만 명 이상의 사용자가 친구 설정
	베보	www.bebo.com/Barack2008 2008년 1월 개설 / 친구 191명
	이벤트풀	www.eventful.com/in/barackobama 2006년 2월 19일 개설 / 지역 연결 / 전체 지역 142,389명 방문 요청(서울 44명) / 마이스페이스, 페이스북과 연결
	페이스북	www.facebook.com/barackobama 지지자 2,586,274명(맥케인 623,468명) 1,110개의 커뮤니티(주요 그룹 11개)
특화 커뮤니티 소셜미디어 (B)	글리	www.glee.com/barack_obama 동성애자 / 2007년 8월 21일 개설 / 친구 2,015명
	닝	www.ning.com / 개인 네트워크
	디그	digg.com/users/ObamaforAmerica 뉴스 / 2007년 5월 22일 개설 별도의 오바마 뉴스코너(digg.com/users/ObamaforAmerica) 마련
	링크트인	www.linkedin.com/in/barackobama 구직 / 500개 연결 / 서비스 내 그룹 www.linkedin.com/static?key=campaign08_obama
	마이바탕카	my.batangga.com/barackobama / 라틴계 / 친구 175명

특화 커뮤니티 소셜미디어 (B)	미젠테	www.migente.com/barack_obama 라틴계 / 2007년 8월 21일 개설 / 친구 52,271명
	블랙 플래닛	www.blackplanet.com/barack_obama 흑인 / 2007년 8월 21일 개설 / 친구 491,062명
	아시안에비	www.asianave.com/barack_obama 아시아계 / 2007년 9월 19일 개설 / 친구 2,760명
	이온스	www.eons.com/barackobama 커뮤니티 중심 / 2007년 5월 21일 개설 / 친구 401명
	페이스베이스	www.faithbase.com/barack_obama 종교 / 2007년 8월 21일 개설 / 친구 2,961명

* 자료: 조희정(2010: 110); ReadWriteWeb의 조사 결과(《오마이뉴스》, 2009년 7월 27일 자)를 참조하여 재구성.

1) 텍스트 네트워크: 트위터

첫째, 텍스트 중심 방식 가운데 가장 지명도가 높은 트위터의 경우,[125] 15만 명이 오바마의 메시지를 읽었다. 2007년 4월부터 2008년 11월 3일까지 올라온 메시지 수는 총 252개인데, 주로 2008년 1월 이후에는 매일 10개의 메시지가 올라왔고, 선거운동이 본격화된 2008년 8월부터는 매일 20개의 메시지가 게시되어 있다. 주요 내용으로는 선거운동 일정이나 방송 출연 일정 등에 대한 알림글이 대부분이다. 물론 소셜미디어 차원에서 모든 새로운 글은 RSS로 구독할 수 있으며 메시지 끝에 나와 있는 사이트 주소를 통해 선거운동의 주요 사이트로 바로 이동이 가능하도록 되어 있다. 그 외에 문서공유 사이트에는 오바마의 주요 연설이나 기사 등의 많은 문서가 공유할 수 있도록 게시되어 있다.

---

125) 트위터는 2006년에 서비스를 처음 시작하였으며 2008년 5월의 중국 쓰촨 성 지진을 세계 최초로 알리고 2008년 12월에는 인도 뭄바이 테러를 거의 실시간으로 알린 것으로 유명하게 된 서비스이다. 트위터는 140바이트 미만의 문자만으로 소통하는 SNS로서 많은 콘텐츠를 포스팅하는 블로그에 비해 텍스트만이 주요 내용이기 때문에 '미니 블로그', '마이크로 블로그' 혹은 '한 줄 블로그'라고 부르기도 한다. 휴대전화로도 트위터에 문자를 올릴 수 있는 간편함 때문에 2008년 당시에는 구글이나 마이스페이스(Myspace)에 이은 차세대 유망 서비스로 평가되었다.

트위터에서 나타나는 오바마와 다른 후보들과의 가장 극명한 차이는 친구를 방문하는 숫자의 차이에 있다. 온라인에서도 이미 유명한 오바마와 힐러리의 팔로어 숫자를 비교해보면 오바마가 6천 명의 친구를 방문한 데 비해, 힐러리는 방문 친구 수가 0으로, 아무 방문자의 트위터도 들르지 않았다는 점이다. 즉, 힐러리는 트위터 계정을 오픈하고 자신의 선거운동 일정을 일방적으로 홍보하는 미니 홈페이지 정도로만 활용할 뿐 비서나 대리인을 통해서조차 자신의 지지자들을 방문하지 않았다는 것이다. 이는 단순히 온라인을 도구로서만 활용하려고 한 것이며, 한편으로는 소셜미디어의 다양한 네트워크 연결 기능을 전혀 이해하지 못했다는 점에서 힐러리가 구시대의 방식을 구사할 뿐 네트워크 선거운동전략에는 진입하지 못했음을 의미한다.

[그림 3-2] 오바마와 힐러리의 초기 트위터 활용 비교

2) 이미지 네트워크

둘째, 이미지 중심 방식은 스머그머그나 플리커[126]와 같은 사진 공유 서비스를 통해 이루어졌다. 여기에서는 단순히 사진만을 게시하고 유통하는 것이 아니라 사진에 대한 의견교환을 통해 사용자 간의 의사소통이 활발하게 이루어졌다는 것이 특징이다. 한편, 2008년 선거에서 가장 유명한 이미지는 오바마의 포스터 HOPE를 들 수 있다. 이 포스터는 남미 혁명의 지도자 체게바라의 이미지를 본뜬 것으로 거리 예술가 셰퍼드 페어리(Shepard Fairey)가 제작하였으며, 오바마 캠프에서 이 포스터를 공식 포스터로 승인하고 티셔츠 제작 등에 활용하면서 소셜미디어와 입소문을 통해 유명하게 되었다.

한편, 이와 같은 포스터, 이미지, 상품에 있어서도 힐러리의 경우는 명품 중심의 고급화 전략을 취하고, 오바마는 거리의 예술가에 의한 자발적 지원이 활성화되었다는 차이가 나타났다. 당연히 명품을 즐기는 소수보다는 대중예술을 받아들일 수 있는 다수의 서민이 오바마의 선거운동 상품을 선호할 수밖에 없는 상

[그림 3-3] HOPE 포스터

---

126) 플리커는 2005년 런던 지하철 테러 사건이 발생했을 때 그 어떤 매스미디어보다 먼저 사이트에 사진을 게시하면서 유명해진 서비스이다. 물론 이 서비스도 소셜 네트워킹이 가능한 만큼 사건 사진뿐만 아니라 관련된 수많은 메시지도 게시되는 것이 특징이다. 플리커는 이후에도 2004년 말 인도양의 쓰나미와 2006년 태국의 군사 쿠데타를 알려 더더욱 유명해졌는데, 사건 발생 직후에는 사진과 함께 위키피디아에 관련 항목이 신속히 개설됨으로써 일종의 정보 센터 역할을 하기도 한다.

황이 된 것이다. 부자든 서민이든 표는 한 표라는 것을 생각해본다면
힐러리는 대중성의 확보에 밀림으로써 표 경쟁에서도 뒤떨어지게 된
것이다.

3) 음성 네트워크

셋째, 음성 중심의 서비스로는 인터넷 전화 스카이프(Skype)를 통한
선거운동을 들 수 있다. 전 세계 3억 7천만 명이 사용하는 세계 최대
의 인터넷 전화 스카이프는 선거기간 동안 지지자들의 응원메시지
전송에 기여하였으며, 특히, 미국인이 아닌 팔레스타인의 학생이나 유
럽의 지지자들이 응원 메시지를 전송하여 큰 화제가 되기도 하였다.

4) 동영상 네트워크

넷째, 여전히 과거에 이어 정치적 영향력이 막강한 UCC 중심 선거
운동은 유튜브를 중심으로 활발히 전개되었다. 이 외의 서비스에서도
오바마 관련 UCC가 활발히 유통되었는데, 특히 유튜브의 경우에는
14만 명 이상의 구독자와 약 2천 건에 달하는 UCC, 그리고 맥케인의
4배에 이르는 9천 9백만 개의 채널을 확보하였으며, 조회 수만 해도
맥케인에 비해 10배 이상 높은 2천만 회에 이르는 높은 관심을 받았
다.[127] 2004년에 하워드 딘의 참모로 일한 조 트리피는 뉴욕타임스와
의 인터뷰에서, 유튜브에서 오바마 선거광고를 본 사람은 1,450만 명

---

127) DMC 미디어(2012. 7)

으로 이는 4,700만 달러어치의 TV 광고와 맞먹는 효과라고 논평하였다. 또한 대부분의 서비스가 선거 이후 중단되고 있는 것에 비해 선거 이후에도 여전히 주요 UCC의 업데이트가 이루어져 향후에도 UCC의 정치적 영향력은 대단히 막강할 것으로 예측할 수 있다.

맥케인의 동영상은 지지자들이 자발적으로 제작한 동영상이 아니라 선거 캠프에서 의도적으로 제작한 내용으로 젊은 층에게 흥미나 공감대를 얻기가 어려웠고, 오바마 신드롬에 가려 이슈화되지 못했다. 미국의 힙합그룹 블랙아이드피스(Black Eyed Peas)의 한 멤버가 오바마의 변화 메시지에 곡을 붙인 'Yes, We Can(www.youtube.com/-watch?v=jjXyqcx−mYY)'이나 'I Got a Crush on Obama(www.youtube.com/-watch?v=wKsoXHYICqU)', 'Barack Obama on Ellen(www.youtube.com/-watch?v=RsWpvkLCvu4)' 등도 특히 인기를 끈 오바마 관련 동영상들이다.

- 게시일: 2008년 2월 4일
- 조회수: 1,700만건 (2008년 11월 기준)
- 힙합그룹 블랙아이드피스의 리드 보컬인 Will.I.Am이 스칼렛 요한슨, 카림 압둘-자바 같은 스타들을 등장시켜 오바마의 슬로건인 'Yes, we can'에 바탕을 둔 매쉬-업 뮤직비디오

• 게시일: 2007년 6월 13일
• 조회수: 1,200만건 (2008년 11월 기준)
• 정치 풍자 사이트 '베일리 폴리티컬 닷컴'이 제작한 영상으로 Amber
  Lee Ettinger 라는 여성이 '난 오바마에게 반했어요(I Got a Crush On
  Obama)'라는 제목의 노래를 부르는 뮤직비디오

* 자료: DMC 미디어(2012. 7)

[그림 3-4] 오바마의 주요 UCC(2008년)

5) 소셜미디어의 네트워크

다섯째, 소셜미디어 중심 선거운동의 정점에는 오바마의 공식사이트인 마이보가 있다. 이전의 선거에서는 홈페이지, 유튜브, 블로그 등의 서비스가 모두 따로 노는 느낌이었지만 2008년 대선에서는 소셜미디어 활용이 본격화됨으로써 모든 콘텐츠의 연결이 더욱 원활하게 이루어졌다. 페이스북의 공동창업자가 구축한 오바마의 허브 마이보는 '현실화'와 '지역화'를 모토로 한다. 이전의 다른 후보들이 지지자의 결집을 위해 주력했던 사이트 운영방식과 달리 마이보는 지지자와 지지자가 스스로 자율적으로 연결되게 하는 소셜미디어의 허브로서 기능하는 데 주안점을 두었다. 즉 결속형과 교량형 자본의 증대를 동시에 추구하는 전략을 취했다는 점에서 가장 큰 차이를 보이는 것이다. 모든 서비스는 마이보로 링크되어 있으며, 지지자들은 마이보를 경유하면서 온·오프라인의 모임을 만들고 지역에서 만나며 현지에 맞는 전략을 스스로 구축하였다.

마이보에는 150만 명의 자원봉사자를 등록시키고, 그들을 위한 온라인 커뮤니티와 소셜미디어 연결의 장을 마련하였다. 마이보는 지지자들이 신상정보, 친구리스트, 블로그 등을 입력하면, 비슷한 성향을 가진 사람끼리 서로 만날 수 있게 해주는 검색 기능, 개인별 선거모금페이지를 만들기 위한 도구들, 유권자들이 자유롭게 운영 가능한 블로그, 많은 방문자를 사이트로 끌어올 수 있는 토론방 등을 서비스했다. 그 결과 오바마의 홈페이지는 상대 후보였던 맥케인에 비해 2배가량 많은 순 방문자 수를 기록하였다.[128]

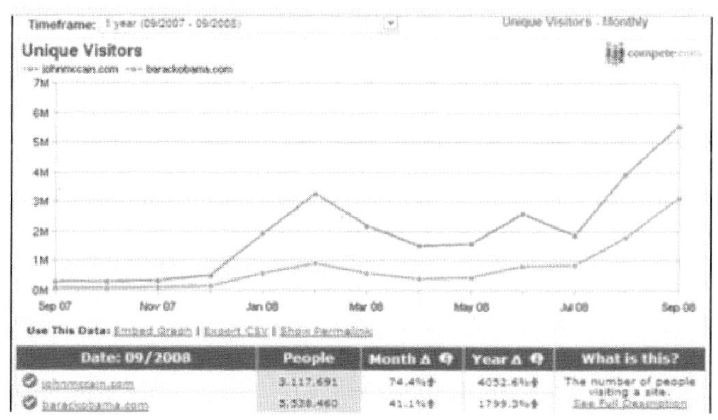

* 자료: searchenginewatch.com(DMC 미디어 2012. 7에서 재인용)

[그림 3-5] 오바마와 맥케인 홈페이지의 순 방문자 추이

---

128) DMC 미디어(2012. 7)

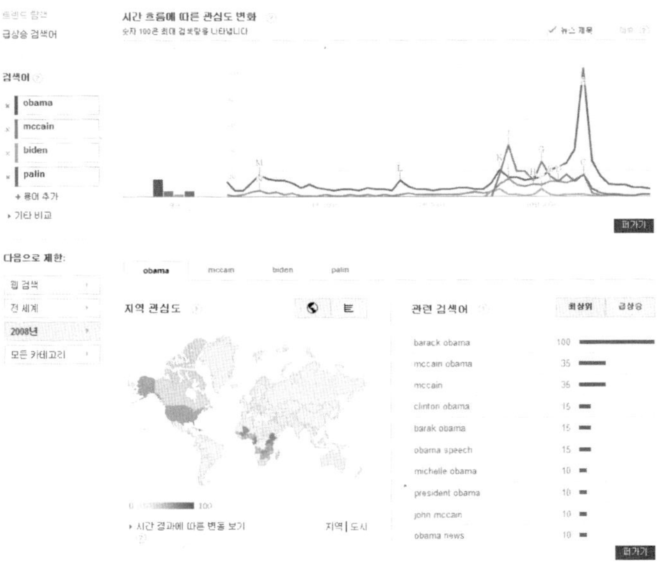

* 자료: **vo.to/nfz**

[그림 3-6] 주요 정치인의 구글 검색 동향

단, 이러한 소셜미디어는 선거가 끝난 후에도 활발하게 업데이트 되고 있는 종합적인 성격의 A그룹인 마이보, 마이스페이스, 베보, 이 벤트풀, 페이스북 등의 서비스와 글리 등 개인 소셜미디어나 라틴계, 동성애자, 종교, 흑인 등이 주요 사용자이며 선거 이후에는 업데이트 되지 않는 특화된 커뮤니티 중심의 소셜미디어인 B그룹의 서비스로 구분할 수 있다. B그룹의 경우에는 대부분 2007년 8월에 개설되어 2008년 11월 3일까지만 업데이트되었으며 그 이후에는 오바마 캠프 의 새로운 게시물을 올리지 않고 있으며 보편적인 참여자를 대상으 로 하는 A그룹에 비해 서비스 이용계층이 특정 계층으로 제한적으로 나타나고 있기 때문에 B그룹으로 따로 분류하였다.

B그룹의 서비스도 A그룹과 같은 서비스 콘텐츠는 유사하지만 사용자가 대단히 제한적이라는 점에서 오바마 선거운동에서의 허브는 '마이보'이며, A그룹 서비스의 주요 사용자들이 서비스와 서비스를 연결하고 콘텐츠를 적극적으로 유통시키는 커넥터라고 할 수 있다. 또한 가장 대표적인 커넥터라 할 수 있는 마이스페이스와 페이스북[129]의 경우에는 사용자들이 자발적으로 조직한 온라인 커뮤니티가 활동의 중심이고 그 규모도 대단히 크다는 점에서 다른 일반적인 개인과 개인 혹은 콘텐츠와 콘텐츠 연결의 소셜미디어와 달리 유사한 관심을 공유하는 온라인 커뮤니티의 역할이 커넥터의 특징을 나타냈다고 평가할 수 있다.

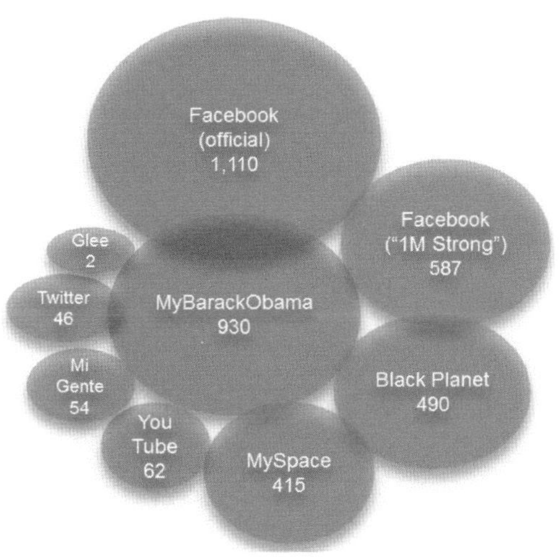

[그림 3-7] 오바마의 소셜미디어와 커뮤니티 네트워크

---

129) 연구결과에 의하면 선거가 끝나고 결과가 나오면 페이스북에 개설된 후보자 대부분의 프로필은 업데이트되지 않는다고 한다(Westling 2007: 7).

이처럼 오바마 선거운동 과정에서 동원된 다양한 콘텐츠 서비스를 관여와 관계 정도 중심으로 재구성하면 다음의 [그림 3-8]과 같다.

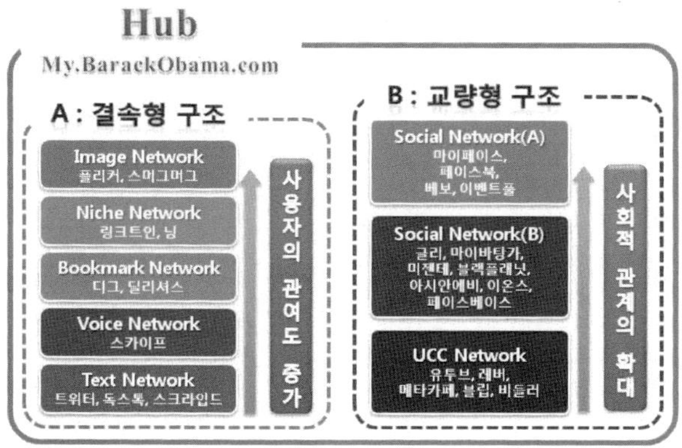

* 자료: 조희정(2010: 113)

[그림 3-8] 오바마 온라인 선거운동의 사회적 관여와 관계확장의 네트워크

일종의 소셜미디어 생태계라 할 수 있는 오바마 선거운동의 구조는 허브인 '마이보' 안에 사용자의 관여도를 기준으로 텍스트, 음성, 북마크, 니치, 이미지 네트워크가 존재한다. 관여도란 콘텐츠 생산방법의 난이도를 의미하는 것으로서 텍스트 중심 서비스에서의 단문 메시지 교류나 전화와 같은 음성 서비스는 콘텐츠를 쉽게 생산할 수 있으며 일상 대화나 간단한 알림 정도의 콘텐츠 중심의 관계가 구성되는 것이다. 그러나 좀 더 생산 노력이 들어가게 되는 북마크 공유나 개인의 소셜미디어 그리고 이미지 중심의 서비스에서는 자신이 자주 방문하는 사이트를 업로드하거나 디지털카메라를 활용하여 준전문가 수준의 콘텐츠(PCC, Proteur Created Contents)를 생산하는 등 관여

도가 높아진다. 그러나 이들 관여도의 구조는 허브 외에는 다른 네트워크 구조와 긴밀하게 연결되어 있지 않다는 점에서 관여도의 양적인 범위 확대만 의미할 뿐 다른 네트워크와의 질적인 연결은 부족한 네트워크로서 결속형 네트워크의 단계에 머물러 있다고 평가할 수 있다.

본격적으로 네트워크 확대를 위한 커넥터 역할을 하는 것은 교량형 구조라 할 수 있는 소셜미디어(B)의 사회적 관계 확대의 구조이다. 여기에서는 더욱 공을 들여 동영상 UCC를 제작하여 관계를 확대하며 상당 수준의 제작 노하우와 기술능력을 갖춘 UCC 네트워크부터 선거 이후에 업데이트되지는 않았지만 선거운동 기간에 활발한 활동을 한 소셜미디어(B)의 흑인, 동성애자, 아시안, 종교 커뮤니티 등이 포함된다. 그리하여 궁극적으로는 현재에도 적극적으로 콘텐츠가 업데이트되고 관계를 확장하거나 모금에 참여하는 소셜미디어(A)가 결정적인 커넥터가 되어 교량형 자본을 구축하며 네트워크를 확대하는 구조를 구성하는 것이다.

이와 같은 관계 확장 축에서는 각 단계별로 익명성을 보장하는 관계(즐겨찾기를 걸어두고 그저 방문만 하는 정도의 소극적인 관계)에서 ID를 남기고 서로의 취미를 공유하는 관계, 더 나아가 자신의 개인 신상정보(취업을 위한 개인 프로필의 공개)를 적극적으로 공유함으로써 목적을 달성하고자 하는 적극적 관계로 발전하게 되며 이러한 과정에서 개인정보의 노출 정도에 따라 참여 장벽이 조금씩 높아지는 특징이 나타나지만 이러한 높은 참여 장벽에도 불구하고 관계의 강도가 강화됨으로써 콘텐츠에 대한 신뢰도는 더욱 높아지게 된다.[130]

---

130) 대표적인 **SNS**인 페이스북에서 그룹 형성의 조건은 이와 같은 높은 참여 장벽 사례라고 볼 수 있다.

가장 본질적인 네트워크 사회의 성공 조건은 네트워크와 네트워크를 활발하게 이어주는 커넥터와 그것이 축적하는 교량형 자본의 활성화에 있다. 성장기까지 이어지는 미국의 온라인 선거운동 과정에서 많은 후보들은 정보제공에 이어 정치자금, 유권자와의 의견 교환 등의 진화된 선거운동 방식을 활용하였지만 이 과정에서 결속형 자본의 강화에 머물러 있을 뿐 교량형 자본까지 네트워크화하는 데에는 성공하지 못했다. 또한 네트워크 구조를 안정적으로 구축하기보다는 정치정보를 제공하고 모금에 주력하는 온라인 선거운동의 (상대적으로 일방적이고 도구중심적인) 경로의존적 정치 문화에서 벗어나지 못하고 있는 한계가 나타났다.

오바마는 2005년부터 전국 순회 유료 저자 사인회를 열면서 전자우편과 주소를 알려주는 이들에게서는 돈을 받지 않았으며, 이렇게 모은 전자우편으로 그의 온라인 선거운동의 토대를 마련하였다. 지지자들을 참여 의지에 따라 개인적 관심, 사회적 관심, 열성적 관심의 3단계로 구분하여 첫 번째 단계의 지지자들에게는 온라인상에서 간단한 정치 후원금 기부, 블로그 및 소셜미디어에서의 응답 및 친구 맺기, 이메일, 모바일 텍스트 메시지 구독 등의 활동을 이끌어냈고, 관심의 정도와 범위가 보다 높은 두 번째 단계의 지지자들에 대해서는 추가 후원금 기부, 블로그 포스팅, 후원 그룹 가입을 독려하였다. 마지막으로 가장 관심도가 높은 세 번째 그룹에 대해서는 다른 이들의 정치 후원금 독려, 오바마 후원 그룹 만들기, 오프라인에서 후원행사 진행하기 등의 관여도가 높은 활동을 이끌어냈다. 그 결과 실제 기부자는 400만 명 정도였으며 모든 선거운동에의 관여자는 그 2~3배에 달했으며,[131] 전체적으로는 5억 달러를 모금하였다.

서키는 성공적인 소셜미디어의 구성조건으로서 단계별로 공유·협력·집단행동이 이루어져야 한다는 것을 지적하였는데, 오바마의 온라인 선거운동에서는 이러한 참여의 선순환 구조가 매우 역동적인 연결적으로 이루어졌다. 여기에서 중요한 것은 네트워크 사회에서의 선거운동전략의 성공은 구조의 변화에 대한 이해와 구조를 구성하는 수많은 네트워크의 결속형 자본과 교량형 자본을 증대시키는 것에서 나타난다는 것이다. 그리고 후보자가 가지고 있는 정보와 콘텐츠를 다른 유권자들에게 적극적으로 전파할 수 있는 커넥터를 확보하여 무관심층이나 관심의 정도가 약한 층이 적극적으로 참여할 수 있는 소셜미디어를 활성화하는 것이 중요하다. 그 자원은 비단 첨단기술에 대한 양적인 활용의 확대를 의미하지 않으며 수단보다는 네트워크 구조를 환경으로 하여 개인에서 온라인 커뮤니티 그리고 소규모 네트워크에서 대규모 네트워크까지 확대하는 전략이 중심을 이룬다.

물론 사용자 관여의 수준이 낮더라도 손쉽고 편하게 접근할 수 있는 콘텐츠부터 적극적으로 생산해야 하는 콘텐츠까지 모든 기술 자원을 적절하게 활용하는 수단의 활용도 매우 중요하지만 수단이 활용되는 구조에 대한 이해는 더욱 중요한 것이다. 즉, 무엇을, 왜, 어디에서 활용하는가에 대한 목적의식 없이 단순히 지지자의 결집을 목표로 한다면 네트워크의 급속한 확대는 이루어지기 어렵다. 네트워크 사회의 선거운동전략의 의미는 참여문화를 확대하는 것에 있기 때문이다. 그런 의미에서 지지자를 동원하고 조정하는 것이 아니라 지지자에게 권한을 어느 정도 위임해야 하며, TV를 통한 정보 습득을 하

---

131) 이종대(2009: 2~3)

는 소극적 유권자가 아닌 콘텐츠를 생성하고 즐기며 공유하는 적극
적 유권자의 문화에 대한 이해도 필요한 것이다.[132] 이제는 '우리'의
강화와 함께 '우리'와 '다른 우리'의 만남을 촉진하는 것이 중요해졌다.

2. 마이크로 타기팅과 롱테일 파워

오바마 캠프는 대통령 선거를 2년여 앞둔 시점부터 서민층을 중심
으로 지지층을 형성하기 위한 롱테일 전략을 구사하였다. 앞서 정리
한 것과 같이 미디어적인 측면에서 소셜미디어를 활용한 것뿐만 아
니라, 이를 바탕으로 선거운동과정에서 수집될 수 있는 유권자들의
데이터베이스를 축적하고 분석하여 유권자 성향에 맞는 개별 선거운
동을 구사하였으며, 이를 통해 지지를 표명한 유권자들을 다시 소셜
미디어로 유입하는 순환적인 구조를 도입하였다.

이와 같은 과정에는 홈페이지를 비롯하여 각종 선거운동에서 수집
되는 유권자 정보를 기록, 분석할 수 있는 도구로서 보트빌더(VoteBuil-
der.com)가 활용되었는데, 보트빌더를 통해서는 유권자의 신상정보뿐
만 아니라 소득수준, 취향, 주요 이동경로, 여론상황 등을 종합적으로
파악하였으며, 다양한 분석도구를 통해 개인-가구-지역 수준별 접
촉 현황과 유권자의 동향을 파악하고 선별적으로 홍보하는 전략안을
산출하였다.

---

132) 조 트리피는 인터넷 시대에 기업이나 단체, 후보자들이 지켜야 할 일곱 가지 절대적인 규칙을 제시하였
는데, 첫째, 첫 번째가 되라, 둘째 계속 추진하라, 셋째 진실한 목소리를 내라, 넷째 사실대로 말하라, 다
섯째 커뮤니티를 만들어라, 여섯째 컨트롤을 넘겨라, 일곱째 고객과 시민을 신뢰하라가 그것이다(Trippi
2006: 336~339).

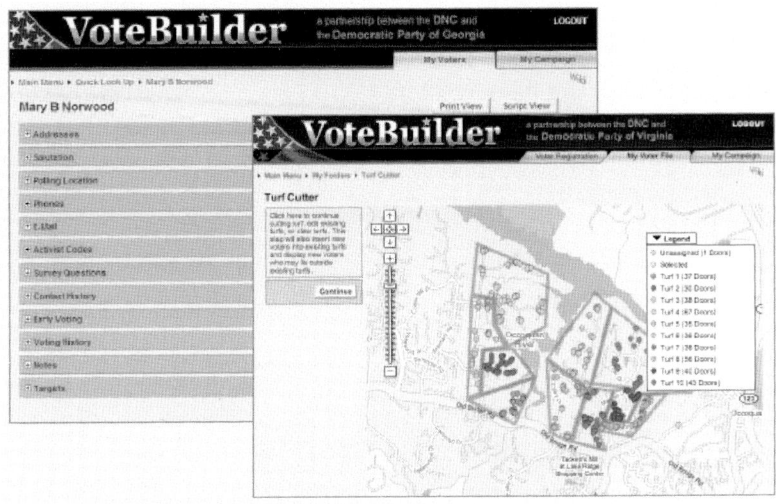

[그림 3-9] 보트빌더

그 결과 2006년부터 2008년까지 2년여의 선거운동 기간 400만 명
의 기부자로부터 총 7억 5천만 달러를 모았으며, 기부 횟수 10번 중
9번은 100달러 이하, 절반은 25달러 이하로 서민들의 모금 및 참여가
두드러지게 나타났다.[133] 이어서 2008년 당시에 오바마는 3시간 만에
50만 달러를 모금하는 기록을 세웠고, 최종적으로 총 2억 6,500만 달
러를 선거자금으로 모금하였으며, 이 가운데 200달러 이하의 소액 기
부자들의 기부금이 절반 이상을 차지하였다.

---

133) DMC 미디어(2012. 7)

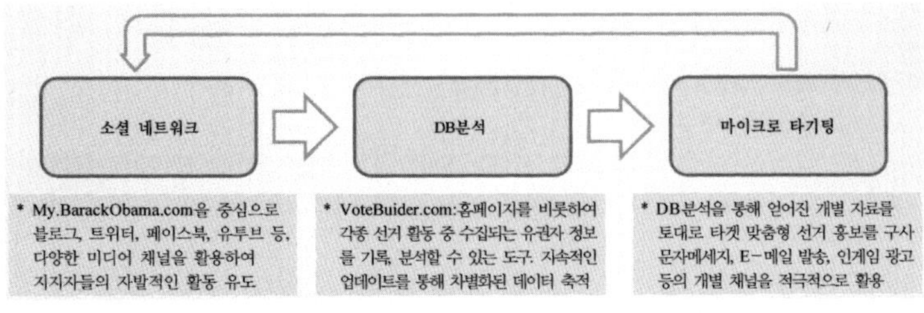

* 자료: DMC 미디어(2012. 7)

[그림 3-10] 2008년 오바마 캠프의 롱테일 전략

3. 모바일 앱과 쌍방향 정치 게임, 정치 패러디

1) 모바일 앱

모바일 문자 메시지 SMS는 비용이 싸고[134] 접근성이 높으며, 젊은 계층에 대한 메시지 전달에 적합하기 때문에 가장 명확한 홍보 플랫폼이라고 평가받았는데,[135] 오바마는 300만 개의 모바일 사용 유권자의 데이터베이스를 확보하여 SMS 홍보에 주력하였다.

스마트폰의 경우엔 앱이 많이 활용되었다. 2008년 5월에 제작된 오바마 앱 '오바마 08'은 뉴스 소개뿐만 아니라 토론 및 정치자금 모금 기능도 서비스하였는데, 아이폰의 메시지, 일정, GPS 기능과 연동되어 선거운동 활동에 참여하도록 서비스하였다.

---

134) 전통적인 광고인쇄물(DM)의 비용이 표당 67달러, 전단지가 표당 32달러인 것에 비해 모바일 SMS의 경우는 1표당 1.56달러라서 매우 저렴한 것으로 평가됨

135) ≪내일신문≫(2008년 9월 11일자)

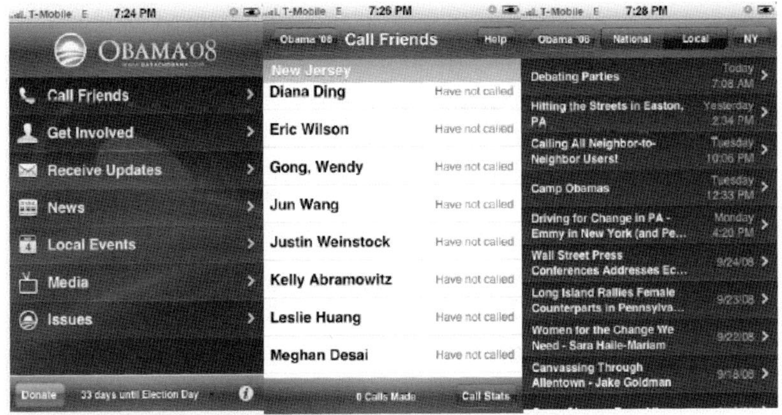

[그림 3-11] 오바마 모바일 앱 '오바마 08'

2) 쌍방향 정치 게임과 In-Game 광고

오바마는 마이보에 '마이보 액티비티 트랙커(MyBo Activity Tracker)'라는 게임 시스템을 도입하여 지지자들을 대상으로 선거운동에 지속적으로 참여하도록 독려하였다. 게임 사용자는 지역행사 개최 시 15점, 개인정치자금모금 페이지 기부 시 15점, 행사 참여 시 3점, 블로그 글을 올릴 때마다 3점을 얻게 했으며, 온라인 활동보다 오프라인 활동에 가산점을 부과하고, 사용자의 프로필에 점수가 종합되면 최근 활동을 중심으로 등급이 부과되었다.

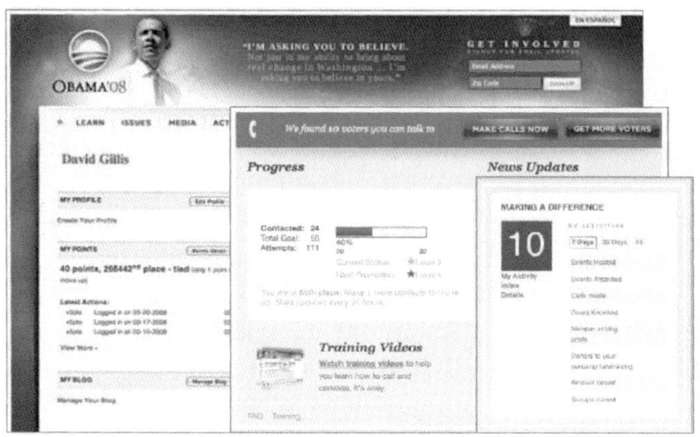

* 자료: DMC 미디어(2012. 7)

[그림 3-12] 마이보 액티비티 트랙커

　이와 같은 게임을 활용한 참여전략을 통해 18~35세의 젊은 지지자들에게 자신의 후원활동에 대한 점수로써 심리적인 보상을 얻도록 하고, 건전한 경쟁을 유도하여 지속적인 지지활동 참여와 자발적인 바이럴 홍보효과까지 유도하였다. 그 결과 마이보 회원들은 2008년 11월까지 7만 개가 넘는 정치자금 모금 페이지를 열어 3천만 달러를 모았고, 20만 건이 넘는 선거운동 이벤트를 자발적으로 준비하여 지역별 유세 활동에서 월등한 효과를 거두었다.[136]

　한편, 인게임 광고로서, EA(Electronic Arts)사의 라이브 레이싱 경기인 '번아웃 파라다이스(Burnout Paradise)' 참가자들은 보통 때와 같이 트랙을 돌다가 선거운동 웹사이트 가운데 하나인 포체인지닷컴(forchange.com)에 투표하러 오라는 버락 오바마의 초대 메시지 광고판을 볼 수 있었다.

---

136) DMC 미디어(2012. 7)

* 자료: ≪지디넷 코리아≫, 2008년 10월 17일 자

[그림 3-13] 번아웃 파라다이스의 오바마 광고

이외에 '인크레더블 헐크', '나스카 09', 'NBA 라이브 08', '메든 NFL 09'(Madden NFL, 미식축구게임)와 같은 18종류의 게임에 인게임 배너 광고가 활용되었다. 특히 이 광고들은 접속 IP를 분석하여 오하이오, 아이오와, 인디애나, 몬태나, 위스콘신, 노스캐롤라이나, 네바다, 뉴멕시코, 플로리다, 콜로라도 등 접전이 예상되는 10개 주 지역의 이용자들을 집중 공략하는 맞춤형 타깃 광고전략으로 진행되었다.[137]

THUP사가 2007년 11월 4일 제작한 전략 시뮬레이션 게임 'Campaign Game: General Election'은 턴 제로 진행되는 인터렉티브 맵 기반으로 진행된다. 오바마와 맥케인 가운데 한 후보를 선택하고, 자신의 선거 캠프에 스핀마이스터(spinmeister, 홍보의 대가), 햇칫맨(hatchet man, 궂

---

137) ≪게임스팟코리아≫(2008년 10월 17일자)

은일을 도맡아 하는 사람), 펀드레이져(fundraiser, 후원금 모금), 오퍼
러티브(operative, 첩보원) 등 네 명의 조력자들 중 셋을 선택하여 한
팀이 된다. 맵에서 선거구 지역을 선택해 캐릭터를 움직이며 지역 기
반을 넓히고 상대 캐릭터에 가까이 가 일반 공격을 하거나 필살기를
써서 제거하는 방식으로 진행된다. 팀원을 이동시켜 선택한 지역을
빈칸 없이 채우면 해당 지역구를 차지하고 후원금을 올릴 수 있다.
캐릭터마다 다른 필살기가 있고, 적의 지역구나 팀원을 공격하는 데
는 돈이 들어간다. 팀원을 잘 유지한 상태에서 먼저 선거구를 많이
차지하는 쪽이 이긴다.

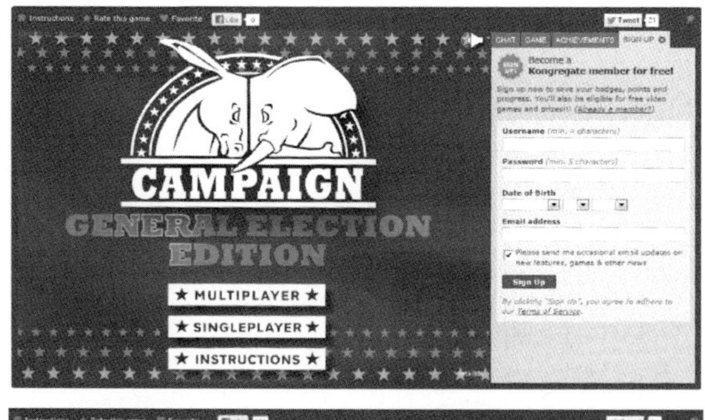

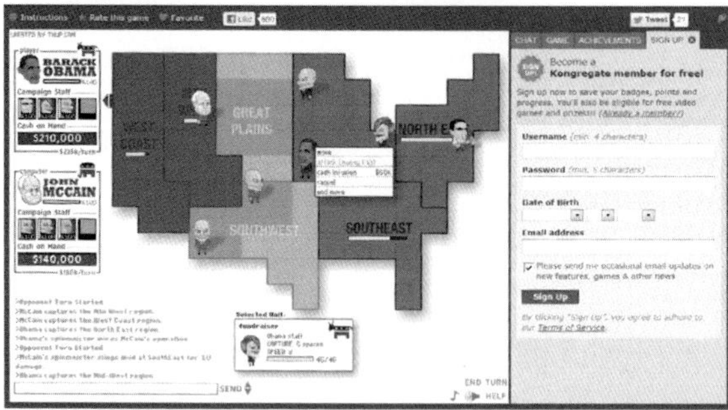

자료: kongregate.com/games/thup/campaign-game

[그림 3-14] Campaign Game: General Election

2008년 대선 당시 나온 게임들은 대부분 웹 기반 게임으로 단순한 플래시 액션 게임이 많았다.

[표 3-8] 오바마 게임스의 온라인 정치 게임

게인스샷	주요 내용 및 방식
	[Obama Race for the White House] − 구슬 세 개를 한 세트로 만들어 터트릴 수 있게 마우스 방향을 잘 조절해야 하는 게임 − 구슬의 종류에는 국방, 교육, 종교, 금융, 언론, 문화, 기술 등이 있다. − 유사한 게임으로는 Debate Night가 있다.
	[Hillary vs Obama] − 힐러리와 오바마 둘 중 한 캐릭터를 선택 − 주어진 15초 동안 클릭을 연타해 적에게 펀치를 날려 쓰러트리는 게임
	[Presidential Street Fight 2008] − 오바마와 맥케인 둘 중 한 캐릭터를 선택 − 풍향을 고려하고 마우스로 방향과 볼의 세기를 잘 조절하여 건너편 적에게 맞춰서 포인트를 얻는 게임
	[Obama Guantanamo Escape] − 부시의 음모로 관타나모 수용소에 간힌 오바마를 탈출시키는 게임 − 캐릭터 주위 환경을 마우스로 탐색하고, 보기·손동작·대화 등의 활동을 하여 상황을 타개하는 방식으로 진행 − 유사한 게임으로는 Obama Presidential Escape와 Obama Pigsaw Game, Obama Potter and the Magic Coin, Obama Ratface Game, Obama vs Aliens 등이 있다.
	[Race for The White House] − 오바마와 맥케인 둘 중 한 캐릭터를 선택 − 방향키와 마우스를 이용해 앞으로 전진하고 점프할 수 있는 레이스 게임 − 점프로 공중에 떠 있는 돈을 먹을 수 있고 장애물 등을 뛰어넘을 수 있다.
	[Election Fighting 2008] − 오바마와 맥케인 둘 중 한 캐릭터를 선택해 겨루는 격투 게임 − 방향키와 A/S/D 키를 이용해 펀치, 킥, 방어 등의 동작 가능 − 유사 게임으로 Street Fight Obama vs Hillary, Presidential Pounding, Obama vs Joe the Plumber 등이 있다

[Election Madness]
- 오바마, 힐러리, 맥케인 중 선호하는 캐릭터를 선택
- Q/W/E/R키를 사용해 떨어지는 물건을 잡아 적에게 던지거나, A키로 조롱하기, S키로 필살기를 쓰는 것 등이 가능

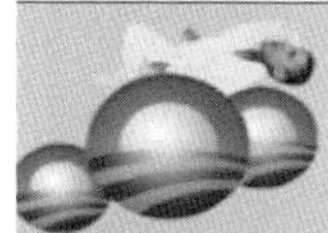

[Falling Obama]
- 화면에서 아래로 떨어지는 도중에 장애물에 걸려 있는 오바마를 마우스로 클릭하거나 잡아 끌어당겨서 제대로 떨어지게 하는 게임

[Polimon]
- 오바마와 바이든, 맥케인과 페일린 중 한 토론팀을 선택
- 방향키를 이용해 격전지 맵을 탐색하고, 팀원을 번갈아가며 논쟁
- 공격에는 토론(Debate), 체력회복(Get Up!), 장황하게 설명(Ramble On), 설명(Relate) 등의 선택지가 있어 이를 잘 활용해야 한다.

[Presidential Paintball]
- 민주당과 공화당 양 팀 중 하나를 선택
- 상대팀에게 총을 쏘는 밀리터리 슈팅게임
- 방향키와 마우스 클릭으로 움직임과 발포를 조절

[Obama McCain Debate Simulator]
- 오바마와 맥케인 중 한 캐릭터를 선택
- 팝업 형태로 뜨는 상대의 말싸움에 응해야 하는 토론 게임
- 세 가지 선택지 중 적절한 대답안을 골라 제한된 시간 내에 팝업창을 제거해야 한다.

[Dance with Obama]
- 리듬에 맞춰 방향키를 조절해 오바마 캐릭터를 춤추게 하는 게임

[Election Incrimination]
- 오바마와 맥케인 중 한 캐릭터를 선택
- 마우스 클릭과 드래그로 세 가지 범죄 증거물을 찾아내어 현장과 조합하면 클리어되는 방식의 게임

[Obama Traditional Mahjong]
- 오바마, 힐러리, 부시와 플레이어가 함께 하는 4인용 마작 게임

[Obama vs Fly]
- 손등의 파리를 잡기 위해 타이밍을 노리는 오바마가 손바닥을 내리치는 순간 클릭해서 피하는 게임
- 유사한 게임으로 Obama Swats Fly가 있다.

<table>
<tr>
<td></td>
<td>[Obama Kiss]
– 오바마와 미쉘 오바마가 경비원의 눈을 피해 키스하게 만드는 게임
– 타이밍을 조절하여 경비원이 지나치는 순간에 클릭</td>
</tr>
<tr>
<td></td>
<td>[Dress Up Barack Obama]
– 마우스 클릭과 드래그 등으로 오바마에게 다양한 옷을 입혀보는 시뮬레이션 게임
– 유사한 게임으로 Michelle Obama Dress Up, Obama Beach Dress Up, Obama's Dog Dress Up 등이 있다.</td>
</tr>
</table>

* 자료: www.obamagamesonline.com

3) 정치 패러디

* 자료: jibjab.com/originals/time_for_some_campaignin

[그림 3-15] Time for Some Campaignin(2008. 7. 15)

2000년과 2004년에 이어 2008년 대선에서 집잽은 오바마와 맥케인이 등장하는 'Time for Some Campaignin'을 제작하였다. 밥 딜런의 노래 'The Times They Are a-Changin'을 배경으로 하는 이 동영상에서 맥케인은 탱크를 몰고 오바마를 깔아뭉개는 전쟁광으로 묘사되는 반면 오바마는 동화 속에서 유니콘을 타고 달리는 이상주의자로 묘사되었다.

2009년에 나온 애니메이션 'He's Barack Obama'는 오바마 당선 후 처음으로 그를 풍자한 동영상이다. 남북 전쟁에서 널리 퍼진 민요 'When Johnny Comes Marching Home'이 배경음악이 되어 오바마는 복지예산을 쏟아 부으며 미국과 세계를 구원하는 슈퍼히어로로 묘사된다. 집잽은 이 애니메이션에서 오바마의 대통령직을 둘러싼 비현실적인 기대감을 풍자하였다.[138]

* 자료: jibjab.com/originals/hes_barack_obama

[그림 3-16] He's Barack Obama(2009. 06. 19)

138) www.examiner.com/article/jibjab-s-latest-video-satirizing-president-obama-watch-it-here

* 자료: jibjab.com/election

[그림 3-17] Great American Dance OFF!

각종 패러디로 유명해진 집잽의 스피리델리 형제는 워싱턴 D.C에서 연례 만찬회를 여는 미국의 저널리즘 그룹 '라디오와 텔레비전 협회(Radio and Television Correspondents' Association)에 2007년과 2009년, 두 차례 초청되어 뉴스미디어를 풍자한 애니메이션 'What We Call the News'139)와 오바마 대통령을 패러디한 'He's Barack Obama'를 상영하기도 했다.140)

2008년 대선 당시 정치 풍자 비디오 사이트인 베일리 폴리티컬(Barely Political)의 설립자 벤 렐즈(Ben Relles)와 뮤지션 리 카우프만(Leah Kauffman), 릭 프리드리히(Rick Friedrich)는 모델 겸 배우인 앰버 리 에팅거(Amber Lee Ettinger)를 섭외해 '오바마에게 반했어요(Crush On Obama)'란 제목으로 뮤직 비디오를 만들었다. 동영상의 내용은 오

---

139) www.jibjab.com/originals/what_we_call_the_news

140) blog.jibjab.com/2009/06/02/big-news-obama-video-to-premiere-in-front-of-potus-himself

[그림 3-18] 오바마 걸(Obama Girl)의 Crush On Obama

바마의 열혈 여성 팬이 비키니 수영복과 핫팬츠 등 섹시한 옷차림으로 춤을 추며 오바마를 지지하는 것이고, 당시 1천만 회 이상의 조회수를 기록할 정도로 인기를 끌었다. 이를 계기로 무명이었던 애팅거는 오바마 걸(Obama Girl)이란 별명을 얻었고, '세컨드 타임즈'라는 싱글 앨범을 발매하며 여러 TV 프로그램에 출연하는 등 일약 스타가 되었다.[141] 이러한 오바마 걸의 히트 후, 이를 따라한 부시 걸, 맥케인 걸, 줄리아니 걸 등 다양한 걸 시리즈 패러디물이 등장했다.

2010년의 가장 대표적인 패러디물로는 크리스틴 오도넬(Christine O'Donnell), '나는 마녀가 아닙니다(I'm Not a Witch)'에서 시작되었다. 2010년 11월, 미국 중간선거 기간 중 델라웨어 상원의원 후보인 크리스틴 오도넬은 TV 선거 유세 광고에서 '나는 마녀가 아닙니다'라는 말

141) stock.mt.co.kr/view/mtview.php?no=2008110516024185959&type=1&outlink=2&EVEC

[그림 3-19] 크리스틴 오도넬의 정치광고 '나는 마녀가 아닙니다'

을 하여 화제가 되었다. 오도넬은 티파티의 지원을 받아 부상한 신진 공화당 정치인으로, 수년 전 자신이 마술을 부렸다는 일부 보도가 선거유세 과정에서 논란이 되고 있는 데 대해 이같이 말한 것이다. 오도넬의 TV 광고 대사는 정계인사들의 발언치고는 상당히 눈길을 끄는 파격적인 말로, 그 해 예일대학 선정 '올해의 말'로 뽑히기도 했다.[142]

'저는 마녀가 아닙니다. 저는 소문과 다릅니다. 저는 당신과 같습니다. 완벽한 사람은 없습니다. 주변에 보이는 것만으로 행복한 사람은 없습니다'라는 메시지를 전달하는 이 TV 광고는 오토튠 아티스트 그레고리 형제(The Gregory Brothers)에 의해 '저는 마녀가 아닙니다, 비취(bitch)입니다'로 패러디되었다. 또한 ConalCochran라는 아이디의 사용자는 '저는 마녀가 아닙니다, 늑대인간도 아니고 사스콰치도 아니고, 뭣도 아닙니다. (중략) 난 당신이에요. …… 미국의 300파운드에 수

___
142) www.asiatoday.co.kr/news/view.asp?seq=427632

[그림 3-20] 오도넬의 정치광고 패러디

염 더부룩하고 당뇨병에 걸린'이라며 자기비하식 농담으로 유튜브에 패러디 동영상을 올려 오도넬을 풍자했다.

4. 진실 규명 전략

2008년 선거운동기간 동안 온라인 공간에서 오바마에게 특히 장애물로 작용한 것은 루머였다. 무슬림, 이슬람 근본주의단체와의 연계, 반이스라엘 성향설, 미국 출생이 아니라는 설 등 각종 루머로 인해 공격받던 오바마는 2008년 6월에는 온라인 루머에 대처하기 위한 '중상모략 퇴치(Fight the Smears)'라는 진실규명팀[143]을 결성하고 별도의

---

143) 이 아이디어는 1992년 당시 민주당 대선 후보였던 빌 클린턴 전 대통령이 시작했다. 당시 클린턴 캠프

사이트까지 제작하였다. 이 사이트에는 100만 명 이상이 참여하여 루머에 대응하였는데, 이 팀은 인터넷을 통해 유포되는 악성 루머의 이슈화를 막는 활동에 주력했을 뿐만 아니라 오바마 진영의 실언으로 불거질 논란도 미리 대비하는 목적으로 결성되었다. 오바마의 아내 미셸 오바마는 2008년 2월 '성인이 되고 난 뒤 처음으로 조국이 자랑스럽다'고 말해 공화당 측으로부터 '애국심이 부족하다'는 역공을 받은 바 있는데, 이와 같은 문제에 대처하기 위해 팀이 꾸려진 것이다.

이와 같은 진실규명팀은 2012년에 이르러서는 자발적인 참여인원이 200만 명으로 늘어났을 뿐만 아니라 좀 더 구체적인 사실을 기반으로 적극적인 활동을 전개하게 된다. 이전에는 구체적이지 않고 주먹구구식의 자기변명에 지나지 않았던 후보자의 태도가 더욱 적극적으로 바뀌었으며, 후보자가 하는 자기변명이 아닌 유권자의 자발적인 참여에 의한 소셜 검증이 이루어졌다는 점에서 진실규명전략은 조직화 운동이나 홍보, 정치자금모금만큼 중요한 선거전략으로 자리매김하게 되었다.

5. 기타 후보자의 소셜미디어 활용

2008년 대선은 본격적인 소셜미디어 선거가 시작된 선거로서 가장 활발하게 소셜미디어를 활용한 오바마 외에도 존 맥케인(John McCain), 존 에드워드(John Edwards) 전 상원의원, 힐러리 클린턴 등도 소셜미디어를 적극적으로 활용하였다.

는 여러 개의 TV를 틀어놓고 모니터링하면서, 공화당의 공격에 즉각적으로 대응했다(≪중앙일보≫, 2012년 2월 15일 자).

1) 민주당

  민주당의 경우 존 에드워드 전 상원의원과 힐러리 클린턴이 온라인에서 두각을 나타냈다. 존 에드워드는 2006년 3월부터 유튜브에 독자적인 채널을 개설하였으며 대선 출마 UCC를 유튜브에 게시하고 자신의 사이트에 다큐멘터리 형태의 UCC를 업로드하는 등 동영상을 적극적으로 활용하였다. 또한 자신의 사이트와 유튜브, 마이스페이스, 페이스북, 플리커를 연결하였으며, 2006년 5월에는 부인 엘리자베스가 '진보를 위한 아－태지역 출신 미국인(APAP)' 회원 간의 다자 간 전화회의를 하여 회원 65명이 참여하는 등 선도적인 미디어 활용사례를 보여주었다. 엘리자베스는 이 단체의 회원들에게 이민 비자 문제와 증오범죄 대응책, 2차 대전 당시 일본군에 의해 동원된 한국의 위안부 문제 등을 중심으로 에드워드의 정책을 설명하였다. 에드워드는 2006년 7월 현재 선거자금의 1/3을 인터넷으로 모금하였으며, 2007년 3월 말에는 3억 달러 이상을 인터넷으로 모금하는 등의 성과를 기록하였다.

  힐러리의 경우는 오바마보다 1주일 늦은 2007년 1월 20일에 자신의 사이트(www.hilaryclinton.com)에서 대선 출마를 선언하였는데, 이 선언에서 그녀는 단순히 선거운동을 개시하는 것이 아니

* 자료: youtube.com/watch?v=6h3G-IMZxjo

[그림 3-21] Vote Different

라 유권자와 그리고 미국과 대화를 시작한다고 하면서 실시간 비디오 토론에 나설 것이라고 천명하였다. 또한 힐러리는 출마선언 후인 1월 22~24일 동안 곧바로 이어진 유권자와의 온라인 화상채팅에서 30여 분 동안 전국 유권자들로부터 받은 이메일 질문에 답하였는데, 부시 대통령의 對이라크 정책이나 허리케인 카트리나 피해복구정책을 비판하였고, 여성 대통령의 필요성을 강조하였다. 또한 개인적인 문화적 취향을 밝히는 등의 대화를 전개하였다.

1월 27일부터 4월 말까지 힐러리의 '음치 UCC'가 1백만 회 이상 시청되는 인기를 끌기도 하였고, 온라인으로 8백만 달러(2007년 3분기), 1,350만 달러(2008년 1월, 200달러 미만 기부자 12%, 50%가 1인당 한도 기부액인 2,300달러의 거액 기부자)를 모금하였다. 그러나 11월, 오바마 캠프에서 유튜브에 'Vote Different'를 업로드하면서 치명적인 타격을 받았다.

경선을 앞둔 2007년 3월 5일 유튜브에 '파크리지47(ParkRidge47)'[144] 이라는 아이디로 'Vote Different'가 게시되었다. 이 UCC는 힐러리를 수용소의 빅브라더로 묘사하는 가운데, 금발의 여성이 달려와 망치를 휘두르며 힐러리가 나온 화면을 부수어 버리는 내용이다. 그리고 '1월 14일, 민주당 경선이 시작될 것입니다. 그리고 당신은 왜 2008년이 1984년과 다를지 보게 될 것입니다(January 14th, the Democratic primary will begin. And you'll see why 2008 won't be like '1984')'라는 메시지가 나오고 오바마 후보의 홈페이지 주소가 뜬다.[145] 이 UCC는 영화 '블레이드 러너'의 리들리 스콧(Ridley Scott) 감독이 제작한 애플의 매킨

---

144) 힐러리는 1947년에 태어났고, 일리노이주 파크리지에서 성장기를 보냈다.

145) 원작의 메시지는 "1월 24일, 애플 컴퓨터가 매킨토시를 소개할 것입니다. 그리고 당신은 왜 1984년이 (조지오웰의) 1984와 다를지 보게 될 것입니다(On January 24th, Apple Computer will introduce Macintosh. And you'll see why 1984 won't be like '1984')"이다.

토시 광고를 매시업하여 패러디한 것으로 업로드 이틀 후, 조회 수 약 10만 건 이상, 2007년 4월 말까지 약 3백만 회의 조회 수를 기록했다.

CNN 래리킹 라이브 쇼에 출연한 오바마는 이 패러디 영상에 대해 일종의 '캠페인 과정의 민주화'라고 평가하며, 오바마 측은 사전에 아무것도 몰랐고 솔직히 그런 기술적 능력이 없다고 관련성을 거부했다. 전문가들은 이 비디오가 권력의 다변화와 인터넷 민주주의의 상징이며, 선거운동과 정치 컨설턴트와 독립적인 개인이 만든 바이럴(viral) 정치광고의 새 시대를 알리는 것이라고 평가했다. 제작 동기에 대해 제작자인 '파크리지47'은 가능한 유명 광고를 거의 그대로 차용하여 민주당 경선 레이스에 과감한 주장을 하고 싶었고, 어떤 사람들에게는 저항이 아닐지 몰라도 어떤 이들에겐 공감을 불러일으킬 것이라고 주장했다.[146]

그 외에 힐러리의 주요 온라인 채널로는 contribute.hillaryclinton.com, www.justhilary.com, www.justsaynodeal.com, BlogHillary, Hillblazers, Women for Hillary, 링크트인, 플리커, 이온스 힐러리 허브, Fact Hub, Delegate Hub 등이 활용되었으며, 트위터는 거의 활용하지 않는 것으로 나타났고, 힐러리에 대한 안티 사이트로는 www.stophernow.com, www.againsthilary.com 등이 개설되었는데, 이 사이트들은 1990년대부터 힐러리의 정치적인 행적을 추적하기도 하였다.

그녀의 동영상 중심 정책은 한동안 효과가 있는 듯했다. 실제로 1월 7일에는 '눈물 UCC'를 통해 잠시나마 오바마에 승리하기도 하였다. 그러나 인터넷을 통해 일반 대중에게 가깝게 다가가는 이미지를 구

---

146) www.sfgate.com/bayarea/article/Who-is-the-person-behind-the-Clinton-attack-ad-2608428.php

축하여 정치적 취약점을 극복하려는 모습을 보였지만, 여전히 역부족으로 나타났는데, 그러한 그녀의 한계는 여전히 후보자 중심적인 관점, 거액 기부자를 중요시하는 점, 소셜미디어를 포괄적인 전략하에 사용한 것이 아니라 그저 개설만 하거나 충분히 지속적으로 대화하는 방식으로 사용하지 못하는 등 매우 불충분하게 사용하는 점 등으로 나타났다.

그 외에, 2007년 5월 몇 주 동안 850개에 달하는 지역사회활동단체들의 온라인 연합체인 '미국을 위한 민주주의(Democracy for America)'에 영상홍보물을 제작하여 제공한 민주당 후보 경선 출마자들은 오바마, 에드워드 전 상원의원, 빌 리처드슨 뉴멕시코 주지사, 데니스 쿠치니치 하원 등 4명에 달하는 것으로 나타났다. 또한 샌프란시스코 일대의 민주당 지지자 15여 명으로 구성된 '2008년 백악관으로'라는 이름의 친목단체는 힐러리, 에드워드 전 상원의원과 인터넷을 통한 질의응답시간을 가졌고, 리처드슨 주지사와는 화상 토론, 오바마로부터는 현재 정치자금 모금집회 무료입장권을 받기도 하였다.

2) 공화당

공화당 의원 가운데 가장 두각을 드러낸 것은 존 맥케인과 사라 페일린이었다. 존 맥케인은 자신의 웹사이트(www.johnmccain.com)에 '맥케인 스페이스(McCainSpace)'를 만들어 블로거 등이 모이도록 하였는데, 2007년 2월 현재 22만 6천 명 회원을 확보하였다. 또한 방문객이 개인 페이지를 직접 만들 수 있도록 서비스하고 소셜네트워크에 편입될 수 있도록 설계하여, '맥케인을 위한 참전용사들' 등 59개 소모

[그림 3-22] 맥케인 스페이스

임이 개설되었다. 맥케인은 유튜브가 아닌 경쟁업체인 베오 네트웍스 (Veoh Networks)[147]에 독자적인 채널을 확보하였고, 플리커도 활용하였는데, 마이스페이스와 트위터를 활용하지 않다가 이후 마이스페이스와 유튜브 채널을 활용하였다. 맥케인 사이트에는 블로거 9,100여 명이 등록하였으며, 맥케인은 온라인에서 1,200만 달러를 모금하였다 (2008년 1월 기준). 이 외에 맥케인이 활용한 주요 온라인 채널로는 phonecalls.johnmccain.com, store.johnmccain.com, events.johnmccain.com 등이 있다.

온라인 공간에서 가장 큰 관심의 초점으로 떠오른 것은 공화당 부통령 후보로 지목된 알래스카 주지사인 사라 페일린이었다. 그녀에 대한 관심은 주로 풍자와 냉소로 표현되었는데, 한 블로거가 페일린

---

147) 베오 네트웍스는 2010년에 파산하였다.

후보의 사이트를 모방한 유사 사이트('holy taco')를 오픈한 후 수십만 명의 네티즌이 방문하기도 하였다. 이 사이트의 '정치적 믿음'란에서는 '나는 전혀 정치적이지 않다'며 페일린 후보를 비꼬았으며, 언론 인터뷰에서 드러난 그녀의 말실수와 외교정책 등의 경험 부족을 적나라하게 풍자하였다.

그녀가 부통령으로 지명되기 전까지는 유튜브에 불과 3백 건 정도의 동영상이 올라왔지만 지명된 이후인 9월에는 13만 건으로 급증하였다. 이와 함께 CBS 여성 앵커 게이트 쿠릭과의 인터뷰 패러디 장면도 업로드되었으며, TV 프로그램 '새터데이 나잇 라이브(Saturday Night Live)'에서 여성 코미디언 티나 페이(Tina Fey)가 페일린의 인터뷰를 패러디한 장면은 유튜브에서 1억 회가 넘는 조회 수를 기록하기도 하였다.

9월 20일에는 테네시 주의 '루비코(rubico)'라는 아이디의 한 대학생이 특별한 해킹기술 없이 구글에서 얻은 정보만을 이용해 페일린의 이메일을 유출하여 뉴스가 되었다. 10월에는 잦은 인터뷰 실수와 경험 부족을 패러디한 유사 페이스북 사이트가 네티즌에게 인기를 끌어 2008년에는 구글 인기검색어 1위를 기록하였다.[148]

그 외에 미트 롬니 매사추세츠 주지사는 2007년 1월, 낙태와 동성애를 찬성하던 과거 발언 모습이 'The Real Rommy?'라는 5분짜리 UCC로 유튜브에 업로드되어 치명적 타격을 받았다.

이처럼 2008년까지는 오바마 외의 다른 정치인들은 민주당이건 공화당이건 모두 그저 계정만 개설해놓았을 뿐 소셜미디어 채널을 용도에 맞게 적절히 활용하지 못했음을 알 수 있다.

---

148) 오바마는 6위를 기록하였다.

[그림 3-23] 페일린 역할을 하는 티나 페이(Tina Fey)

2010년 중간선거

1. 채널별 특징

1) 트위터와 페이스북

2010년 중간선거에서 대표적인 소셜미디어인 트위터는 해시태그 (#votereport)를 통해 투표소 방문기 쓰기를 독려하였으며, 투표한 경우에는 해시태그 '#ivoted'를 붙인 글을 올리도록 독려하였다. 또한 선거 관련 보도를 하는 언론사의 트위터 계정이 소개되었으며, 실시간 선거결과 업데이트도 진행되었다.

* 자료: blog.twitter.com/2010/11/midterm-elections-2010.html

[그림 3-24] 미국 중간선거에 대한 트위터 블로그

　페이스북은 투표소 위치를 담은 애플리케이션을 제공하였는데, 'Politics page'를 통해 투표장소, 유권자 정보 제공, 투표서약을 하도록 하거나, 투표한 경우 'I Voted' 버튼 클릭을 유도하였다. 이 같은 서비스에는 12만 명이 'I Voted' 버튼을 클릭하여, 2008년 당시 5만 4천 명에 비해 두 배 이상 증가한 것으로 나타났다. 물론 이와 같은 증가는 투표율의 증가 때문이기도 하지만 페이스북 사용자의 증가 때문이라고 볼 수도 있다.

* 자료: Commit to vote challenge

[그림 3-25] 페이스북의 투표서약과 독려 페이지

[표 3-9] 미국의 인터넷, 소셜미디어, 모바일 사용현황(2008년과 2011년 비교)

구분	2008년	2011년	기타
전체 사용률	26%	47%	
사용연령	33세	38세	- 48%가 35세 이상
성비	남성 47% 여성 53%	남성 44% 여성 56%	- 이메일(52%), 메신저(55%), 블로그(54%) 등 대부분의 소셜미디어에서 여성이 높은 비율을 차지
페이스북 사용자	-	92%	- 2위인 마이스페이스 이용률은 29% - 매일 이용자 52%, 월 1회 미만 이용자 6% - 미국 100대 사이트 중 80곳, 세계 100대 사이트 중 50곳에서 페이스북의 '좋아요(likes)'를 도입 - 매일 1만 개의 사이트가 '좋아요' 기능을 도입 - 친밀한 사회적 유대 관계 강화
트위터 사용자	-	13%	- 주 사용연령대: 18~29세 - 휴대전화를 통한 트위터 접속(53%)

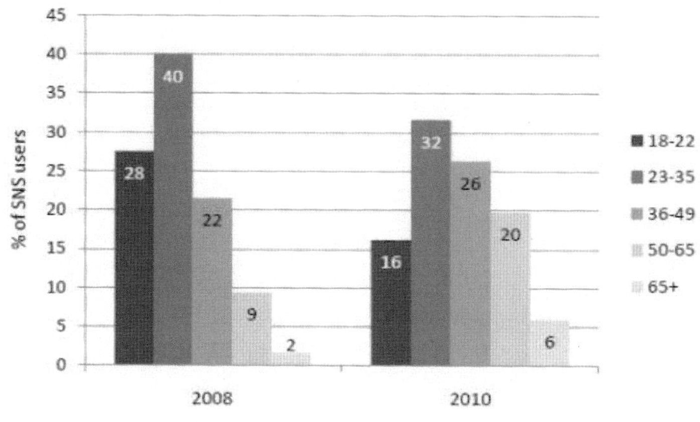

* 자료: Pew Research Center(2011. 6. 16)

[그림 3-26] SNS 사용자의 연령 분포(2008년과 2010년 비교)

2) 모바일 활용

2010년 11월, 퓨리서치센터의 모바일과 소셜미디어의 활용 효과에 대한 조사[149]에 의하면 미국 전체 성인의 26%가 휴대전화로 중간선 거을 소식을 접하거나 참여하였는데, 퓨리서치센터는 이 26%를 '모바일 정치 사용자(mobile political users)' 또는 '모바일 정치인구(mobile political population)'로 정의하였다. 한편, 휴대전화 소유자의 약 71%가 2010년 선거에서 투표했다고 응답하여 일반 투표 응답자인 64%보다 훨씬 높게 나타난 것도 특징이다.[150] 모바일 정보제공에 있어서는 미국 성인인구의 14%가 휴대전화로 타인에게 투표 참여 여부를 공지하였으며, 12%는 휴대전화를 통해 선거 또는 정치뉴스를 계속 이용하

---

149) Pew Research Center(2010. 11)

150) 실제 투표율은 약 40%로 나타남

는 것으로 나타났고, 10%는 선거 관련 문자메시지를 친구나 가족 및 타인에게 발송한다고 응답하였다.

정보제공보다 관여도가 높은 정보공유의 경우에는, 응답자의 4%가 휴대전화로 선거결과를 실시간으로 모니터링하였으며 3%는 휴대전화로 선거 관련 사진이나 동영상을 찍어 전송하고, 2%는 후보자나 선거 관련 단체의 최신 소식을 알려주는 앱을 사용하며, 1%는 후보나 정당, 이익집단 등 선거 관련 단체에 문자 메시지로 기부한다고 응답하였다. 이와 같은 결과를 보면, 2010년까지는 여전히 모바일 정치가 활성화되었다고 평가하기 어려운 측면이 있다.

정치인의 앱 활용에 있어서는 민주당의 칼리 피오리나(Carly Fiorina, 前 HP CEO) 캘리포니아 상원의원 후보가 스마트폰을 적극적으로 활용하여, 위치기반서비스(LBS, Local Based Service)를 활용하여 'Carly Fiorina Red Zone Challenge' 아이폰 앱을 제공하였다.[151] 이 서비스는 자신의 선거유세지역에서 '체크인(check in)'하여, 체크인 점수가 높은 곳에서 유권자와의 대화의 장을 열어 초대하는 방식 등으로 활용되었다.

3) 온라인 광고의 활성화

또 다른 특징으로는 온라인 선거홍보의 활성화를 들 수 있다. 중간선거에서 하원의원들의 선거캠프들은 전체 광고예산 가운데 약 5% 가량을 온라인 광고에 사용하였는데, 많게는 30%까지 사용한 후보도 있는 것으로 나타났다. 특히 선거일이 가까워지면서 온라인 광고 경

---

151) Eric Kuhn(2010. 10. 13)

쟁은 점점 더 치열해졌는데, 10월 말, 8달러짜리 유튜브 광고(In-Stream 광고)의 마일당 비용[152]은 20~25 달러로 증가하였다.

이렇게 활발해진 온라인 광고의 유형상 특징으로는 동영상 광고의 일반화, 유권자 설득용 동영상 증가, 페이스북 광고 증가, 유권자 정보를 기반으로 한 타깃 광고 등을 들 수 있다. 2008년에서의 온라인 광고가 주로 후원금 모금에 초점을 맞춘 데 비해 2010년 중간선거에 나타난 온라인 광고의 이와 같은 특징은 형식과 목적의 다양화가 이루어진 것이라고 평가할 수 있다.

물론 이와 함께 TV 광고도 여전히 위력을 보였다. 후보자들은 방송광고에 총 2조 7,500억 원을 사용하였으며, 중간선거를 앞둔 10월에는 TV 광고가 148만 건으로 광고가격 또한 2~3배가량 증가하였다.

4) 블로그의 퇴조

반면, 2010년 초에 발표된 퓨리서치센터의 조사에 의하면, 2000년대 초반부터 강력한 영향력을 발휘해오던 블로그 사용의 퇴조가 눈에 띄는 현상으로 나타났다.[153] 이 보고서에 의하면 12~17세의 청소년의 인터넷 사용비율이 2007년과 비교할 때 절반 수준으로 내려갔고, 블로그에 댓글을 남기는 경우도 전체 응답자의 절반에 불과한 것으로 나타났다. 청소년뿐 아니라 30대 미만의 성인 사이에서도 블로거는 인기가 없는 것으로 나타났는데, 2007년에는 24%에 달하던 블

---

152) CPM(Cost per mile, Cost per thousand impression). 기존 광고 매체에서 1,000명 또는 1,000가구에 광고 메시지를 전달하는 데 소요되는 비용, 단위 광고비용/노출횟수×1,000으로 계산한다. 온라인 광고에서는 웹페이지의 광고노출비용, 즉 1,000광고 뷰(view)를 전달하는 데 소요되는 비용을 의미한다.

153) Pew Research Center(2010. 2. 4)

로그 사용자 수가 2009년 말에는 7%로 급감한 것이다.

이 조사에서는 2010년 현재 인터넷 사용자 10명 가운데 1명은 블로그를 유지하고 있지만 2005년보다는 훨씬 인기가 떨어졌다고 분석하였다. 이 연구는 소셜미디어의 폭발적인 성장이 블로그의 쇠퇴와 맞물려 있다고 분석하였는데 12~17세 사이의 인터넷 사용자의 75%는 페이스북과 트위터를 사용하기 위해 인터넷을 사용한다고 응답하였으며 이는 2006년보다 20%가량 증가한 수치라는 것이다.

2010년 11월 2일, 중간선거에서 주요 소셜미디어들은 선거를 독려하고, 선거결과를 공유하기 위한 다양한 방법을 사용하였다. 2008년 미국 총선 당시 페이스북 사용자가 2년이 지난 2010년의 1/5 수준이었고, 트위터는 초기 단계였지만, 2010년에는 페이스북과 트위터 사용자가 급증하였으므로, 이와 같은 적극적인 소셜미디어 활용은 당연한 현상이라고 할 수 있다. 특히, 중간선거 결과가 발표된 선거 당일 밤에는 관련 웹사이트의 트래픽(traffic)이 분당 570만 페이지를 기록하면서 관련 웹 트래픽에서 역대 3위를 기록하는 높은 반응이 나타났다.[154]

구글은 구글 선거센터를 설치하여 구글지도를 활용한 투표소 위치 찾기, 선거일 알림, 모바일웹 시작페이지를 선거중심으로 전환하는 서비스를 제공하였다. 한편 기존 방송사와 소셜미디어와의 결합서비스도 활성화되었다. ABC방송의 경우는 페이스북과, CBS 방송은 구글과 협력하였으며, NBC방송은 동영상을 트위터에 올렸고, 워싱턴포스트는 트위터에 선거 관련 기사를 광고하였다.

---

154) 오바마가 당선된 2008년 대선 당시에 관련 웹페이지의 트래픽은 분당 430만 페이지로 역대 트래픽 5위를 기록하였다(≪연합뉴스≫, 2010년 11월 4일자).

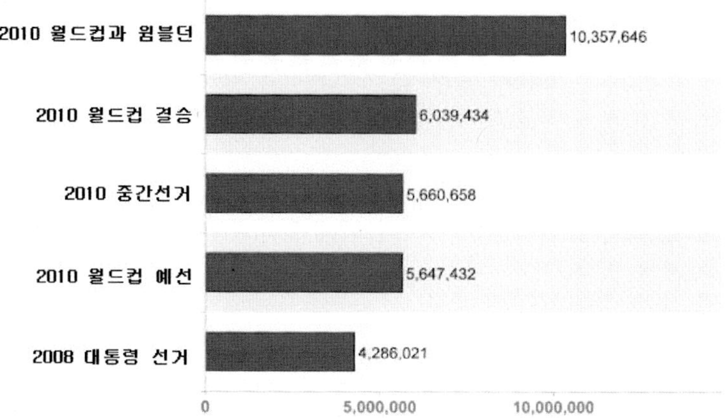

* 자료: ≪연합뉴스≫, 2010년 11월 4일자

[그림 3-27] 미국 뉴스 웹사이트의 역대 트래픽 순위

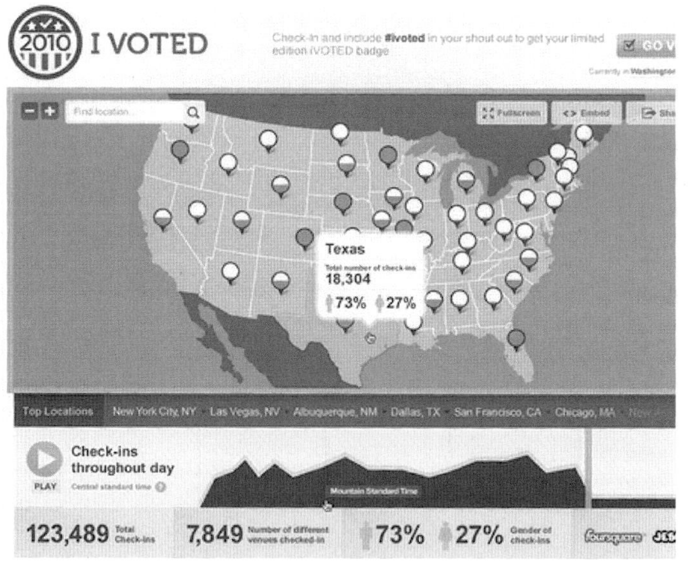

[그림 3-28] 포스퀘어의 실시간 투표율 게시 페이지

위치정보서비스인 포스퀘어(Foursquare)는 LBS를 이용하여 투표현장에서 '체크인'을 하면 'I Voted' 배지를 제공하고 이를 기반으로 각 투표소의 투표율을 실시간 표시하여 투표율을 높이는 데 일조하였다.

2. 공화당의 약진과 티파티의 출현

1) 공화당의 약진

2010년 12월 29일, 페이스북은 미국에서 페이스북을 잘 이용하는 정치인을 소개하였는데 사라 페일린(Sarah Palin) 전 알래스카주지사, 폴 라이언(Paul Ryan) 공화당 하원의원, 스캇 브라운(Scott Brown) 공화당 상원의원, 마르코 루비오(Marco Rubio) 공화당 주지사 당선자, 팀 폴렌티(Tim Pawlenty) 공화당 주지사 등으로서 공화당 정치인들이 민주당 정치인들보다 소셜미디어를 잘 사용하고 있는 것으로 나타났다. 또한 워싱턴포스트가 소개한 연구에 의하면 공화당 의원들이 페이스북의 '좋아요'로 다른 사람들에게 연결되는 비율은 월 6.7% 증가한 반면, 민주당은 3.6% 증가하여 공화당이 더 높은 것으로 나타났다.[155] 트위터에서도 민주당은 2.8%씩 증가한 것에 비해 공화당 의원은 매월 4.5%의 팔로어가 증가한 것으로 나타났다.[156]

새론 앵글 티파티 후보는 투표 마감 직전에 페이스북에서 투표독려를 적극적으로 진행하였으며, 존 베이너 공화당 원내대표는 트위터

---

155) goo.gl/iV9cg

156) goo.gl/iV9cg

를 이용하여 당원과 트위터 사용자들에게 승리의 축하인사를 나누었
다. 유튜브에서 가장 인기 있는 정치 분야 동영상의 상위 10위에 공
화당 동영상이 대부분 랭크되기도 하였다.

공화당 스캇 브라운의 '워킹 엣지(Walking Edge)'[157]는 공화당이 자
체 개발한 앱으로서 2010년 중간선거에서 큰 효과를 보았다. 이 앱은
지지후보를 결정하지 못한 유권자의 주소를 스마트폰에 구글지도로
표시함으로써 선거운동원들이 효율적인 선거운동을 할 수 있도록 서
비스되었는데, 한 번 방문한 집은 업데이트되어 다른 선거운동원이
중복방문하는 일을 덜 수 있는 효과가 나타났다.

이와 같은 공화당의 적극적인 소셜미디어 활용 추세는 집권하지
못한 당의 후발 효과로 평가할 수 있다. 즉, 그동안 집권하지 못한 제
한적인 상황에서 유권자들과 대화하려고 노력하면서 혁신적인 수단
을 찾게 된다는 것이다.[158] 이와 같은 후발 효과는 제대로 미디어를
활용하지 못할 경우 단발에 그칠 수밖에 없다는 한계가 있지만, 2010년
중간선거에서 미국 공화당은 소셜미디어 선거운동 영역으로 성공적
으로 진입하였다고 평가할 수 있다.

2) 티파티의 출현

(1) 티파티의 기원과 형성과정

2010년 11월 미국 중간선거를 앞두고 주목받은 티파티(Tea Party,
www.teaparty.org)는 2009년부터 본격화되었다. 당시 티파티는 오바마

---

157) 《조선일보》(2010년 7월 9일자)
158) 유튜브의 뉴스·정치 분야 책임자인 스티브 그로브(Steve Grove)의 평가

정부의 과도한 재정지출을 반대하며 공화당 지지 혹은 민주당 낙선 운동을 주도했으며, 초기의 조직화 단계에서는 2009년 미국의 경제위기 시에 정부의 재정적자를 무릅쓰고 7,870억 달러의 경기부양자금모금에 대항하는 조세저항의 움직임으로 시작되었지만 점점 보수적 정치결사체로 변화하였고, 2010년 2월 테네시 주 네쉬빌에서 처음으로 전국총회를 개최하였다.

티파티의 형성과정이나 기원에 대해서는 다양한 의견이 제시되고 있다. 티파티 명칭은 독립전쟁의 시발이 된 보스턴 티파티 사건에서 유래한 것이지만 한편으로는 'Taxed Enough Already'의 약자라고 해석되기도 한다. 보스턴 차 사건의 234번째 기념일이자 공화당 론 폴(Ron Paul)의 2008년 대선 예비 선거 캠페인 날인 2007년 12월 16일, 'Boston Tea Party '07'에서 '차(tea)'와 'IRS(미 국세청)'라고 쓰인 상자들을 던지는 행사에서 유래했다는 주장도 있다.[159]

티파티 운동과 연대하는 미국의 우파 단체인 Americans for Prosperity-(AFP)는 SNS와 유튜브, 블로그 등을 통해 좌파 세력에 대응하는 방법을 훈련하는 워크숍을 주최하였다. 이 단체를 에너지 재벌 코흐 형제(Koch brothers)가 후원하는데, 이 때문에 티파티 역시 코흐 형제의 지원을 받는다고 추정된다.[160]

2009년 1월 24일, Young Americans for Liberty의 회장인 트레보어 리치(Trevor Leach)가 뉴욕 주지사 데이비드 패터슨(David Paterson)이 제안한 소다에 대한 비만세에 반대하고 정부에 책임을 요구하는 티파티 운동을 조직했다고도 한다.[161]

---

159) vo.to/neJ

160) vo.to/neK

* 자료: nytimes.com/2010/02/28/us/politics/28keli.html

[그림 3-29] 케일 카렌더(Keil Carender)

한편, 티파티라는 용어를 사용하지 않았지만 시애틀 블로거이자 보수 운동가인 케일 카렌더(Keil Carender)가 2009년 2월경, 오바마의 복지정책(stimulus plan, American Recovery and Reinvestment Act of 2009)에 반대하여 조직한 'Porkulus Protest'가 티파티 운동의 시작이라고 보는 시각도 있다.

전형적인 보수층의 특성과 달리, 카렌더는 피어싱과 문신을 한 젊은 여성으로 정치적으로는 보수적인 입장을 취했다.

---

161) vo.to/neM

* 자료: vo.to/neP

[그림 3-30] 카렌더의 블로그 'Redistributing Knowledge'

공화당은 티파티의 운동 에너지를 영입하기 위해, 딕 알메이(Dick Armey) 전 의원의 'Freedom Works'라는 기관에서 카렌더와 티파티 운동가들을 초청했지만 그들은 초청을 거절했다.162) 카렌더와 접촉한 블로거 스티브 베른(Steve Beren)은 오바마의 복지정책(Stimulus Plan)에 반대하는 행사를 4일 전 자신의 블로그에 게시하였고 행사의 발언자로 참석했다.163) 또 카렌더는 폭스 뉴스의 미셸 말킨(Michelle Malkin)에게도 연락하여 행사를 말킨의 블로그에 공지해달라고 요청했고, 행사 전 포스팅이 게시되었다.164)

---

162) www.nytimes.com/2010/02/28/us/politics/28keli.html
www.npr.org/templates/story/story.php?storyId=123229743

163) www.tcunation.com/profiles/blogs/mon-216-seattle-protest

* 자료: blogger.com/profile/15903210730564785945

[그림 3-31] 카렌더의 구글 프로필

2009년 2월 16일, Americans for Prosperity의 콜로라도 지부와 말킨의 후원으로 시위자들은 콜로라도 의사당을 이용했고,[165] 2009년 2월 27일에는 2차 시위가 이어졌다.[166] 부시와 오바마 정부의 긴급구제(Bailouts) 정책이 티파티 운동을 야기했다고 주장하는 여론조사원인 스캇 라즈무센(Scott Rasmussen)은, "사람들은 연방정부의 지출과 적자, 세금이 너무 높다고 생각하고 워싱턴의 그 누구도 자신들의 말을 듣고 있지 않다고 생각한다. 후자는 매우 중요한 부분이다"라고 지적하였다.[167]

2009년 2월 19일, 시카고 상업거래소 현장 방송에서 CNBC의 비지니스 뉴스 에디터 릭 산텔리(Rick Santelli)는 전날 발표된 정부의 모기

---

164) michellemalkin.com/2009/02/15/taxpayer – revolt – porkulus – protest – in – seattle

165) vo.to/neN

166) www.nytimes.com/2010/02/28/us/politics/28keli.html

167) vo.to/neQ

지 상환 계획을 비판했다.[168] 그는 루저들에게 보조금을 주어 나쁜 행동을 부추기는 계획이라며, 이 문제에 대한 인터넷 투표를 주장하고, 증권거래자들에게 7월 1일 시카고 강에 모여 파생상품을 던져버리는 티파티 운동을 제인했으며, 산텔리의 고함치는 모습은 동영상으로 유튜브에 확산되었다.[169][170]

하룻밤 사이에 시카고 티파티 닷컴(ChicagoTeaParty.com)[171]과 같은 사이트가 모임을 조직하기 위해 생성되어 12시간 동안 운영되었으며, 약 4,000명의 사람들이 등록했다. 페이스북에는 팬클럽부터 시카고, 텍사스, 뉴욕, LA에서의 티파티 운동 계획 그룹까지 수많은 산텔리 관련 그룹이 생겨났다.[172]

산텔리의 방송 약 10시간 후, 앤소니 아스톨피(Anthony Astolfi)라는 24살의 웹 디자이너가 리티파티 닷컴(reTeaParty.com)이라는 도메인을 구매했고 밤새워 사이트를 완성시켰다. 그는 구글 검색을 하여 '산텔리'로 나오는 결과물에 홈페이지로 링크된 댓글을 남겨 프로젝트를 홍보했다. 다음 날 아침 4만여 건의 메일을 받았고 순식간에 사이트가 유명해졌다. 1만 명 이상 방문객들이 티파티 정보를 얻기 위해 등록했고 5천 명은 7월 4일(미국의 독립기념일)의 티파티 운동에 참가 약속을 남겼다. 그밖에도 산텔리의 방송 이틀 후에는 사우스캐롤라이나에 사는 존 실링(John Shilling)이라는 18세 소년이 '92percentgroup.org'라는 정부의 부동산 정책에 반대하여 사이트를 만들었는데 이 사이

---

168) video.cnbc.com/gallery/?video=1039849853

169) vo.to/neR

170) vo.to/neS

171) 2008년 8월, 보수주의 라디오 프로듀서 잭 크라이튼슨(Zack Christenson)이 만든 웹사이트

172) vo.to/neT

트에는 15만 명이 방문하였다.173)

2009년 2월 27일 전국 40여 개 도시에서 '전국 시카고 티파티 (Nationwide Chicago Tea Party)' 운동이 조직되어, 최초의 전국 규모 티파티 운동이 되었으며,174) 크고 작은 12개 보수 단체가 티파티 운동을 이끌었다.175)

(2) 티파티의 상징

운동 초기부터 2009년 당시, 티파티 시위에서 주로 보였던 상징물은 개즈던 기(Gadsden flag)로, 이것은 독립 전쟁 당시 미국이 미 해병대의 상징물로 내걸었던 깃발이며, 티파티 지지자들의 보수적 성향을 드러낸 것이라고 볼 수 있다. 2010년부터는 2차 혁명기(The Second Revolution flag)가 쓰였는데, 영국의 지배에 대해 봉기한 13개 식민지 주를 상징하는 별에 로마 숫자 2가 그려진 모습이다.

개즈던 기(Gadsden flag)

2차 혁명 기

[그림 3-32] 티파티의 깃발

---

173) vo.to/neT

174) vo.to/neU

175) vo.to/neV Americans For Limited Government, American Majority, Americans For Prosperity And Americans For Prosperity Foundation, FreedomWorks, Independence Caucus, Liberty First, Our Country Deserves Better PAC, Smart Girl Politics, Inc., Tea Party Nation, Tea Party Patriots, The 912 Project, The Patriot Caucus

(3) 티파티와 선거운동

2010년 알래스카, 콜로라도, 델라웨이, 플로리다, 네바다, 뉴욕, 사우스캐롤라이나, 유타 등 몇몇 프라이머리 선거에서 티파티의 지원을 받는 후보들이 승리했고 이는 보수진영에 새로운 기회가 되었다. 2010년 중간선거에서 공화당 후보 138명(하원 129명, 상원 9명)이 티파티 지지를 받는 후보들이었다.[176] 티파티의 핵심인 새라 페일린 전 알래스카 주지사의 경우는 페이스북을 통해 선거기간 동안 효과적으로 활약하였다고 평가되었으며, 페일린이 지지한 후보 다수도 2010년 중간선거에서 크게 선전한 것으로 나타났다.

딕 모리스(Dick Morris)의 분석에 의하면 티파티는 전역에 지부가 약 2,800개 있고, 상근 직원은 7명, 티파티 익스프레스(Tea Party Express) 등 여러 외곽 행동조직이 있으며, 10개의 행동강령에 의해 움직인다.[177] 2010년 11월 의회중간선거에서 공화당이 내세운 후보 대신 자신들의 강령을 지지하는 극우 후보를 적극 밀어서 40명 이상을 하원의원에 당선시켰으며 플로리다와 켄터키 두 주에서 자파 후보를 당선시킬 정도로 성장하였다.

그러나 2010년 선거에서 공화당의 승리가 과연 티파티의 운동의 효과때문인지에 대해서는 논란의 여지가 있다. 티파티의 지지를 받거나 받는다고 명시한 후보들 중 32%만이 선거에서 승리했기 때문이다. 예컨대 2007년 12월에 열린, 텍사스 주 하원의원이자 부친이 론 폴(Ron Paul)이며, 최초의 티파티 행사에서 연설한 랜드 폴(Rand Paul) 후보는 슈퍼 화요일 켄터키 주 공화당 프라이머리 선거에서 여유롭

---

176) vo.to/neW

177) Dick Morris(2010. 10)

게 승리했고, 11월 총선에서도 승리했다. 반면 델라웨이나 뉴욕 같은 주에서 티파티 그룹의 지원을 받는 크리스틴 오도넬(Christine O'Donnell)이나 칼 팔라디노(Carl Paladino) 후보는 공화당 내 프라이머리 선거에서 승리했지만, 총선에서는 민주당 후보에게 패배했다.

3. 소셜미디어의 득표 효과

2008년 대선은 1963년 이래 가장 높은, 63%의 유권자가 투표에 참여하였다. 특히 2월 5일의 슈퍼 화요일 투표에서는 모든 주에서 2000년과 비교하여 4~14%까지 18~29세 젊은 층의 투표율이 급증하였고, 특히 테네시 주에서는 2000년 35,000명에 불과했던 젊은 층 투표자가 14만명으로 네 배 넘게 증가하였다. 이들 젊은 유권자 가운데 60~70%는 민주당에, 또 그들 중 60~70%가 오바마에게 표를 던져 대선판도에 지각 변동을 일으킨 것이다. 2008년을 기준으로 18~29세 유권자는 전체 유권자의 21%인 4,400만 명에 달했는데 이들의 대선 투표율은 18세에 처음 투표권을 부여한 1972년의 52%를 정점으로 계속 하락하다가 2000년에는 40%에서 2004년에는 49%로 서서히 늘기 시작하여 2008년에 60%까지 증가하였다.

한편으로는 소셜미디어 활용과 득표와의 상관관계에 대한 연구도 진행되었는데, 페이스북 팬(fan)이 많은 후보자가 당선된 경우가 전체의 74%에 달하는 것으로 나타났으며,[178] 하원의원의 경우 페이스북

---

178) mndaily(2010년 11월 4일 자); Mashable(2010년 11월 9일 자)

팬이 많은 후보자가 선거에서 이긴 경우가 74%였으며, 상원의원의 경우 81%로 나타났다. 또한 페이스북 팬 수와 득표수가 비슷하다는 분석이 제기되었다.

미네소타 제5선거구의 민주당 케이트 엘리슨(Keith Ellison) 후보와 공화당 조엘 도모스(Joel Domos) 후보의 페이스북 팬 비율은 75.4% 대 24.6%였으며, 실제 득표가 73.7% 대 26.3%로 거의 유사한 것으로 나타났다. 인터넷 여론조사업체인 크림슨 헥사곤(Crimson Hexagon)에 따르면 네바다 주 연방 상원의원 선거 당시 트위터 사용자들의 대화를

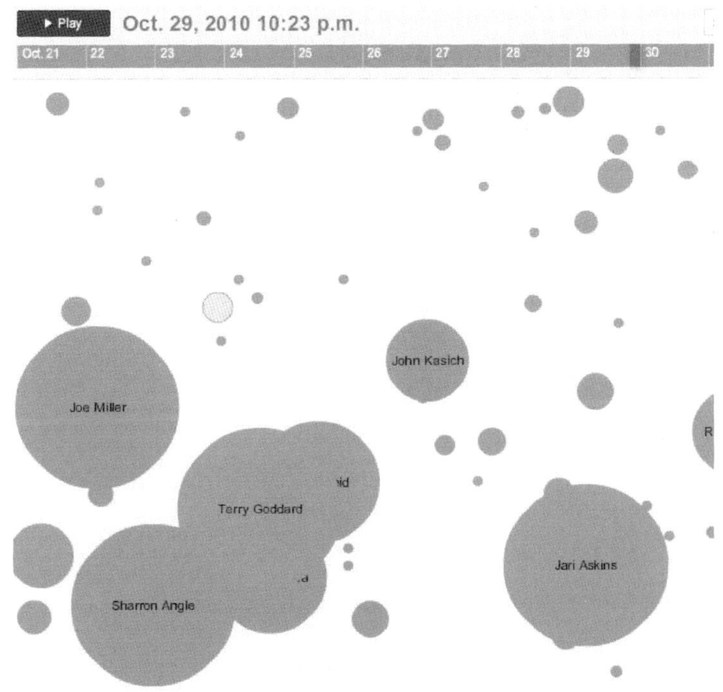

* 자료: "Revealing the Twitter Buzz Surrounding the US Mid – Term Elections." vo.to/nqD

[그림 3-33] 뉴욕타임스의 트위터 버즈(Buzz) 분석

분석한 결과, 55% 대 45%로 해리 리드(Harry Reid) 민주당 상원 원내 대표가 샤론 앵글(Sharron Angle) 공화당 후보보다 더 많이 언급된 것으로 조사된 것이다. 실제로 리드의원은 앵글 후보에게 50.2% 대 44.6%로 승리했다.

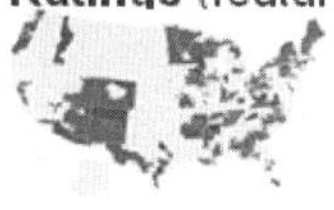

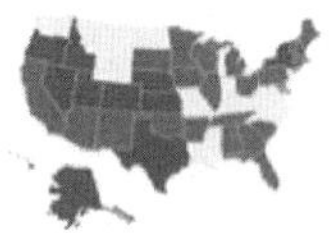

* 자료: allfacebook.com

[그림 3-34] 페이스북의 2010년 11월 미국 중간선거에 대한 정확한
투표 예측

캘리포니아대 정치학부의 제임스 파울러(James Fowler) 교수 연구팀은 2010년 미국 중간선거에서 페이스북의 메시지가 약 30만 명의 투표에 영향을 주었다고 분석했다.[179] 즉, 온라인의 관계가 선거 결과에 영향을 미친다는 것이다. 이 연구는 페이스북 사용자를 각각 6천만 명의 세 개 그룹으로 나누어 연구를 진행하였다. 중간선거일인 11월 2일, 제1그룹에게는 '오늘은 중간선거일입니다'라는 메시지와 '투표했습니다(I Voted)'라는 버튼, 가장 가까운 지역 투표소의 위치를 나타내는 링크를 표시하여 이후 '투표했습니다' 버튼을 클릭한 사용자가 업데이트되도록 카운터를 표시하였다. 여기에 더하여 '투표했습니다' 버튼을 클릭한 '친구'를 최대 6명의 사진이 표시되도록 하였다. 이어서, 제2그룹인 60만 명에게는 제1그룹의 메시지에서 '친구'의 사진만 제외하고 표시했으며, 제3그룹 60만 명에게는 중간선거 메시지와 사진을 표시하지 않았다.

이후 연구팀은 사용자의 프로필과 투표 후보 정보를 제외한 투표소에서의 공식 기록을 체크하였다. 체크 결과 중간선거 메시지만 받은 제2그룹과 아무것도 받지 않았던 제3그룹 사이에는 투표율의 차이가 거의 없었지만 메시지와 함께 '친구'의 사진도 전송받은 제1그룹에서는 다른 그룹보다 투표율이 0.39% 가량 높게 나타났다. 이는 소셜 메시지(Social Message)를 받은 후 투표한 사람이 약 6만 명 증가한 것이며, 전체 미국을 기준으로 약 34만 명에 해당하는 것이라고 추론하였다.[180]

---

179) Robert M Bond, Christopher J. Fariss, Jason J. Jones, Adam D. I. Kramer, Cameron Marlow, Jaime E. Settle & James H. Fowler(2012. 9. 13)

180) 2000년 대선에서 플로리다 주 투표결과에 의해 선거결과가 좌우되었는데 이때 부시와 고어와의 차이는 537표에 불과한 것으로 나타났다.

파울러는 이를 '사회적 감염(소셜 바이럴 효과, Social Viral Impact)'이라고 평가하였는데, 온라인에서의 개인과 개인의 관계가 투표행위에 영향을 주었다는 것이다. 아울러, 뉴욕대의 시난 아랄(Sinan Aral) 교수는 이와 같은 결과를 통해 HIV 검사율 상승, 폭력 억제, 운동 습관 향상, 정치적 의식 향상 등을 계량적으로 증명 가능하다고 논평하였다.

올페이스닷컴(allfacebook.com)의 조사에서도 2010년 중간선거에서 경쟁자보다 페이스북 팬을 확보한 하원의원의 74%와 상원의원의 81%가 당선되었다고 한다. 그러나 이와 같은 연구는 반대의 경우도 많이 나타나고 있기 때문에 논란의 여지가 있다. 즉, 페이스북 팬이 더 많은 후보자가 낙선한 경우도 있는데,[181] 텍사스 주지사 민주당 후보 빌 화이트(Bill White)는 경쟁후보자에 비해 15만 명 더 많은 팬을 확보하였으나 낙선, 캘리포니아 주지사 공화당 후보 메그 화이트맨(Meg Whiteman)은 경쟁후보자인 민주당의 제리 브라운(Jerry Brown)에 비해 3배 많은 트위터 팔로어를 확보하였으나 낙선, 플로리다 제8선거구 앨런 그레이슨(Alan Grayson)은 페이스북 팬이 30,000명으로 공화당 다니엘 웹스터(Daniel Webster)의 팬 수 4,500명에 비해 압도적으로 많았으나 낙선되었다. 이와 유사하게 페이스북상 득표 차는 실제 투표결과상 득표 차와 13%만 일치하며 주지사 선거의 경우는 0.8%에 그친다는 분석도 제기되었으며, 하원의원의 경우 소폭이긴 하였으나 오히려 페이스북상 득표 차가 클수록 실제 득표 차가 적었던 것으로 나타났다.[182]

물론 소셜미디어와 득표율의 관계는 단순히 양적인 기준이 아니라

---

181) mndaily(2010년 11월 4일자); Alex Moore(2010. 11. 5)
182) Steve Olson & Will Bunnett(2010. 11. 15)

질적인 기준을 중심으로 종합적으로 고려할 필요가 있다. 특히 과거에 비해 소셜미디어 사용자 수가 언제나 증가하는 경향이 있다는 것을 고려하여 팔로어나 친구 수보다는 소통의 내용과 정치정보의 영향력을 중심으로 질적인 분석이 병행되었을 때 소셜미디어의 선거효과를 더욱 명확하게 증명할 수 있을 것이다.

소결

이 시기의 미국 온라인 선거운동의 특징을 정리하면 '네트워크 선거운동 구조로의 변화'와 '다양한 콘텐츠 융합'으로 규정할 수 있다.

첫째, 과거의 선거운동이 홈페이지, 블로그, UCC, 온라인 커뮤니티 등 단선적인 기술서비스 중심으로 신기술을 얼마나 잘 활용하는가에 주목하였다면, 2008년부터는 온라인 선거운동이 이전과는 비교할 수 없을 정도로 중요해졌을 뿐만 아니라 실제로 그러한 과정을 통해 효과적으로 자신을 홍보하고, 지지자들 스스로 결집하게 하며, 모든 기술 자원을 동원한 오바마라는 독보적인 후보가 나타난 것이다.

둘째, 많은 미디어가 존재하더라도 이를 총체적인 관점에서 전략을 가지고 마치 정책 실행을 위한 로드맵처럼 활용하는 것이 중요하다는 의미가 부각되었다. 즉, 각각의 기술만 활용하는 수단적인 의미보다 그 수단을 왜, 어떻게 활용해야 하는가 라는 목적이 좀 더 분명하게 드러났다. 이 모든 온라인 선거운동은 치밀한 '전략'에 의해 진행되었다. 어떤 선거운동이든 전략이 있기 마련이지만, 중요한 것은 2008년 미국의 온라인 선거운동전략에서는 기술보다는 사람, 일방적 공급보다는 대화와 소통, 소수보다는 다수의 영향력 독려, 단순세력

화보다는 네트워크에 의한 연결이라는 민주적 특성이 부각되었다는 데에 온라인 선거운동 전략의 정치적 중요성이 있다. 이 책에서 강조하는 바와 같이 신기술 수단을 활용해야 하는 이유는 그것이 좀 더 저렴하고 신속하고 가깝게 후보자와 유권자를 연결하기 때문이며, 활용하는 방법은 총괄적인 그림 속에 각각의 서비스 간의 끊김 없는 연결과 그로 인한 사람과 정보의 유통과 확산에 주력해야 하는 것이다.

셋째, 이 시기에는, 과거의 선거운동이 주로 기술을 수단으로 활용했다면, 이제는 구조 자체가 네트워크 특성을 강하게 나타내게 되었다. 이전까지 배너 광고, 이메일, UCC 등 홍보매체로만 활용되던 온라인 매체가 2008년 대선부터는 인적 네트워크 중심 기술로 이동하기 시작했다.[183] 이제 기술이 아닌 사람의 연결이 전면에 부각되기 시작했다.

넷째, 롱테일 선거전략, 즉 다수의 흩어져 있는 유권자를 선거의 중심 세력으로 부각시킬 수 있는 많은 전략이 동원되었다. 오바마는 거액의 정치자금 기부자가 아닌 다수의 서민을 지지기반으로 하여 소액다수의 기부를 구현하였으며, 이들을 위해 선거운동 비용과 시간을 절약할 수 있는 적절한 방법을 사용하였다.[184] 온라인 기술을 활용하여 지지자를 만들고, 그들이 자발적으로 움직이도록 만들었으며, 여기에서는 단순히 '나를 지지해달라'는 일방적인 호소가 아니라 데이터를 기반으로 한 치밀한 타기팅 전략이 기반이 되었다.

다섯째, 이전 시기와 마찬가지로 UCC의 영향력은 여전히 지속되었지만 유권자를 조직화할 수 있는 다양한 SNS가 활성화되면서 UCC뿐

---

183) DMC 미디어(2012. 7)

184) DMC 미디어(2012. 7)

만 아니라 텍스트·이미지·음성 등 다양한 방식의 콘텐츠 융합 현상도 강화되었다. 여기에 정치 게임, 모바일 앱, LBS 등과의 연동도 매우 활성화되었다.

여섯째, 민주당의 적극적인 온라인 활용만큼 보수진영에서의 온라인 활용도 활성화되었다. 이와 같은 현상은 2012년 롬니의 활발한 소셜미디어 선거운동으로 지속적으로 이어지는 발판이 되었는데, 티파티의 전국적인 네트워크 확장은 온라인 자원이 없었다면 이루어지기 어려운 현상이었다고 할 수 있다. 이제 미국의 온라인 선거운동은 민주당과 공화당 간 균형을 맞춘 대등한 대결의 장을 형성하여 양 진영의 활용 비교를 통해 온라인 정치의 효과를 더욱 풍부하게 측정할 수 있는 사례를 제공하게 되었다.

물론 2008년 오바마의 온라인 선거운동을 네트워크 선거운동으로 정의한다고 해서 미국의 전자민주주의가 모두 이상적이거나 완벽한 것은 아니다. 전자투표기 고장과 이에 대한 유권자의 불신, 선거관리의 미숙함, 유권자명부 관리 소홀로 나타난 다수의 유권자 누락 등은 여전히 미국 선거의 난제로 남아 있으며 전통적인 방법의 오프라인 선거운동의 위력은 여전히 크게 나타났기 때문이다. 그러나 이러한 한계에도 불구하고 2007년부터 2010년까지의 미국 온라인 선거운동이 시사하는 점은 다음과 같다.

첫째, ICT의 발전을 적극적으로 수용하고 유권자의 관여가 능동적으로 이루어졌다는 점에서 오바마의 선거운동은 미국 전자민주주의의 진일보한 형태로 평가할 수 있다. 즉 전통적인 선거운동에서의 유권자는 그저 홍보 메시지만을 수용하는 수동적인 유권자에 머물러 있지만 네트워크 선거운동에서의 유권자는 높은 수준의 관여와 관계를 통해 선거운동 과정에서 콘텐츠를 스스로 생산하고 확대해나갈 수 있게 되었다. 다수의 유권자가 정치에 불만을 가지고 있지만 개입하지 않거나 개입하고 싶어도 정치 문화적으로 제도적 규제에 묶여 있거나 혹은 대부분 정치적으로 무관심하다는 전통적인 평가에서 진일보한 형태의 유권자들이 똑똑한 군중(smart mobs)[185] 형태로의 진화를 실증하는 계기가 되었다. 여기에는 '개방성·투명성·참여'라고 표명한 오바마 선거운동의 특징도 크게 기여를 하였다. 즉 정보를 개방하고, 그 모든 과정을 개방하며, 참여를 독려하는 원칙이야말로 민주주의에 가장 가까운 원칙이기 때문이다.

이러한 특징은 네트워크 사회에서의 시민 속성 및 문화의 변화를 반영하는 것이기도 하다. 유권자로서의 시민은 산업사회의 합리적인 '생각하는 시민'으로부터 '참여하는 시민'으로, '차가운 인지(cool cognition)'라기보다는 '뜨거운 인지(hot cognition)'에 기반을 둔 '모니터 시민(monitor citizen)'으로 변화하고 있다고 평가할 수 있다. 이에 따라 '감성'의 정치가 '이성'의 정치 못지않게 중요해졌으며, 이들은 정치를 정치적으로 수용하는 것보다는 '정치를 문화적으로 수용하는 것'에 보다 익숙하다. 또한 산업사회의 시민이 계급 혹은 이익 등에 기초한 '강한 연대(strong tie)'에 의해 정치적으로 동원되었다면, 네트워크 사회에서의 시민은 취미와 재미 그리고 무엇보다 네트워크에의 참여 자체에 의미를 부여하면서 '약한 연대(weak tie)'를 구성하고 네트워크를 통한 독립적인 참여 시민으로 재구성된다고 할 수 있다.[186]

---

185) 라인골드에 의하면 똑똑한 군중은 웹이나 모바일 등 첨단기술을 바탕으로 하여 네트워크에 긴밀하게 연결된 존재로서 하나의 목표를 위해 나아간다는 움직임에 동참하고 있다는 것을 철저히 의식하는 군중을 의미한다(Howard Rheingold 2002).

186) 윤성이 외(2008: 81)

둘째, 도구로서의 기술이 아닌 구조 속에서의 기술 활용이 중요해졌으며 그만큼 기술 활용을 통한 정치변화의 가능성도 기대할 수 있게 되었다. 즉, 기술 진화에만 천착하여 새로운 기술을 단순히 활용하는 것이 아니라 사용자에 맞는 기술을 단계적으로 적용하고, 이를 정치적 자원화하면서 궁극적으로는 네트워크라는 구조를 구성하는 기술의 사회적 전략 혹은 정치적 전략이 중요한 존재가치를 가지게 되었다.

오바마는 선거운동과정에서 ICT 환경을 압도적으로 활용하였다. 이러한 측면은 각 후보의 인터넷 활용 비중을 평가하는 SIPP(Spartan Internet Political Performance Index)에서 확인할 수 있다. 오바마의 SIPP는 민주당 경선과정에서부터 다른 후보들보다 높게 나타났다. 클린턴과 에드워드가 인지도 측면에서 앞선 시점은 2007년 7월, 오바마의 인터넷 비중은 약 20%로 각각 12%인 두 후보보다 높았다. 또한 민주당 후보 경선의 마무리 시점인 2008년 6월 초에는 오바마의 SIPP 점수가 클린턴의 약 2배 수준이었다. 민주당 대선 후보 경선에서 승리한 직후, 오바마의 SIPP는 맥케인의 2배 수준이었으며, 2008년 대선 당일에는 오바마의 SIPP는 65를 기록했고, 맥케인은 30을 다소 밑돌았다.[187]

셋째, 네트워크의 구성에 있어서 커넥터의 역할이 중요하다는 것이 다층적인 사례에서 증명되었다. 커넥터는 콘텐츠와 사용자 그리고 온라인 커뮤니티와 네트워크 단위에서 모두 나타날 수 있는데, 좀 더 주목받는 UCC나 정치 콘텐츠, 상대적으로 활동적인 적극적 유권자 그리고 이들이 형성하는 소규모의 그룹 및 소규모 그룹 가운데 보편적인 사용자를 대상으로 종합적인 콘텐츠를 제공하는 ([그림 3-8]에

---

187) Winograd · Hais(2009, 김경미 2009: 3에서 재인용)

서의 소셜미디어 A형에 해당하는) 네트워크들이 모두 커넥터가 되어 허브의 권력과 네트워크의 확대에 기여한다.[188]

넷째, 네트워크 구성에 있어서 중요한 것은 지지자만을 강화하는 결속형 자본뿐만 아니라 다른 네트워크와의 연결을 촉진할 수 있는 교량형 자본의 축적이 중요하다는 것을 알 수 있는 계기가 되었다. 이는 일반적인 의미에서 규범, 신뢰, 네트워크를 단위로 하는 사회 자본이 선거운동에서 정치 자본(political capital)을 구성할 때의 조건을 의미하는 것으로서 네트워크 사회에서의 정치 자본의 확대는 폐쇄적인 결속형 자본과 함께, 연결적이고 개방적인 교량형 자본이 필요하다는 것을 나타낸다.[189]

---

188) 네트워크 구성단위에서의 노드·커넥터·허브의 역할에 대해서는 조희정·강장묵(2008: 320~323) 참조.

189) 물론 선거에서의 목적이 지지자 확대라는 측면에서 교량형 자본은 넓은 의미의 결속형 자본으로서 그 경계가 분명하지 않다는 의문을 제시할 수도 있다. 다만, 네트워크에서는 분석 단위로서의 노드가 적극적인 커넥터로 인해 허브가 되는 과정에서 다양한 네트워크의 생성과 소멸이 중요하기 때문에 콘텐츠나 행위자들은 개인과 커뮤니티, 다양한 저널 등의 여러 상이한 네트워크를 자유롭게 드나들며 메시지를 전달하고 생성하는 교량형 자본이 더욱 중요하게 된다는 점에서 연결(link)의 의미가 매우 중요하다는 점을 강조하고자 한다.

후보자와 유권자의 융합, 소셜전략 선거운동(2011~2012년 현재)

1996년부터 도입·전개·성장을 거쳐 발전한 미국의 온라인 선거운동은 2011년 후반부터 전성기에 들어섰다. 향후 수많은 소셜미디어들이 합종연횡과 소멸과 생성을 거듭하면서 더 나은 방향으로 발전하겠지만 미래의 기술변화 가능성을 감안하더라도 현재의 미국 온라인 선거운동 수준은 이제까지 17년여 동안 나타난 모든 뉴미디어 활용의 결정판이라 할 정도로 높아진 것이다. 기껏해야 후보자 이름을 검색하여 홈페이지를 찾아가 방문하던 시절에 비하면 2012년 온라인 선거운동은 그야말로 수익의 극대화를 위해 서비스하는 벤처의 모습과 같이 매우 선진적이면서도 적극적인 모습으로 나타났다.

그러나 이 책에서 누누이 강조하는 것처럼 2012년 미국 온라인 선거운동의 진정한 가치는 모든 신기술이 동원되었다는 데 있다기보다는 선거운동의 가치가 바람직하게 구현되었다는 데에 있다. 즉, 미국 온라인 선거운동의 특징은 소셜미디어나 뉴미디어를 통해 선거에 참여할 수 있는 가장 최고의 덕목을 제시하고 있다. 온라인 저널인 테크 프레지던트는 2012 오바마 캠페인의 유산을 (어느 특정 서비스의 우수함에 있다기보다는) '모든 것을 듣고, 실행하고, 분석한 것'이라고 평가하였다.[190] 이 세 가지 행동은 유권자 중심 캠페인을 의미하며, 유권자의 모든 것에 다가가기 위한 민주적인 원칙을 함의하고 있는 것이다.

제4장에서는 이러한 특징의 내용을 각기 구현된 선거운동 사례를 들어 살펴본다. 이 가치들은 유권자 접점의 확장, 유권자와의 실시간 대화, 정책 중심의 선거, 사실 검증과 근거에 기반을 둔 상대 공격, 실시간 여론 파악, 표현의 민주화와 재미의 정치 구현이다. 이들 여섯 가지의 가치가 제대로 구현된다면 그 선거는 매우 선진적이고 민주적인 선거라고 보아도 무방할 것이다. 물론 지나친 공격, 과도한 개인정보 수집, 데이터 조작, 반응성 부족 등의 한계가 여전히 남아 있지만 이와 같은 가치가 확립됨으로써 온라인 선거운동의 틀이 제시되었다는 것이 중요하다. 이는 향후 온라인 선거운동이 지향해야 하는 가치와 방법들이 될 것이기 때문이다.

---

190) Techpresident(2012년 11월 21일자)

빅데이터와
마이크로 타기팅

마이크로 타기팅은 대중을 단 하나의 접근대상으로 보지 않는다. 요즘처럼 개인의 취향이 다양화되어 있는 시대에는 개개인의 생활패턴을 알아야 개인에게 좀 더 다가갈 수 있기 때문이다. 따라서 마이크로 타기팅은 개인 맞춤형 접근공략이라고 볼 수 있고, 그렇게 다가가기 위해 어떤 SNS든 개설하고, 밑으로부터의 풀뿌리 네트워크를 조직하며, 개인에게 적합한 다양한 맞춤형 자금모금 방식을 전개한다. 이러한 방식은 온라인에서 매초 생성되는 유권자 정보를 과학적으로 분석함으로써 가능하다. 즉, 빅데이터에 대한 데이터마이닝 기술이 기반으로 작용하고 있는 것이다.

2010년까지의 온라인 선거운동에서는 이렇게 개인 하나 하나를 고려한 선거운동방식이 나타나지 않았지만, 2012년 대선에서는 그 방식이 더욱 정교화되었으며, 과학화되었다. 그저 홍보와 동원의 대상이기만 했던 유권자는 이제는 밀착하여 설득해야 하는 매우 중요한 주체로 부상하게 된 것이다. 제1절에서는 다채널의 유권자 접점 확대, 풀뿌리 네트워크 조직화, 온라인 자금모금으로 구분하여 얼마나 다양한 마이크로 타기팅이 효과적으로 시행되었는지 알아본다.

1. 다채널의 유권자 접점 확대

1) 오바마

(1) 국정연설과 대화

마이크로 타기팅이 가능해지기 위해서는 우선 다양한 채널을 통해 유권자와 만나야 한다. 온라인 공간에서 유권자가 후보자의 존재를 인지하지 못한다면 그 어떤 타기팅도 의미가 없다. 오바마는 2008년 당선 직후부터 언제나 국민들의 소리를 들을 수 있는 채널을 개방해 왔고, 이에 대한 국민들의 호응도 매우 높게 나타났다. 2008년 대통령에 당선된 후, 유튜브와 백악관 홈페이지를 통해 대통령의 주례연설 장면을 생중계하였다. 이에 하루 만에 60만 명이 유튜브를 방문하였으며, 2012년 1월 25일 국정연설 생중계에는 국정연설 해시태그인 #SOTU(State of The Union)를 사용한 트윗이 1분에 8,052개, 1시간 35분 동안 766,681개가 게시될 정도로 호응이 높게 나타났다.

또한 트위터상에서도 일반 국민의 질문과 의견을 청취하였으며, 백악관 홈페이지에 SOTU 페이지를 별도로 개설하여 국정 연설 장면을 인터넷으로 생중계하였다. 생중계 도중에는 연설내용에 맞춘 다양한 그래프와 데이터를 보여주면서 연설 내용에 대한 이해를 돕는 서비스도 병행하였다. 연설이 있기 1주일 전부터는 국정연설을 준비하는 과정을 다큐멘터리로 제작한 일종의 메이킹 필름(making film) 동영상과 비서관이 직접 출연한 동영상을 유튜브에 올리는 등 소셜미디어를 통한 입체적인 홍보를 전개하였다. 아울러 트위터를 비롯하여 백악관 공식 페이스북 팬 페이지와 구글플러스 페이지를 통해서도

일반 국민들과 끊임없이 이야기를 나누었으며, 국정연설 현장중계에
는 쿠오라(Quora, www.quora.com)라는 새로운 SNS 방송 플랫폼을 적용
하였다.

단지 한 번의 연설 중계로 끝나거나 잊히고 마는 정치 이벤트가 아
니라 국민과 대화하며, 반응을 체크하고, 정책 안내를 지속적으로 여
러 수단을 통해 알리는 이러한 노력으로 인해 공적인 이슈에 대한 관
심과 오바마에 대한 지지가 함께 상승하는 효과를 도모할 수 있게 된
것이다. [그림 4-1]을 보면 오바마의 국정 연설에 대한 트윗 참여 현
황을 볼 수 있는데, 총 766,681건의 트윗이 게시될 정도로 트위터에서
의 반응이 매우 열렬하게 나타나고 있음을 알 수 있다.

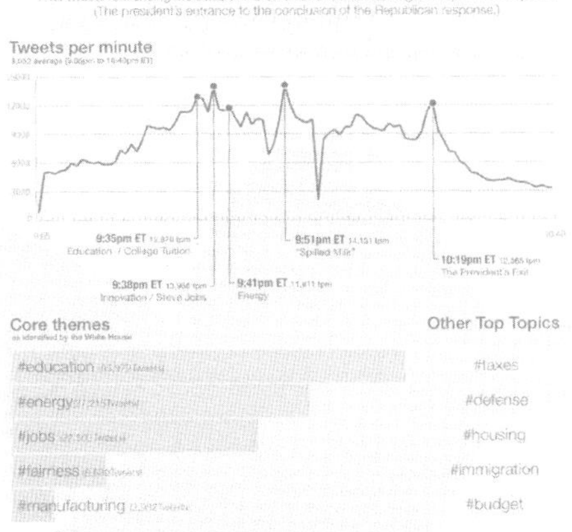

* 자료: ≪미디컴≫, 2012년 3월 6일 자

[그림 4-1] 오바마의 국정연설에 대한 트윗 참여 현황

2011년 1월 9일~2011년 2월 21일

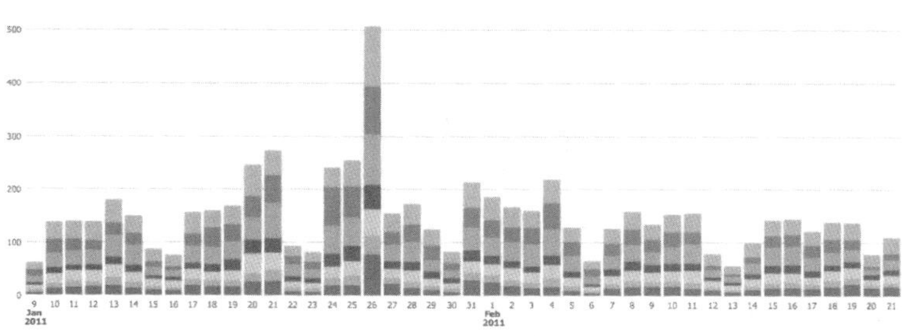

* 자료: 한국정보화진흥원(2012. 6. 11: 23)

[그림 4-2] 미국의 학자금 대출에 대한 트윗 추이

흥미로운 것은 국정연설 다음 날 국민들의 반응이다. 2011년 1월 9일부터 2월 21일까지 40여 일 동안 미국에서 학자금 대출에 관련된 트윗 수를 분석하면 공교롭게도 오바마 대통령이 국정연설을 한 다음 날 학자금 대출에 대한 트윗이 그동안보다 더욱 급증한 것으로 나타나고 있다. 이와 같은 결과는 오바마 대통령의 국정연설의 새로운 형식에 대한 사람들의 관심이 높았던 만큼 내용에 있어서 대통령이 학자금 대출 관련 이슈를 적절하게 해결하지 못했기 때문에 나타나는 반응이라는 해석도 제기되었다.

(2) 소셜미디어 선거운동의 다양화

① 홈페이지

2011년 4월 4일, 오바마는 동영상 'It begins with us(여러분과 함께 시작합니다)'를 통해 출마선언을 하였다. 출마선언 당시 2008년에 확보한 1,400만 명의 이메일 주소를 가지고 대선 도전을 선언하였으며, 이에 100만 명이 선거홍보 문자 서비스를 신청하여, 2008년에도 위력을 떨쳤던 마이보에는 200만여 명이 참여하였다. 이렇게 확보한 회원들의 이메일로는 매일 오바마 캠프의 활동에 대한 새로운 소식이 전달되었다. 발신자도 오바마 대통령, 퍼스트레이디, 캠페인 매니저, 전국위원회 위원장 등 중요 인사들의 실명을 사용함으로써 마치 그들에게 직접 소식을 듣는 것 같은 친밀함을 강조하였다.[191] 친밀감 강조에 더하여 이메일의 링크 'Donate Now'를 통해 온라인 모금액의 3/2에 해당하는 정치자금을 모으기도 했다. 또한 전화를 통한 풀뿌리 지지 강화를 위한 서비스[192]도 확대되었다. 개인 간의 친밀감을 강조하는 이메일과 전화를 통해 그 어떤 화려하고 적극적인 소셜미디어보다 강력한 도구라는 것을 강조하며 오바마의 선거운동이 시작되었다.

한편, 2008년 오바마의 슬로건이 '희망과 변화(Hope and Change)', '우리는 할 수 있다(Yes, we can)'였다면, 2012년에는 '앞으로(Forward)'였다. 2008년 대선에서의 슬로건이 과거 정부와의 단절과 가능성이라는 가치를 강조한 것이라면 2012년 슬로건은 재선에의 의지를 반영한 것이기도 하다. 이와 같은 '앞으로'라는 슬로건은 선거운동 후기로 갈수록 앞으로라는 슬로건의 절박성이 더해져 Forward'.' 가 아니라 Forward'!' 라고 표현되기도 하였다. 또한 초기 홈페이지에 나와 있는 오바마 캠프의 온라인 전략은 '오바마는 어디에나 있다(Obama is Everywhere)'였는데, 이는 모든 소셜미디어 서비스를 활용하여 유권자와 만나고자 하는 오바마 캠프의 의지를 가장 잘 표현하고 있는 슬로건이다.

---

191) peak15.tistory.com(2012년 5월 8일 자)

192) call.barackobama.com

* 자료: **www.barackobama.com**

[그림 4-3] 오바마는 어디에나 있다

2008년의 마이보의 역할과 같이 2012년에도 오바마의 홈페이지가 베이스캠프의 역할을 하였다. 초기의 홈페이지는 진실규명팀(Truth Team)의 진실규명 서비스와 기부(Donate) 기능을 강조하였으며, 후기로 갈수록 자원봉사자를 통한 지지 확산과 유권자 등록 서비스를 강조하는 방향으로 변화하였다. 또한 매일 매일 업데이트되는 각종 소셜 미디어의 새로운 소식은 화면을 아래로 내려야 볼 수 있도록 콘텐츠마다 중요성을 조정하여 배치하였다(초기와 후기의 홈페이지 디자인 비교는 [그림 4-4] 참조).

아울러 2008년에 지지자와 지지자가 속한 커뮤니티가 오바마에 대한 지지의 외연을 확산시키는 커넥터 역할을 했던 것처럼 2012년 선거에서는 더욱 강력한 지지자들의 적극적인 활동을 독려하는 방향으로 선거전략이 집중되었다. 오바마 캠프는 이러한 초반의 상승세를 중심으로 2011년 초부터 적극적으로 소셜미디어를 비롯한 미디어 채널에 대응하는 전략을 수행하여, 2011년 6월 17일에는 모든 오바마 관련 소셜미디어를 대선 모드로 변경하였다.

선거운동기간 후반에 접어들어서는 정보의 선택과 집중을 위해 '사실을 알자(Get the FACTS)', '최신정보를 알자(Get the LATEST)', '참여하자(Get INVOLVED)'라는 세 개의 메뉴로 단순화하여 디자인을 재구성하였다.

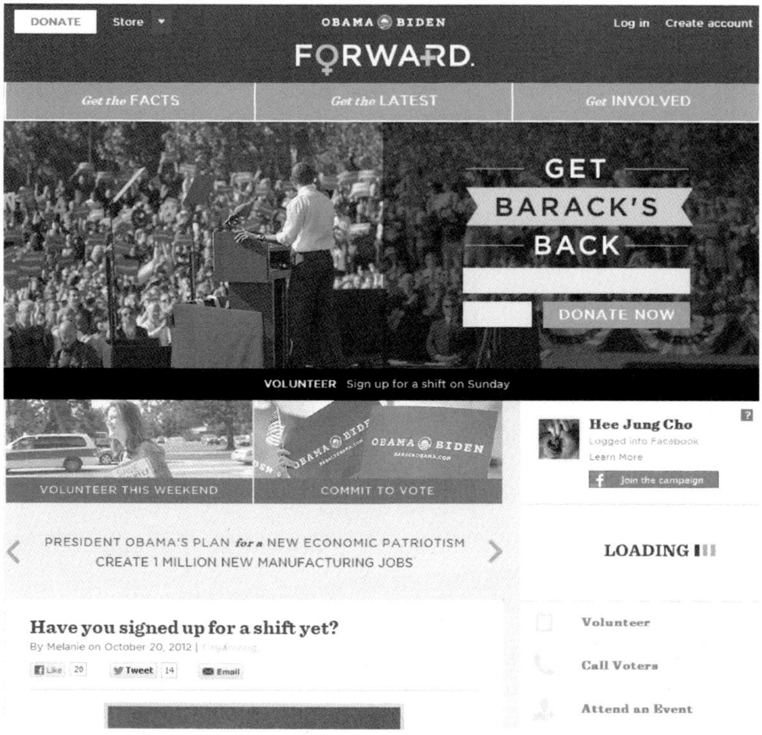

* 자료: www.barackobama.com

[그림 4-4] 초기와 후기의 오바마 홈페이지

한편, 2012년 7월 19일부터는 '한 표를 붙잡자(It takes One)'라는 캠페인을 시작하였다. 이를 위해 마이보에 별도의 페이지를 개설했고, 미셸 오바마가 직접 전하는 유튜브 동영상을 시작으로 콘텐츠를 게시하였다. 이 캠페인은 지지자들에게 주변 사람에게 캠페인 참여를 권하도록 독려하는 운동으로 일 대 일(One to One) 커뮤니케이션 방법이 핵심이다. 이 캠페인에서는 '주말 참여 이벤트(Weekend of Action)'를 통해 유권자들이 주말에 참여할 수 있는 거주 지역 인근의 이벤트를 지도 서비스와 함께 소개하였다. 이러한 방법으로 풀뿌리 지지자를 결집하고 새로운 지지자를 모으기 위한 동원을 하기 시작한 것이다.[193]

홈페이지에서의 새로운 이벤트는 이것에만 그친 것이 아니다. 2012 선거는 정책선거라는 특징이 돋보인 만큼, 2012년 8월 3일에는 홈페이지에 세금계산기 서비스가 등장했다.

이 서비스는 홈페이지 방문자가 결혼 여부, 연봉 등을 입력하면 오바마 정부에서 받을 수 있는 세금혜택을 구체적인 금액으로 확인할 수 있으며, 나아가 오바마 정부와 롬니 정부하에서 세금이 얼마나 줄고 느는지 상세하게 비교해준다. 유권자는 이와 같은 체감형 서비스

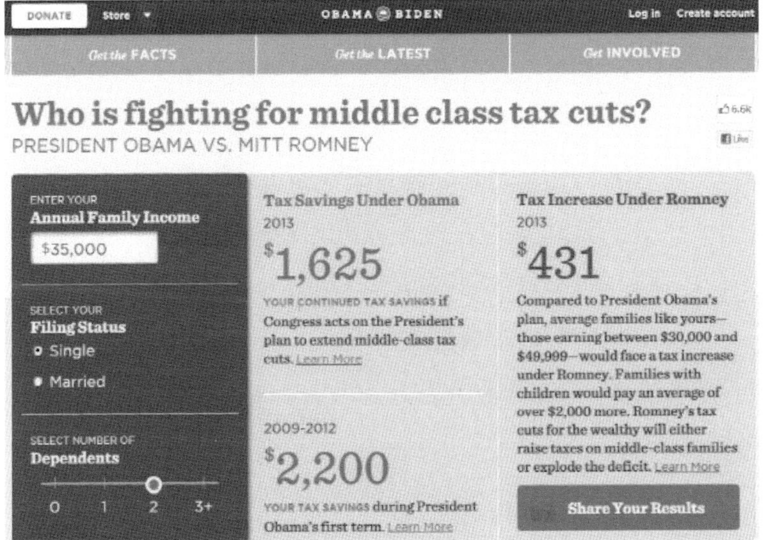

* 자료: peak15.tistory.com(2012년 8월 10일자)

[그림 4-5] 오바마 홈페이지의 세금계산기 서비스

---

193) peak15.tistory.com(2012년 7월 27일자)

를 통해 정책을 이해하고 그 혜택만큼 후보자에 대한 지지 확률이 높아질 수 있는 것이다.[194]

② 트위터

오바마의 트위터(@BarackObama)는 팔로어 2,100만 명(2012년 10월 30일 현재) 이상으로 전 세계 7위, 정치인으로서는 독보적인 1위를 차지하고 있다.[195] 특히 그는 자신이 직접 글을 올릴 때에는 'bo'라고 표시하고, 미셸 오바마가 직접 올릴 경우에는 'mo'라고 표시하는 방법으로 트위터를 사용하였다. 오바마 캠프에서는 선거 당일까지 2천만 건 이상의 트윗을 게재하였으며, 11월 6일 선거 당일에 미 대선과 관련된 트윗은 3,100만 건에 달했다. 특히 6일 저녁에는 분당 327,452건의 트윗이 게시되었다. 이 1시간 동안 초당 9,965건의 트윗이 발생했고, 8시 20분에는 초당 9,965건의 트윗이 발생했고, 8시 20분에는 초당 15,107개를 올리며 정점을 찍었다.

트위터 사용자들은 2012년 이전 오바마 정부 시절에 주요 정치, 개혁 의제에 대해 활발한 반응을 보였다. 특히 '#obamahealthcare', '#healthcare' 등 의료개혁 관련 메시지에 대한 반응이 높게 나타났는데, 의료개혁법안 통과과정에서 주요 사건이 벌어질 때마다 트위터 사용이 급증하였다.[196]

2012년 선거운동 기간 동안 오바마의 트윗 가운데 가장 많이 리트윗된 글은 선거 당일 오바마가 올린 '4년 더(Four more years)' 트윗으

---

194) peak15.tistory.com(2012년 8월 10일자)

195) 오바마의 2008년 대선 당시 팔로어는 5만 9천 명에 불과했으며, 2008년 당시 활용한 15개의 트위터 계정의 전체를 합쳐도 팔로어는 5백만 명 정도의 수준이었다.

196) Han Jong Woo(2012: 246~247)

* 자료: www.twitter.com/@BarackObama

[그림 4-6] Four more years

로, 올린 지 22분 만에 32만 번 리트윗되었으며, 다음 날인 7일 오전
까지는 65만 번 리트윗되어 2012년 9월에 22만 3천번 리트윗된 저스
틴 비버의 기록을 깨기도 하였다. 이와 같은 반응은 페이스북에서도
나타나 페이스북 페이지에 올린 동일한 사진도 230만 개가 넘는 '좋
아요'와 26만 번 이상의 공유하기를 기록했다.

한편, 트위터에서는 해시태그 전쟁이라는 활용이 이루어지기도 했다.
2012년 10월, 오바마는 선거운동과정에서 롬니와 기억상실증(amnesia)
을 조합하여 '롬니지어(Romnesia)'라는 별명을 붙이며 공격하였는데,
이 별명을 붙인지 하루 만에 전 세계의 트위터에서는 #Romnesia라는

해시태그가 확산되어 미국 대선에 대한 높은 관심을 표출하기도 했다. 2차 토론 때 롬니의 여성 바인더 발언이 트위터에서도 확산되어[197] '해시태그 전쟁'이라고 불리며 주목받았다.[198]

③ 페이스북

오바마의 페이스북(barackobama)에서 2012년 11월 현재, '좋아요'를 누른 사람은 3천 3백여만 명이다.[199] 오바마의 페이스북 첫 화면은 대선자금 모금 페이지에 주력하였는데,[200] 주요 페이스북 활용전략은 정확도 높은 개인정보 수집, 세분화된 페이스북 페이지를 중심으로 타깃층 집중 공략, 모바일 앱을 통한 사용자 참여 및 네트워크 확산에 있다.[201] 페이스북에 롬니지어 관련 글이 두 건 게재되었을 당시에는 2일만에 36만 명이 '좋아요'를 클릭하고 5만 7천여 명이 공유하며 호응하였다.

[표 4-1] 오바마의 주요 페이스북 페이지

2012년 10월 30일 현재

제목	좋아요 수(명)	이야기하는 사람 수(명)
Barack Obama	31,559,691	2,945,522
Latinos for Obama	165,422	58,401
Michelle Obama	8,641,980	662,353

---

197) #bindersfullofwomen이라는 해시태그로 확산되었다.

198) SBS(2012년 10월 22일자)

199) BBC는 '좋아요' 버튼을 누르며 지지를 표명한 이가 하루 평균 100만여 명이라고 밝혔다. 이는 몇 주 전 하루 약 3만여 명에 비해 급속히 증가한 수치다(≪문화일보≫, 2012년 10월 11일자).

200) 그러나 오바마는 페이스북의 스토리 스폰서 광고를 이용하고 있기 때문에 '좋아요' 버튼을 누른 이용자들의 페이스북 담벼락에 오바마의 메시지가 올라오기 때문에 불만이 제기되기도 하였다. 또한 이는 호감도 하락과 선거 피로감을 야기할 수 있다는 비판이 나오기도 하였다.

201) peak15.tistory.com(2012년 5월 24일자)

		월간 사용자 790,000
Obama 2012		
Obamacare	459,602	96,863
Obama Pride(LGBT for Obama)	103,849	9,593
Obama Truth Team	405,617	110,104
Student for Barack Obama	524,625	43,491
Women for Obama	1,223,827	702,105

우선, 오바마 캠프의 데이터베이스 저장소인 보트 빌더에는 페이스북 사용자의 기본 정보, 이메일 주소, 생일, 좋아하는 페이지, 위치, 사진, 사용자의 친구의 프로필 정보가 수록되어 거대한 유권자 빅데이터를 생산하였다. '오바마 2012(Obama 2012)'라는 앱 기반 오바마 페이스북 페이지는 이러한 정보수집을 통해 트위터보다 높은 정확성을 가진 유권자 개인정보를 수집하고 이를 개인별로 맞춘 서비스로 마이크로 타기팅화하는 자료로 활용하였다.

둘째, 유권자 정보의 빅데이터를 수집·가공하는 이유는 마이크로 타기팅 혹은 핀포인트 타기팅(Pinpoint Targeting)으로 불리는 유권자 맞춤형 정보를 제공하기 위해서이다. 아울러 페이스북 페이지에도 마이크로 타기팅의 주력 대상인 학생, 여성, 라틴계 유권자를 위한 페이스북 페이지를 개설하였다. 특히 오바마의 동성결혼 합법화 발언 후에는 LGBT(Lesbian, Gay, Bisexual, Transgender) 관련 페이지인 'Obama Pride'의 활동이 활발해지기도 했다. 이 외에도 각 주별로 지역 오바마 지지자들의 페이지가 개설되어 지역 현안을 논의하기도 하였다.

셋째, 페이스북을 단지 페이스북 단독의 네트워크 구축에 활용하는 것만이 아니라 모바일과의 연동성을 높였다. 페이스북에 사진과 함께 올라가는 콘텐츠는 250자를 넘지 않았는데, 이는 스마트폰의 페이스북 앱을 통해 보았을 때, 최적화된 사이즈와 디자인이기 때문이다.

디자인뿐만 아니라 앱을 통한 모바일 활용도 적극적으로 이루어졌다. 2008년 대선에 비해 2012년에는 모바일 앱 그리고 페이스북 앱 등도 많이 활용되었다. 오바마 캠프에서는 'Are you In?' 앱을 'Obama Network'로 개편하여 타깃별, 주별 네트워크 현황을 보여주었다.

'Obama for America'의 디지털전략가 테디 고프(Teddy Goff)에 의하면 선거 후 조사 결과, 오바마의 페이스북에서 개인을 타깃으로 한 접촉에 의해 페이스북에서 5백만 명과 접촉하였으며, 그중 대다수가 전화를 통해서는 만나기 어려웠던 18~29세 사이의 유권자였다고 한다.202) 즉, 기존의 미디어에서 만나기 어려운 유권자들을 2012년 재선 캠페인에서는 거의 모두 페이스북을 통해 만날 수 있다고 말함으로써, 페이스북의 선거 플랫폼으로서의 위력을 말하고 있는 것이다.

한편, 영부인 미셸 오바마의 분당 트윗 수는 한때 롬니를 앞지른 것으로 나타났을 뿐만 아니라 그녀의 페이스북 인기 또한 매우 높게 나타났다. 미셸 오바마의 2012년 9월 4일 연설 도중 분당 최고 트윗 수는 28,003건으로 1주 전에 공화당 전당대회에서의 롬니의 대선후보 수락연설시간 동안 기록된 14,289건을 2배나 압도한 것으로 나타났으며, 국정 연설 당시 오바마 대통령이 기록한 14,131건보다 훨씬 높은 것으로 나타났다.203)

트윈덱스에서도 미셸 오바마의 호감도는 지지 연설 전 71점에서 84점으로 상승했고, 상대 후보인 롬니의 부인 앤 롬니는 공화당 전당대회 연설 전 45점에 불과했던 점수가 83점으로 상승한 것으로 나타났다. 또한 허리케인 샌디로 오바마가 유세를 중단했던 2012년 10월

---

202) Techpresident(2012년 11월 30일자)

203) ≪뉴스원≫(2012년 9월 5일자)

* 자료: www.facebook.com/michelleobama

[그림 4-7] 미셸 오바마의 페이스북

30일에는 트위터를 통해 '버락과 제가 함께하고 있다'고 피해주민들에게 위로를 보내는 등 감성적인 부분까지 챙기는 세심함을 보여주었다. 2012년 미셸 오바마의 선호도는 66%였는데 이는 오바마보다 14%가 높은 수치였다. 그녀는 6월에도 64%의 선호도를 기록했으며 종합적으로 보았을 때 미셸 오바마의 선호도는 오바마 임기 4년 동안 60% 아래로 떨어진 적이 없다.

④ **텀블러**

오바마는 2011년 10월부터 텀블러(Tumblr)를 시작했고, 롬니는 2012년 4월부터 시작했다. 2007년부터 서비스를 시작한 텀블러는 기존의 이메일을 통해 가입할 수 있으며, 동영상, 사진, 글 등 다양한 콘텐츠의 게시가 가능하고, 모바일과의 연결도 편리하게 되어 있다. 오바마는 텀블러를 통해 캠프에서 생산된 콘텐츠뿐만 아니라 지지자의 콘텐츠도 함께 게시할 수 있도록 하였다. '여러분이 발행한 포스트를 오바마 텀블러에서 리블로그하게 보내주세요(Send us posts you've published on your own Tumblr that we should look at re-blogging)'라는 표현은 이러한 오바마 캠프의 텀블러 선거운동 방식을 가장 잘 표현하고 있다. 이외에도 지지자의 생각을 알고 싶어 하고, 공감대를 형성하고자 하는 오바마의 전략은 평등한 공유와 나눔의 전략이라고 평가할 수 있다. 반면, 롬니는 기존 SNS 운영과 차이 없이 텀블러를 활용하여 비교되었다. 다른 서비스의 콘텐츠와 전략이 유사하다면 굳이 다른 서비스를 사용할 필요가 없기 때문이다.[204]

⑤ 구글

트위터와 페이스북에 이어 적극적으로 활용된 것은 이전 시기에 이어 여전히 동영상 위력을 발휘하는 유튜브이다. 특히 이번 선거운동기간에는 상대방의 경제정책에 대한 공격에 동영상이 적극적으로 활용되었다(유튜브를 통한 상대 공격에 대해서는 제4장 제4절 참고).

오바마의 유튜브 채널은 24만 명의 구독자와 2억 4천 8백만 페이지뷰를 기록했다. 또한 오바마는 2011년 11월 23일부터는 구글플러스에 계정을 개설하였고, 롬니는 11월 9일부터 페이지를 개설하였다. 그러나 구글플러스에서도 두 후보의 사용방식은 매우 달랐는데, 인스타그램이나 핀터레스트에서 주로 가정과 개인적인 감성을 강조하던 오바마는 사용자의 71%가 남성인 구글플러스에서는 경제정책, 국방정책

---

204) peak15.tistory.com(2012년 7월 12일 자)

등에 초점을 맞추고, 사회적 리더와 함께 한 사진이나 정책을 고민하는 대통령의 이미지를 강조하는 차별화 전략을 전개하였다.

구글의 120개 서비스와 연동되어 있는 구글플러스의 전파력을 중심으로 두 후보의 구글플러스 사용방식과 효과를 비교해보면, 오바마의 경우 2012년 7월까지 총 177만 명이 페이지를 구독하고, 매 게시물마다 최소 80개에서 최대 3천여 건에 달하는 +1(페이스북의 '좋아요'와 같은 기능)을 받아, 평균 8백건 내외의 +1을 받고 있다.

그러나 '우리'를 강조하며 '위트'와 '친밀함'을 보이는 오바마에 비해 '나'를 강조하며 '자신감'과 '강함'을 선택한 롬니에 대한 유권자의 호응은 매우 낮게 나타나고 있다. 롬니는 +1을 100개 이상 받은 콘텐츠가 26개, 200개 이상 받은 콘텐츠가 2개, 6백개 이상 받은 콘텐츠가 1개에 불과한 반면, 오바마는 평균 300~400개 전후의 +1을 받고 있고, 500건 이상 +1을 받은 콘텐츠가 56개, 2천개를 넘은 콘텐츠도 8개나 된다.[205]

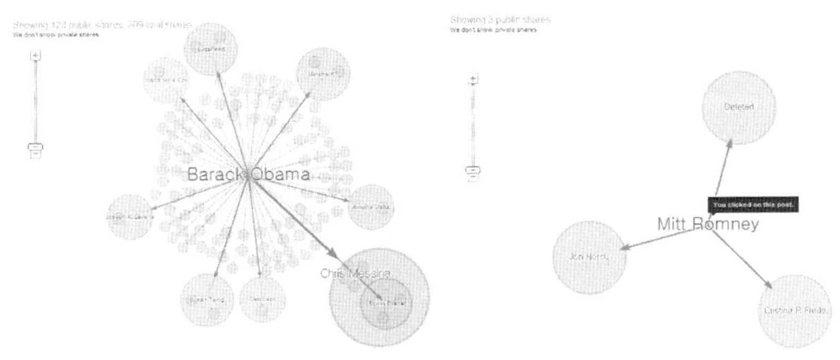

* 자료: peak15.tistory.com/357

[그림 4-8] 오바마와 롬니의 구글플러스 첫 게시물 확산도

205) peak15.tistory.com(2012년 7월 19일자)

⑥ 기타

그 외에 오바마 캠프에서는 2012년 3월 28일부터 핀터레스트 사용
을 시작하였으며, SNS 음원 서비스인 스푸티파이를 통해 자주 듣는
노래를 공유했다. 이에 롬니의 부인 앤 롬니는 호박파이 레시피와 가
족사진을 각각 핀터레스트와 인스타그램에 게재하여 롬니의 인간적
인 측면을 강조하기도 했다.206)

(3) 모바일 앱

2012년 현재 18~29세 미국 유권자의 66%가 스마트폰을 사용하고
있다. 또한 8천만 명의 유권자는 스마트폰을 통해 정치정보를 얻고
있다. 오바마 캠페인은 이러한 발전추세를 놓치지 않았다. 즉, 선거운
동에서 모바일의 위력이 점점 더 강해지고 있다는 것이다. 2012년 7월
30일, 오바마는 '미국을 위한 오바마(Obama for America)' 앱을 공개하
였는데, 국내 정치인들의 앱이 일방적인 정보전달 중심의 정보제공형
앱인 데 비해, 미국 정치인의 앱은 유권자와의 소통에 더욱 적극적인
소통형 앱이라는 특징을 가장 잘 보여주고 있다. 오바마 캠프는 모바
일 앱을 통해 후보들의 일정과 공약 내용, 홍보 동영상 등을 제공하
고, 참여와 기부도 모두 가능하며, 주변에 사실을 알리거나 지도를 통
해 정치적 이벤트에 참여할 수 있도록 독려하는 등 풀뿌리 운동의 조
직화에 앱을 적극적으로 활용하였다.

특히, 2012년 앱에서는 2008년과 달리 '친구에게 전화걸기(Call Friends)'
기능을 제외하고 최신 뉴스, 사진과 비디오 등의 기능을 강화하였다.

---

206) ≪전자신문≫(2012년 10월 11일 자)

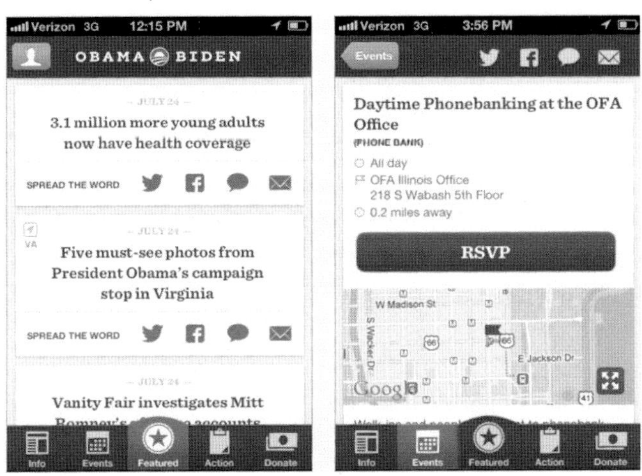

* 자료: itunes.apple.com/us/app/obama-for-america/id547687124

[그림 4-9] Obama for America 앱

단순히 근처의 캠페인 사무실을 알려주던 '참여(Get Involved)'를 통해서는 거주 지역 근처의 행사 정보를 위치정보를 통해 알려주었고, 페이스북, 트위터, 이메일로 공유할 수 있는 'Event' 메뉴 또한 정교하게 서비스하였다. '기부(Donate)' 버튼 옆에는 설정(Setting) 버튼을 만들어 트위터와 페이스북에서 콘텐츠를 공유할 수 있게 계정을 연결할 수 있도록 하였다.[207]

한편, 민주당은 2012년 9월 4일, 전당대회 첫날 'White House App' (ver 2.0)을 발표하여 앱 안에서 블로그, 보도자료용 사진 갤러리, 동영상, 라이브 중계 시청, 각각의 콘텐츠에 대한 즐겨찾기 기능 등을 제공하였다.

---

207) peak15.tistory.com(2012년 5월 3일 자)

(4) 빅데이터

2004년 하워드 딘의 디지털 캠페인 팀이었던 블루 스테이트 디지털(Blue State Digital)은 2012년 오바마의 선거운동에서도 그 위력을 발휘하였다. 2012년 오바마 캠프는 2008년까지만 해도 각기 분리된 데이터베이스에 보관하던 흩어져 있는 데이터를 통합할 수 있도록 '일각 고래(Narwhal)' 프로젝트를 가동하였다. 2008년에 비해 5배 많은 인원이 투입된 이 프로젝트를 통해 자원봉사자, 후원자 명단은 물론이고 여론조사기관, 광고회사, 소셜미디어의 데이터를 수집하여 분류하고, 더욱 정교해진 데이터베이스 구축을 통한 핀포인트 타기팅에 초점을 맞추었다. 온라인과 스마트폰을 실시간으로 연동하여 기존의 이원화된 자료 축적 작업 형태를 통일시켰으며, 지역과 유권자들의 접촉관계를 중심으로 분류하는 방식으로 시간과 비용의 효율성을 높였다. 접촉해야 할 유권자 목록도 이름이 아닌 설득 가능한 순서에 따라 재구성하였다. 즉, 전혀 접촉 이력이 없는 유권자에게는 방문 또는 전화 등을, 접촉 중인 유권자에게는 지지를 호소하는 문자 메시지나 이메일을, 지지를 표명한 유권자에게는 후원금이나 자원봉사를 권유하는 방식 등으로 나누는 전략적인 접근방식을 구사하였다.[208]

또한 선거캠프에서 지지자를 충분히 확보했다고 판단한 이후에는 기금모금 및 유권자 결집 작업에 돌입하여, 데이터 마이닝 팀의 6만 6천대의 컴퓨터를 통해 선거진행방향을 시뮬레이션하며 발생 가능한 위험상황을 충분히 검토했다. 이렇게 데이터를 활용하기 위해 데이터 대부분을 아마존 웹 서비스(AWS, Amazon Web Services)를 통해 구동하

---

208) DMC 미디어(2012. 7)

고, 오픈 소스 소프트웨어와 아마존 서비스들을 활용하여 보다 경제적으로 프로그램을 활용할 수 있었다는 사실도 큰 기여를 하였다.[209] 그 결과 조지 클루니의 미국 서부 모금 행사, 사라 제시카 파커의 뉴욕 모금 행사 등은 철저히 해당 지역 거주자들의 문화적 선호를 분석한 맞춤형 이벤트로 계획되었다.

2) 롬니(Mitt Romney)

(1) 공화당 후보들의 소셜미디어

2011년 4월 17일 공화당의 팀 폴렌티 前 미네소타 주지사와 미트롬니 전 매사추세츠 주지사가 페이스북과 트위터를 통해 대선 출마를 선언하였다. 폴렌티는 페이스북에서 생방송 유세 동영상을 제공하고 위치정보서비스 포스퀘어를 통해 모인 지지자에게 배지를 발급하였다. 2011년 10월 25일을 기준으로 공화당 하원의원들의 팔로어는 130만여 명(민주당, 60만여 명) 트윗 수는 15만 7천 건(민주당, 6만 2천 건)으로 나타났다.

2011년 말까지 공화당의 주요 후보들의 소셜미디어에서의 인기도와 활용현황을 보면, 페이스북 페이지의 '좋아요'는 롬니(127만 명), 트위터 팔로어는 깅그리치(139만 명), 유튜브 채널 조회 수는 론 폴(3천 6백만 회), 클라우트 지수는 미트 롬니와 깅그리치가 가장 높은 것으로 나타났다.

---

209) 《Computer World》(2012년 11월 15일자)

[표 4-2] 공화당 후보자의 소셜미디어 활용현황

2012년 1월 3일 기준

후보자	특징
미트 롬니(Mitt Romney)	F: 1,267,200명 T: 219,425명 Y: 없음 K: 78
뉴트 깅그리치(Newt Gingrich)	F: 224,267명 T: 1,385,524명 Y: 6,310,555회 K: 78
릭 샌토럼(Rick Santorum)	F: 42,147 T: 52,800 Y: 43,326 K: 70
존 헌츠먼(Jon Huntsman)	F: 30,785명 T: 66,699명 Y: 635,793명 K: 70
론 폴(Ron Paul) – 유튜브 채널은 2008년부터 개설	F: 675,897명 T: 150,192명 Y: 35,591,936회 K: 75
미셸 바크먼(Michele Bachmann)	F: 460,290명 T: 36,262명 Y: 1,323,985회 K: 68
릭 페리(Rick Perry)	F: 180,211명 T: 111,629명 Y: 13,075,616회 K: 74

* 자료: ≪CNN≫, 2012년 1월 3일자를 참조하여 재구성.
** 표기: **F**: 페이스북 페이지의 '좋아요' 회수 / **T**: 트위터 팔로어(**follower**) / **Y**: 유튜브 채널의 조회 수 / **K**: 클라우트 지수

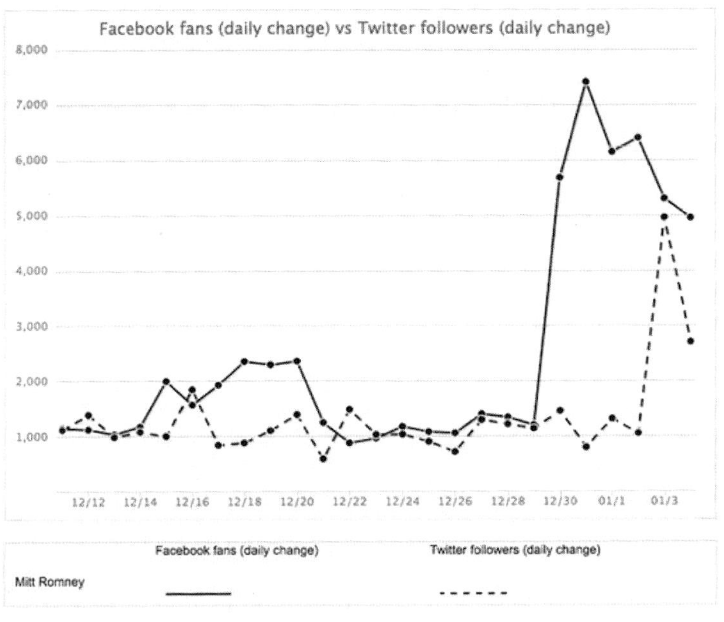

* 자료: OhMyGov Media Monitoring(vo.to/k82)

[그림 4-10] 미트 롬니의 페이스북과 트위터에서의 지지도 변화

2012년 1월 3일에는, 공화당의 아이오와 코커스(Iowa Caucus)에서 8표 차로 롬니가 첫 번째 승자가 되었다. 공화당의 프라이머리에 대한 관심이 높아지면서 미디어 프라이머리(Media Primary), 소셜 프라이머리(Social Primary), 아이패드 선거(iPad Election)와 같은 표현처럼 소셜미디어를 적극적으로 활용하여 저비용으로 좀 더 쉽게 유권자에게 다가가 지지자를 확대하고, 지지자 간의 네트워크가 형성되도록 노력하는 후보자의 움직임이 본격화되었다. 또한 온라인을 통해 오프라인 행사를 추적하여 지지자를 결집시켜 오프라인과의 관계가 긴밀해지는 것도 더욱 두드러지게 나타난 특징이다. 오마이거브(OhMyGov)의

분석에 의하면 이미 선거 직전에 소셜미디어의 판도가 선거결과를
예측한 것으로 나타나고 있는 것도 흥미로운 사실이다. 롬니의 페이
스북 팬(Fan)은 하루에 7천 명에 이를 정도로 급증했지만, 다른 후보
들은 그보다 낮게 나타났기 때문이다.

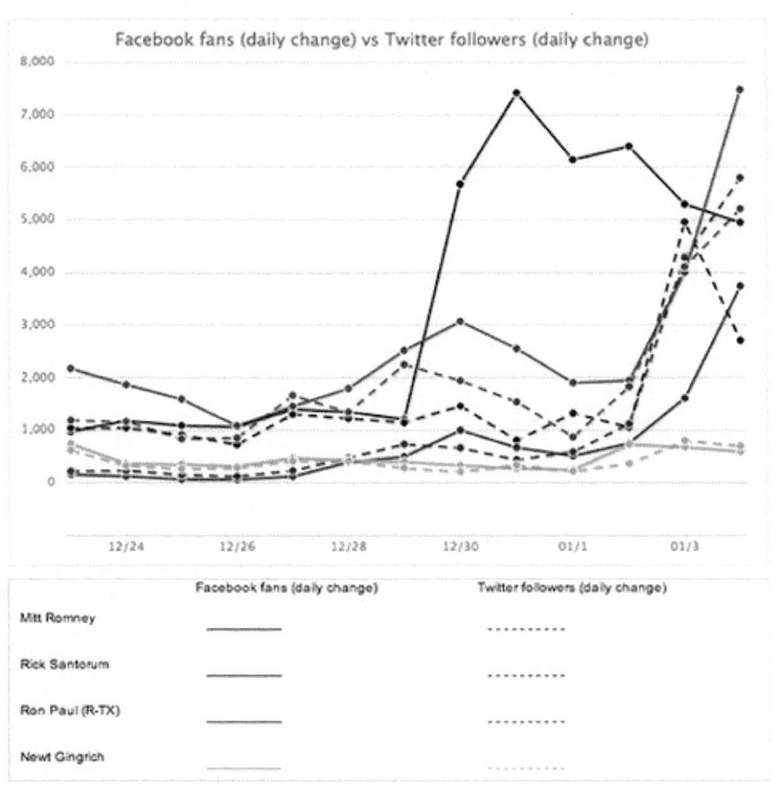

* 자료: OhMyGov Media Monitoring(vo.to/k82)

[그림 4-11] 롬니, 샌토럼, 폴, 깅그리치의 페이스북과 트위터에서의 지지도 변화

한편, 롬니의 홈페이지 마이 미트(MyMitt, MittRomney.com)에는 10만 명의 지지자가 등록을 했다. 그러나 등록과 블로그 포스팅의 연결이 쉽고, 관심 그룹 생성도 편리하며, 기부도 할 수 있었던 2008년 당시 오바마의 선거 플랫폼인 마이 보(MyBO, My.BarackObama.com) 정도의 수준에는 못 미치는 것으로 평가되었다.[210] 다만, 세금납부 문제에 대해 세금 납부 서류를 이미지 파일로 다운로드 가능하도록 모두 게시하거나, 방문자가 체감할 수 있는 인포그라픽스 정보를 한눈에 볼 수 있게 게시하는 전략은 과거에는 볼 수 없었던 공화당의 적극적인 소셜미디어 선거운동 전략으로 평가할 수 있다. 그러나 롬니나 깅그리치 등 대부분의 공화당 후보가 트위터나 페이스북 페이지에 올리는 글은 매우 딱딱하고 엄숙한 스타일에서 벗어나지 못하고 있다는 비판이 제기되었다. 이에 비해 존 헌츠만의 트위터 실시간 유권자 대화 이벤트나 인간적인 동영상과 글은 호평을 받았다.

후보들의 양적인 소셜미디어 활용 수준에 이어 퓨리서치센터는 기존 뉴스와 트위터, 블로그에서의 각 후보자에 대한 평가 결과를 비교·발표하였다. 이 연구에 의하면, 일반적으로 주류 뉴스나 블로그보다 트위터에 정보량이 월등히 많고 상대적으로 의견을 강하게 개진하는 성향이 있는 것으로 나타났다. 이는 140자의 간결성 때문에 더 많이 리트윗되기 위해 그렇다는 분석이다. 아울러 트위터에서 가장 긍정적인 견해를 받은 사람은 론 폴, 가장 부정적인 견해를 받은 사람은 페리로 나타났다.

---

210) 이번 코커스를 위해 롬니 측 광고예산의 **10%**가 디지털 부문에 사용되었다.

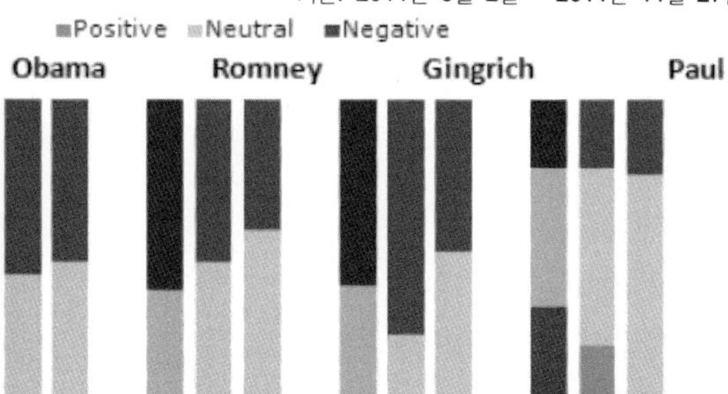

* 자료: Rosenstiel, Tom(2011. 10. 8: 1)

[그림 4-12] 트위터, 블로그, 주류 뉴스에서의 후보자에 대한 의견의 종류와 비중

2012년 초반의 공화당의 소셜미디어 활용의 특징은 2008년 오바마의 선거 캠페인 이후 공화당이 소셜미디어 활용에 좀 더 적극적이 되었다는 것이다. 퓨리서치센터의 2011년 연구결과에 의하면, 2008년 대선 당시 29%에 불과했던 공화당 지지자의 소셜미디어 이용률은 2010년 중간선거에서는 54%로 크게 늘어났다. 또한 공화당은 소셜미디어에서의 출마 발표, 트위터 주제어 제시방법인 해시태그(#, Hash Tag)를 통한 정치의제 제시, 토론회 생중계,[211] 위치정보서비스인 포스퀘어에서의 배지 발급 등 실시간 정보제공과 유권자와의 소통을 위해 소셜미디어를 적극적으로 활용하였다.

---

211) 2007년 당시에는 CNN과 유튜브가 홈페이지를 통해 유권자의 질문을 받았지만 2012년에는 트위터, 블로그, 페이스북을 통해 접수하였다

(2) 팔로어 조작 논쟁과 거짓의 부정적 효과

다만, 2012년 7월에는 미트 롬니의 트위터 팔로어가 사람이 아닌 '봇 (bot)'[212]이라는 의혹이 제기되었다. 2012년 초반에도 공화당 후보였던 깅그리치가 업체를 통해 트위터 팔로어 수를 인위적으로 늘리고 있다 는 사실이 밝혀져 문제가 되기도 하였는데, 2012년 7월 21일에 제기된 이 의혹은 트위터 정치분석 전문 블로그인 '140 Elect(140elect.com)'에서 잭 그린(Zach Green)의 분석에 의해 제기되었다. 잭 그린은 이전에는 매 일 3천~5천명씩 늘던 팔로어가 7월 20~22일 사이에는 단 3일 만에 142,412명이 늘어난 것에 대해 의혹을 제기한 것이다.[213]

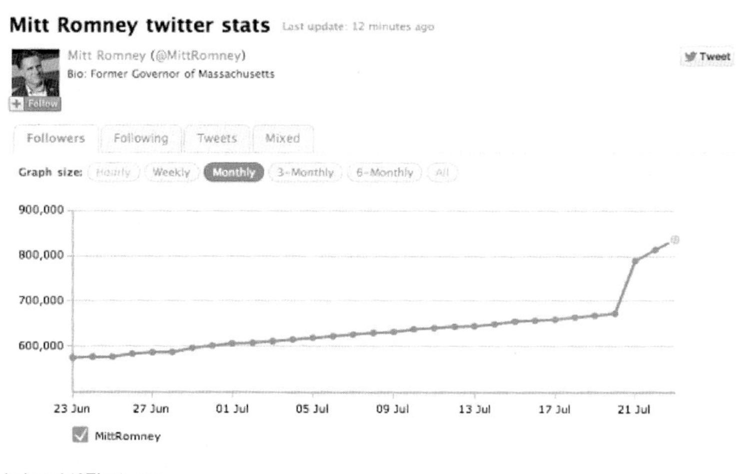

* 자료: 140Elect.com

[그림 4-13] 롬니의 트위터 팔로어 추이

---

212) 봇은 트위터 로봇을 의미하며, 국내 네티즌들 사이에서는 활성화되지 않은 계정의 대표적인 프로필 사 진을 따라서 '달걀형 인간'이라고 불리기도 한다.

213) ≪위키트리≫(2012년 8월 1일자); ≪위키트리≫(2012년 8월 21일자)

이에 더하여 정치전문지 애틀랜틱(The Atlantic)은 7월 20~21일 사이에 늘어난 롬니의 팔로어는 일반 사용자일 가능성이 통계적으로 0%라고 보도하였다.[214] 애틀랜틱은 오바마, 롬니, 롬니와 비슷한 수의 팔로어를 가진 10명의 파워트위터리안의 팔로어를 분석하여, 20~22일 사이에 롬니를 팔로잉한 트위터 계정의 팔로어는 평균적으로 7명인데, 이는 다른 트위터 계정의 평균 팔로어인 27명에 크게 못 미치는 숫자라고 분석하였다. 또한 같은 날, 늘어난 롬니의 팔로어 중 26.9%가 2명의 팔로어만 가지고 있었기 때문에 실제 사람이 아닌 봇일 가능성이 매우 높다고 보도하였다.

한편, 가짜 팔로어나 비활성 계정 및 유효한 계정의 수를 알려주는 '스테이터스 피플(Status People)'의 분석에 의하면 오바마의 팔로어 중 41%가 가짜이고, 롬니는 22%가 가짜라는 의혹도 제기되었다. 물론 오바마는 롬니에 비해 20배나 많은 팔로어를 가지고 있기 때문에 오바마가 유효하지 않은 계정과 연결될 가능성은 높을 수 있지만, 이러한 가짜 트위터 팔로어 혹은 인위적인 트위터 팔로어 조작 논쟁을 통해서 알 수 있는 것은 불가피하게 가짜 팔로어가 연결되는 것은 어쩔 수 없다 하더라도, 인위적인 조작은 정치인의 신뢰도에 오히려 악영향을 미칠 수 있다는 사실이다. 또한, 팔로어와 정치인들의 대화가 실제로 부족하다는 것도 문제이다. 퓨리서치센터에 의하면 2012년 6월 동안 오바마 선거본부의 404개의 트윗 가운데 3%가 일반인들의 포스트를 통해 리트윗된 반면, 롬니의 경우는 조사가 수행된 2주 동안 한 번의 리트윗만 있었다는 것이다. 트위터를 개설만 하고 대화가 없다

---

214) The Atlantic(2012년 7월 31일자)

는 것은 매우 의미 없는 행동이다. 앞서 밝힌 바와 같이 후보자의 무반응 현상은 2008년 힐러리의 선거운동에서도 비난받은 바 있다. 대화가 없다는 것은 서비스를 제대로 이해하지 못한 태도이다. 허세 떠는 정치인의 정보를 새롭다고 느끼고 흥미를 가질 유권자는 없다. 적어도 서비스를 개설했다면 그 서비스의 청중에게 적절한 대화를 이끌어 가야 한다.

이와 같은 계정 조작과 대화 없는 트위터 사용에 더하여 공화당 트위터 사용의 문제는 허리케인 샌디에 대한 트위터 루머 유포로 더욱 문제가 되었다.[215] 2012년 10월 29일, 샌디에 의한 피해가 속출할 당시 공화당 연방 하원의원 출마자의 선거운동원이 '뉴욕 증권거래소 건물 침수', '최소 일주일 뉴욕시 지하철 운행중단', '뉴욕 주지사가 맨해튼에 갇혀 있다가 대피소로 옮겨졌다', '전력 공급업체인 콘 에디슨(Con Edison)이 뉴욕시 전체에 전력 공급을 중단한다'는 등의 허위 정보를 트위터에 올려 사회혼란을 가중시켰기 때문이다. 이 트윗들은 팔로어 6천 5백명을 통해 급속도로 전파되었지만 이내 허위사실임이 밝혀지면서 정정 트윗과 관련 기관의 해명이 잇따랐고, 공화당에 더욱 부정적인 영향을 미치게 되었다.

(3) 모바일 앱

롬니는 2012년 5월 29일 공개한 '밋과 함께(With Mitt)'에 이어, 2012년 7월 31일 아이폰과 안드로이드폰용 앱인 '밋의 부통령(Mitt's VP)'을 통해 앱을 사용하는 유권자에게 가장 먼저 공화당의 부통령

---

215) ≪연합뉴스≫(2012년 11월 2일자)

후보를 소개하였다. 공화당은 이 앱을 통해 이름과 이메일 등의 정보를 입력하면 공화당 부통령 후보 선정 즉시 가장 먼저 알려주겠다고 홍보하였으며, 선거자금 기부와 트위터와 연동될 수 있도록 메뉴를 구성하였다.

또한 선거전략을 효율적으로 알리기 위해서는 '오카(Orca)'[216]라는 웹 기반 모바일 전용 페이지 및 앱을 활용하였다. 이 페이지는 한 번 로그인하면 지역별 지지율과 투표율, 유권자 정보 등을 알려주고 선거캠프가 효과적으로 선거에 대응할 수 있게 도왔다. 그러나 많은 자원봉사자들이 모바일 전용 웹페이지인 오카를 모바일 앱으로 착각하여 앱을 다운로드 받으려고 하여 사용할 수 없었고, 대선 당일에야 서비스된 앱은 90분 동안 다운되어 사용할 수 없었다. 또한 오카가

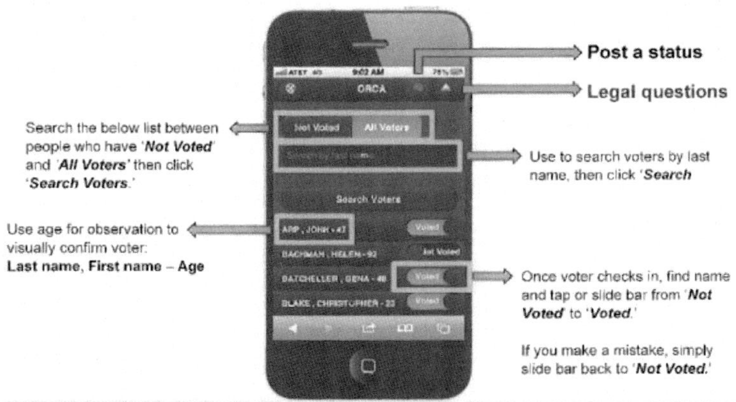

* 자료: news.cnet.com/8301 - 13578_3 - 57547183 - 38/why - romneys - orca - killer - app - beached - on - election - day

[그림 4-14] 미트 롬니의 '오카' 앱

---

216) 롬니는 오바마의 일각고래 프로젝트에 대항하기 위해 이 시스템의 이름을 일각고래의 생태계 포식자인 'Orca(범고래)'로 명명하였다.

제공하는 선거인단명부의 정보가 부정확했으며, 일부 지역에서는 앱을 실행할 수 없었고, 사용자 매뉴얼은 대선 전날에야 전달되어 캠프에서는 오카의 활용법을 모르는 실무자도 있어서 실제 사용에 문제가 많이 발생하였다.[217]

롬니 캠프는 웹 기반 앱임에도 불구하고 'https'가 아닌 'http'로 정보를 제공했기 때문에 보안문제를 고려하지 못했으며, 선거 캠프에서 정보를 전달할 때마다 데이터 센터에 과부하가 걸리게끔 설계가 되어 앱 실행이 원만하지 못했다고 분석하였다. 이와 함께 다양한 기

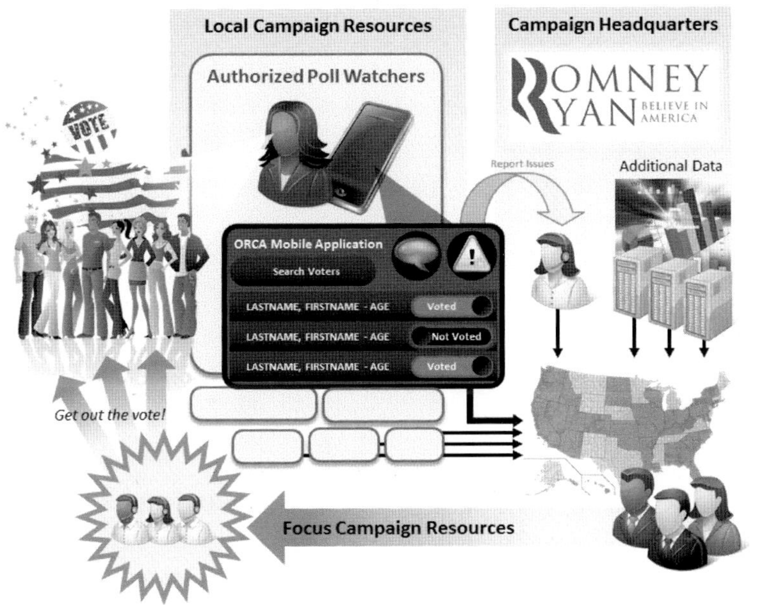

* 자료: www.victometrics.com/victometric/victometrics - applied - project - orca

[그림 4-15] Orca 시스템에서의 모바일 투표독려

---

217) CNET(2012년 11월 9일자)

기에서 오카가 제대로 작동할지 시험하지 못한 것도 작동실패요인으로 꼽혔다. 이외에도 '밋과 함께' 앱의 경우는 미국(America)의 철자를 'Amercia'로 잘못 표기하여 물의를 일으키기도 하였다.[218]

3) 티파티

2009년의 설립 초기 후 2010년 중간선거부터 정치적 부각을 나타내기 시작한 티파티는 2012년에도 큰 영향을 미쳤다. 티파티 익스프레스는 2012년에 출마할 예비 후보들과 선거 1년 전인 2011년에 각각 별도의 회동을 통해 티파티 강령에 대한 충성도 검증을 실시하였으며, 그 후보들에는 미트 롬니 전 매사추세츠 주지사, 팀 폴렌티 전 미네소타 주지사, 뉴트 깅그리치 전 하원의장,[219] 사라 페일린 공화당 부통령 후보 등이 포함되어 있었다. 또한 2011년 9월에는 대선 예비 후보들을 한자리에 모아놓고 CNN과 공동으로 토론회를 개최하기도 하였다. 티파티의 핵심인 사라 페일린 전 알래스카 주지사도 페이스북을 통해 지지자들과 소통을 확대했는데, 그녀의 페이스북 친구는 310만 명이고 트위터 팔로어는 56만 5천명이다.

미국 언론의 분석에 의하면 미국 전역에 2천 8백여 개의 티파티 지부가 있는 것으로 평가되지만, 티파티 운동은 2010년 이후로 축소되고 있다는 평가도 제기되고 있으며 티파티의 지지층에 대한 통상적인 생각도 잘못된 것이라는 비판도 제기되고 있다. 스카치폴(Theda Skocpol)의 연구에 의하면 티파티의 회원 수는 계속 감소하고 있지만,

---

218) 이 잘못을 패러디한 블로그도 만들어졌다.
219) 트위터 팔로어 약 140만 명

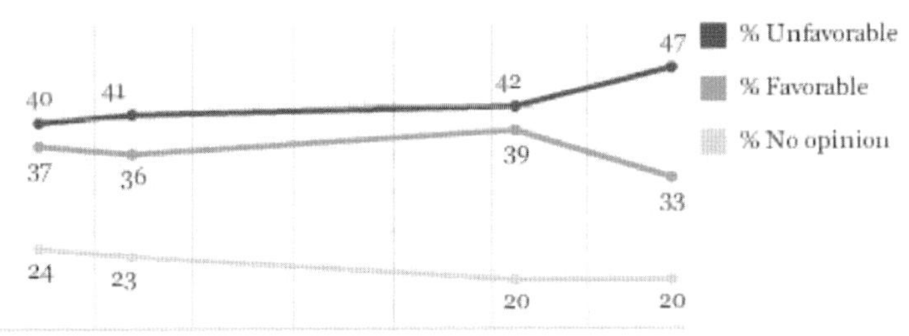

* 자료: vo.to/neH

[그림 4-16] 티파티 운동에 대한 호감도(2011년)

생존율에 있어서는 매우 좋은 상태(a very good survival rate)라고 한다.[220] 그러나 2012년 공화당의 프라이머리 선거에서 지지후보에 관한 내부 갈등으로 사실상 운동은 크게 쇠퇴하는 경향을 보였다.[221]

이후 대부분의 티파티 운동이 전국적인 시위에서 지역 이슈로 옮겨졌는데, 허핑턴포스트에 의하면, 지역 주민끼리 미팅에 참가하거나 시 의회의 미팅에 정기적으로 참석하는 등의 노력을 하며, 대부분의 회의에서는 공공기관이 주민들의 세금을 어떻게 쓰고 있는지에 관한 이슈를 토론하는 등의 소극적 형태로 변화했다고 한다.[222] 또한 미국인 47%가 티파티 운동에 대해 비호감을, 33%가 호감을 가지고 있다고 응답한 조사 결과도 발표되었다.[223]

---

220) Vanessa Williamson etc(2011. 3) 그러나 이 논문에서는 티파니 운동은 기존의 사회적 보수주의의 재포장에 불과하며, 티파티 운동의 핵심은 재정적 보수주의가 아니라 인종차별주의, 외국인 혐오주의, 변화에 대한 거부 등 사회적 이슈에 대한 보수주의적 태도일 뿐이라고 비판하고 있다.

221) vo.to/neX

222) vo.to/neY

정치학자 캠벨(David E. Campbell)과 퍼트냄(Robert D. Putnam)이 2011년 도에 실시한 여론조사에 따르면, 티파티는 미국의 '종교적, 정치적, 인종적 그룹'들에 대한 호감도에 있어서 최하위를 차지하였고 이는 무슬림이나 무신론자보다 낮은 수준이었다.[224] 또한 티파티가 강세 를 보이는 지역에서조차 티파티 운동이 크게 비호감으로 인식되는 것에 대해, 퓨리서치센터의 앤드류 코허트(Andrew Kohut)는 의회 내 에서 티파티 지지 의원들의 태도가 너무 극단적이거나 비타협적으로 인식되는 것이 아닌지 추측했다.[225]

주로 TV가 제공하는 상대적으로 일방향적인 메시지를 통해 조직 화된 티파티 운동은 자신들만의 파편화된 정치적 담론을 '성공적으로' 조직화해 온 반면, 참여자들의 민주적 능력과 대안적 사유를 배양하 는 데는 큰 한계가 있다는 평가가 지배적인 상황에서 티파티 지지기 반에 대한 분석을 통해 통상적으로 알고 있는 티파티 지지기반에 대 해 이견을 제시한 박지광의 연구는 매우 흥미로운 사실을 지적한다.

티파티 운동의 성격에 대한 깊이 있는 실증적 검토의 필요성을 주 장하는 박지광은 티파티 운동의 지지자들이 일반 국민보다 경제적으 로 더 부유한 계층이고 상대적으로 고학력에 고연령층이라는 기존의 연구[226]결과에 이의를 제기하면서, 티파티 운동의 지지자들이 비지 지자들에 비해 공화당이거나 백인일 가능성은 더 높지만 더 고소득, 고학력, 고연령은 아니라고 분석하였다.[227]

---

223) Gallup(2011), vo.to/neZ

224) David E. Campbell(2012: 34~43, 48)

225) vo.to/nfa

226) 티파티에 대한 학술적인 연구는 다음의 몇 편이 대표적으로, 매우 드물다(Abramowitz 2011; Karpowitz 2011; Bond et al 2011; Ansolabehere and Snyder 2011; Jacobson 2011; Bailey et al 2012, 박지광 2011: 52에서 재인용).

한편, 2011년 2월, 티파티 단체 'The Tea Party Patriots'는 애리조나 피닉스에서 'The American Policy'라는 회의를 개최하였고, 2012년 대선 후보에 대한 선호도 투표를 열어 참석자 1,600명이 참가했다. 오프라인에서는 허먼 케인(Herman Cain)이 22%로 1위를 차지했고 이어 팀 폴렌티(Tim Pawlenty)가 16%, 론 폴(15%)이 15%, 그리고 페일린과 롬니가 각각 10%와 6%의 득표율을 얻었다.[228] 'The Tea Party Patriots'의 기획자 제니 베쓰 마틴(Jenny Beth Martin)은, 회의의 분위기는 작은 정부를 지향하고 재정 책임의 원칙을 지킬 후보가 선출되길 바라는 운동가들의 열망을 대변한다고 하였다.[229]

한편, 팍스 뉴스(Fox News)의 출구조사에 의하면, 2010년과 마찬가지로 2012년에도 티파티의 후원이 스캇 워커(Scott Walker) 위스콘신 주지사의 선거 승리에 크게 기여했다는 분석도 제기되었지만,[230] 워커의 승리는 민주당과 공공부문 노조기구의 쇠퇴를 보여주는 것이라는 분석도 있다.[231] 2012년 5월, 인디애나 주 공화당 프라이머리 선거에서는 티파티의 지지를 받는 리차드 머독(Richard Mourdock)이 당내 기득권층이었던 리차드 루가(Richard Lugar)를 20% 차이로 제치고 승리하기도 했다.[232]

티파티는 경제위기로 실직한 계층 등이 페이스북, 트위터, 모바일, 유튜브, 블로그, 라디오 네트워크, Ning 네트워크 등을 통해 조직화되

---

227) 박지광(2012)

228) 온라인으로 진행한 투표에서는 론 폴이 1위를 차지하였다.

229) vo.to/neG

230) vo.to/neF

231) www.cnn.com/2012/06/06/opinion/bennett-walker-victory/index.html

232) vo.to/neE

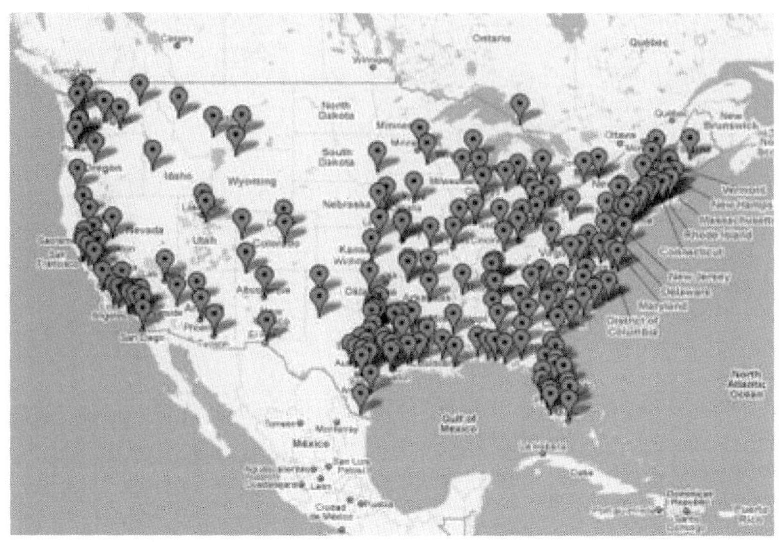

[**그림 4-17**] 티파티의 전국 조직 분포 현황

며 주로 'Tea Party Patriots'(vo.to/nfn)가 주도하고 그 외에 'Freedom Works'(vo.to/nfp), 'ResistNet'(vo.to/nfq), 'Constitutional Law 101'(vo.to/nfb), 'Contract FROM America'(vo.to/nfm), 'NoInternetTakeover.com'(vo.to/nfr), 'November Is Coming'(vo.to/nfk), 'Remember November'(vo.to/nfj), 'Tea Party Express' (vo.to/nfh), 'Tea Party Nation'(vo.to/nfg), 'Tea Party Revolution'(vo.to/nff), 'The 9.12 Project'(vo.to/nfe), 'YouCut'(vo.to/nfd) 등의 다양한 조직분파로 연결되어 있다.

뉴욕타임스의 여론조사에 의하면, 티파티 운동 지지자 가운데 47%는 운동에 대한 정보를 TV를 통해 얻는 반면, 오직 24%만이 인터넷을 통해 정보를 얻고 있다고 응답했으며 또한 18%의 지지자들만이 티파티 운동에서 주최하는 시위와 모임에 참여하고 있고, 지지자 가운데

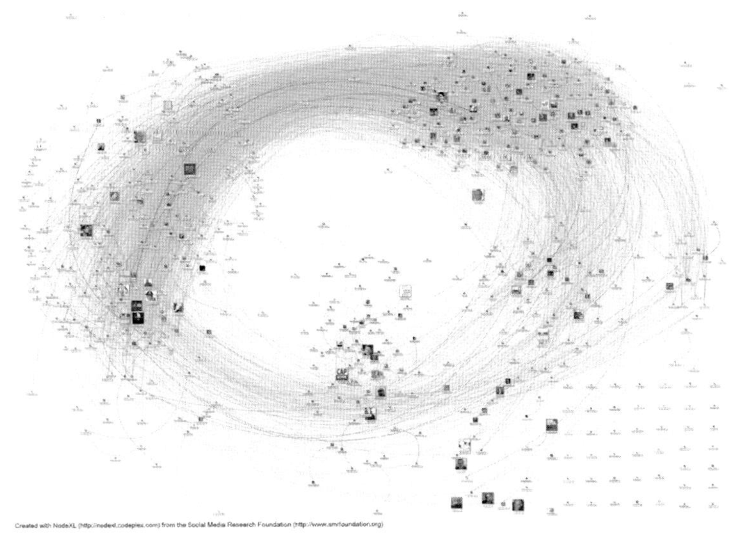

* 자료: zoom.it/UkrK

[그림 4-18] 티파티 운동의 트위터 네트워크

오직 7%만이 티파티 운동에 기부하고 있다고 응답했다.[233]

한편 2011년 말, 소셜데이터 분석가인 마크 스미스(Marc Smith)는 11월 15일 연구 당시 3시간 만에 트위터에 1,400여 건의 글이 올라올 정도로 활발한 활동을 전개한 티파티 운동의 트위터 네트워크는 집중된 허브(hub)는 두드러지지 않았지만 네트워크 자체는 매우 훌륭한 형태인 것으로 평가하였다. 그러나 다른 사람의 트위터를 주변에 옮기거나 자기 의견을 덧붙이는 경우는 매우 적은 것으로 나타나 네트워크의 활력이 부족하다고 평가하였다.[234]

이러한 사실은 티파티 운동이 TV가 전달하는 상대적으로 일방향

---

233) vo.to/nfs
234) Marc Smith(2011. 11. 15)

적인 메시지를 통한 조직화에 의존해 왔다는 점을 시사한다. 이는 미국에서의 팍스(Fox)를 중심으로 한 우파 미디어의 성장과도 그 맥락을 같이하는 것이다. 또한 티파티 운동의 지지자들 가운데 18%만이 그 운동에서 주최하는 시위와 모임에 참여하고 있다는 사실은 티파티 운동에 의해 조직화된 네트워크가 지지자들 공동의 행위 과정에 참여할 능력을 배양하는데 그다지 성공적이지 못하였다는 점을 반증하며, 이는 공동의 시위와 사회운동에의 참여를 통해 민주주의를 확장하는 데 많은 한계를 내포하고 있다는 점을 보여주는 것으로 이해할 수 있다. 따라서 이러한 방식으로 티파티 운동에 참여하고 있는 개인과 집단들이 민주적 능력과 대안적 사유를 배양하기는 어려운 것으로 평가된다.

2. 풀뿌리 네트워크 조직화

정치저널인 프로퍼블리카(ProPublica)는 일종의 메시지 분석 프로젝트인 'Message Machine'[235]을 통해 유권자들에게 보낸 오바마 캠프의 메시지를 분석하였다. 조사 결과, 2만 개의 메일에서 8백 개의 정치적 이메일을 분석해보니 1,500개의 개인별 변형이 발생했다고 발표하였다. 즉, 이메일의 주제는 비슷했지만 개인에 따라 제목이나 본문, 후원요청금액이 조금씩 차이가 있었다는 것이다. 만약 유권자가 반응을 보이면 이메일의 내용도 즉각 달라져 긍정적인 반응을 보인 유권자일 경우 개인기부 한도액인 2,500달러까지 조금씩 금액을 상승시켜 후원

---

235) projects.propublica.org/emails

금을 요청하는 것이다.

프로퍼블리카는 불특정 다수를 향한 획일적인 내용의 대량 이메일이 아니라 이와 같은 개인 맞춤형 메일이 가능했던 이유는 유권자의 소셜미디어와 웹에 노출된 모든 데이터를 캠프에서 분석하여 맞춤형, 즉 마이크로 타기팅을 하기 때문이라고 보았다.[236] 오바마 캠프의 일각고래 프로젝트나 롬니 캠프가 아리스토틀(Aristotle)사를 통해 입수한 유권자 정보는 개인의 취향과 필요를 파악하는 과학적 기법으로 맞춤형 선거운동 방식을 전개하는 것이다. 이를 기반으로 롬니나 오바마 캠프에서는 미국인(Americans), 아시아인(Asian Americans & Pacific Islanders), 흑인(Black Leadership), 가톨릭인(Catholics), 교육자(Educators), 에너지 전문가(Energy Voters), 농부(Farmers & Ranchers), 이전의 지지자들(Former Supporters), 보건종사자(Healthcare Professionals), 유태인(Jewish Americans), 법률가(Lawyers), 공공안전종사자(Public Safety Professionals), 기업인(Free Enterprise), 운동선수(Sportsmen), 군인(Veterans & Military Families), 여성(Women), 젊은이(Young Americans)와 같이 지지자 그룹을 연령, 지역, 직업, 종교, 사회적 성향별로 세분화하여 그룹화하여 관리하는 전략도 적용하였다.

이러한 마이크로 타기팅이 진일보한 선거운동방식이라는 의미는 그 과학성에도 있지만 역으로 마이크로 리스닝을 할 수 있는 캠프의 능력이 갖추어져 있다는 것에서도 찾을 수 있다. 즉, 단순히 기계적으로 데이터를 통해 개인을 찾아가는 것이 아니라 꾸준한 대화를 통해 대화를 지지와 실천으로 이끌어낼 수 있는 방법은 이전의 어떤 시기에

---

236) 이와 같은 내용은 EBS 다큐멘터리(2012년 10월 31일자)를 통해서도 소개된 바 있다. www.propublica.-org/nerds/item/how-propublicas-message-machine-reverse-engineers-political-microtargeting

서도 찾아보기 어려웠던 진보적인 방법이라고 평가할 수 있는 것이다.

그러나 오바마와 롬니 캠페인의 차이는 '우리'와 '나'의 전략의 차이에 있다. 오바마 캠프에서는 우리를 강조하지만 롬니 캠프에서는 나를 강조하는 경향이 나타났는데, 오바마의 경우는 구글플러스에 남긴 첫 메시지에서 '여러분이 이 공간에서 무엇을 보고 싶은지와 어떻게 활용하면 좋을지를 생각하여 우리의 공간으로 만들어보자'라고 제안하였다. 텀블러에 남긴 메시지에서도 여러분이 남긴 포스트들을 우리가 리블로깅(reblogging)할 수 있도록 해달라며 지지자들의 참여를 호소했다. 따라서 오바마의 지지자들은 내가 지지하는 오바마가 아니라 우리가 지지하는 오바마라는 메시지를 자주 접하게 되었다. 반면, 롬니는 나만 강조하기 때문에 참여와 공유 정신의 온라인 공간에는 한참 못 미친다고 평가되었다.[237]

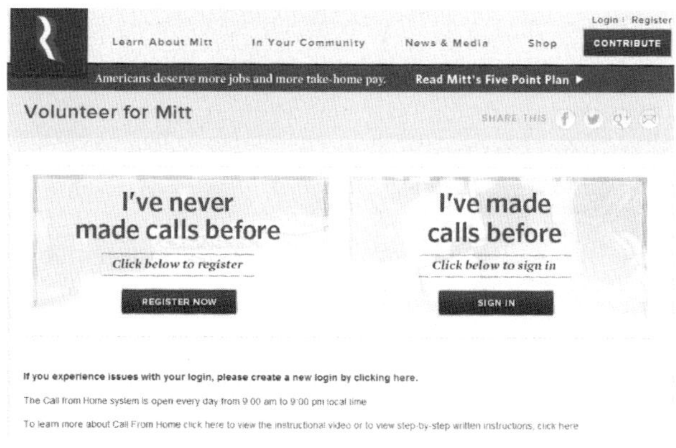

* 자료: www.mittromney.com/call-home-landing

[그림 4-19] 롬니 캠프의 자원봉사자 모집 방식

---

237) ≪미디컴≫(59호)

3. 자금 모금: 크라우드 펀딩(Crowdfunding)

오바마 캠프의 자금 모금 방식에서 가장 먼저 눈에 띄는 것은 슬로건이다. 초기 홈페이지에 올라온 자금 모금 슬로건은 '지금 즉시 기부(Donate Now)'였는데, 이전의 어떤 정치인도 사용하지 않는 새로운 슬로건인 이 'Donate Now'에도 철저한 캠프의 전략이 반영되어 있다. 2008년 대선 당시 오바마 캠프의 블로그를 담당(chief-blogger)했던 디지털 분석가 샘 그래험 펠슨(Sam Graham Felsen)은 일반적인 'Donate'와 'Donate Now'라는 두 슬로건 간의 모금액 차이는 7천 5백만 달러에 달한다고 밝혀, 오바마 캠프의 모든 전략이 데이터 분석에 의해 섬세하게 작동하고 있음을 알렸다. 더구나 이 '기부' 메뉴는 홈페이지에서 마우스를 움직일 경우, 모니터 상단에서 계속 따라다니게 만들어 어느 화면을 보더라도 방문자의 시선에서 벗어나지 않도록 디자인되어 방문자로 하여금 모금하고자 하는 마음이 들게끔 디자인되어 있다.[238]

한편, 2008년에는 유권자의 정보가 각기 다른 데이터베이스에 저장되어 있기 때문에 효과적인 활용이 어려웠지만 2012년에는 흩어져 있던 모든 데이터베이스를 통합하여 유권자 관리를 쉽게 한 것도 정치자금 모금에 큰 기여를 하였다.[239] 데이터를 바탕으로 개인 맞춤 문자 메시지를 보내 기부를 받는 '텍스트 투 도네이트(Text to Donate)' 프로그램은 기존 모금방식보다 4배 이상 높은 효과를 거두었다. 이 프로그램을 통해서는 누구의 이름으로 이메일을 보냈을 때 후원금을 받을 가능성이 높은가를 분석하여 서명을 미셸 오바마, 조 바이든 등

---

238) peak15.tistory.com(2012년 8월 10일자)

239) 가디언(The Guardian)은 이를 두고 2008년이 선거의 해였다면, 2012년은 데이터선거의 해라고 평가하였다.

으로 바꾸었다. 신용카드를 이용한 모금에서는 카드 정보를 입력하는 불편 때문에 한 번 모금에 참여한 사람이 다시 기부할 가능성이 높다는 점을 활용하기도 하였다.[240]

그 결과 2012년에는 130만 명의 기부자를 모았으며, 그 가운데 98%는 250달러 미만의 소액기부자로서 2008년 대비 2배 이상 증가하였다는 분석이 제시되었다. 나아가 오바마는 세계 최초로 10억 달러 이상 정치모금에 성공한 정치인으로 기록되었다. 10억여 달러의 70%인 6억 9천만 달러는 온라인으로 모금하였는데, 이 액수는 2008년 대선의 5억 달러보다 1억 9천만 달러 많은 액수이다. 기부자 수에 있어서도 개인 기부자가 440만 명으로 2008년보다 45만 명 증가하였다.[241]

2012년 들어서는 모바일을 통한 모금활동이 더욱 강화되었다. 2012년 3월, 오바마 캠프는 모바일에서 원클릭으로 정치후원금을 낼 수 있도록 문자메시지로 신용카드 결제가 끝나는 '퀵 도네이트(Quick Donate) 시스템'을 선거 역사상 처음으로 도입하였다.[242] 시스템 도입 결과, 오바마팀에서 지지자들에게 보낸 문자메시지는 다른 문자메시지보다 20배 더 많은 응답률을 보였는데 신용카드 정보를 한 번만 저장하면 자동결제가 되는 아마존닷컴의 시스템처럼 이 시스템에서는 퀵 도네이트 링크를 누르고, 신용카드 정보와 모바일 전화번호를 저장하면 캠페인팀에서 기부요청 문자메시지를 받을 때 숫자를 기입하면 그 숫자만큼 신용카드에서 바로 결제가 되는 시스템이다. 퀵도네이트

---

240) ≪한국일보≫(2012년 11월 8일자)

241) 2012년 8월까지 오바마 캠페인의 98%에 달하는 110만 명의 기부자들은 250달러 이하의 소액 기부자 였으며, 당시 롬니 캠페인에서는 이러한 기부자의 비율이 31%에 지나지 않았다.

242) 이 시스템은 아이티 지진 당시 처음으로 도입되었지만 선거캠페인에 도입한 것은 오바마 캠프가 최초이 다(peak15.tistory.com. 2012년 5월 3일자).

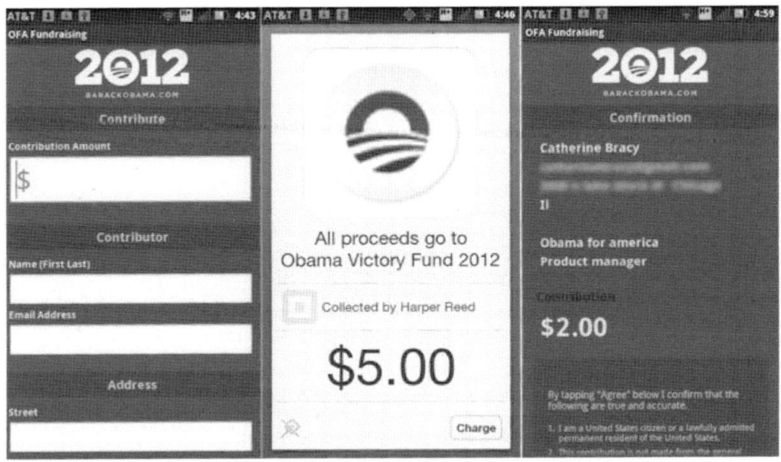

* 자료: peak15.tistory.com(2012년 5월 3일자)

[그림 4-20] 오바마 캠프의 현장 결제 시스템

에 가입하지 않은 사람도 현장에서 기부가 가능한데 '스퀘어'라는 1인
치 크기의 신용카드 결제 플러그인을 통해 현장에서도 결제할 수 있다.[243]
이 외에도 ActBlue, Rally, IndieGoGo, Fundly와 같은 정치자금모금 서비
스도 매우 활발하게 서비스하였다. 물론 이와 같은 기부 서비스에서
는 허위 계정에 의한 가짜 모금 캠페인을 주의해야 한다.

오바마와 롬니의 경우 모두, 일방적인 방식으로 기부를 해달라고
만 조르는 것이 아니라 그에 상응하는 적절한 유권자 유인전략으로
모금활동을 벌인 것도 2012년 선거의 특징이었다. 과거에도 이와 같
은 일정 정도의 이벤트를 통한 모금활동이 있긴 했지만 2012년 선거
에서는 오바마와 NBA 레전드들과의 농구시합, 오바마와의 저녁 식
사, 부통령과의 티타임, 롬니와 향후 부통령 지명자와의 저녁 식사 등

___

243) peak15.tistory.com(2012년 5월 3일자)

의 이벤트를 통해 모금활동을 벌이는 등 서비스 정신이 반영된 모금
활동을 한다는 점에서 매우 특징적이었다.[244]

결론적으로 보았을 때 온라인 정치모금이 의미 있는 것은 총액이
얼마인가보다는 정치자금 기부자가 투표자가 될 수 있다는 'donors =
voters'라는 의미이다. 즉, 1달러를 기부하든 만 달러를 기부하든 정치
자금을 기부하는 사람은 후보자에게 돈을 줄 뿐만 아니라 투표할 확
률이 높다는 의미가 더욱 강조되는 것이다.[245] 또한 과학적인 분석을
통해 확실한 지지자들에게는 더 많은 기부를 요청하고 불확실한 지
지자에게는 기부금액보다 지지를 요청하는 차등적인 차별화 전략도
특징이다. 지지자와 기부가 득표로 연결되는 선순환의 과정을 '정치
자금 모금'이라는 단 한 가지 캠페인만으로도 완성시키고 있는 것이다.

---

244) peak15.tistory.com(2012년 8월 10일자)

245) Mashable(2012년 10월 2일자)

마이크로 리스닝

1. 타운홀 미팅

오바마는 2009년 유튜브, 2010년 페이스북 타운홀 미팅에 이어 2011년 4월 페이스북 본사에서 타운홀 미팅, 2011년 6월 30일부터는 트위터 타운홀 미팅(twitter.com/townhall), 2011년 9월 26일 링크트인에서 타운홀 미팅을 개최하였다.

2011년 6월 말부터 계속 개최되고 있는 트위터 타운홀 미팅은 백악관 웹사이트를 통해 생방송으로 방영되었는데, 기존의 형식과 달리 미국 전역에서 뽑힌 백악관의 트위터 팔로어 30여 명을 포함한 트위터 사용자 대상의 미팅으로서 해시태그(#AskObama)를 사용하여 1주일 동안 '경제와 일자리'라는 주제로 트위터로 질문을 받았고(askobama.twitter.com), 실제 미팅 진행 중에는 6만 개의 실시간 질문에 대해 오바마 대통령이 모니터를 보고 답하는 형식으로 진행되었다. 총 19개의 질문에 대해 대통령이 답하는 식으로 1시간 동안 집행되었으며, 답변 후에는 질문이 올라온 지역을 지도로 표시하여 보여주었다.

* 자료: askobama.twitter.com

[그림 4-21] 트위터의 타운홀 미팅

오마이거브에서는 7월 5일부터 6일까지 24시간 동안의 24,875건의 트윗을 분석[246]하였는데, 의원들의 경우는 공화당의 의원들이 77%로 많이 참여하였고, 의원들이 가장 많이 이야기한 이슈는 일자리 창출 (41%), 정부 예산(10%)이었으며, 21%의 트윗은 단순히 유권자에게 타운홀 이벤트를 홍보하는 것이 많았다.

---

246) OhMyGov(2011. 7. 7)

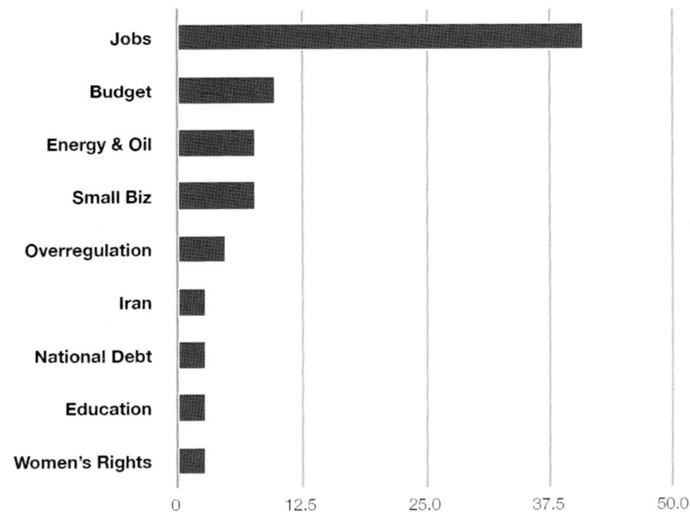

* 자료: OhMyGov(2011. 7. 7: 4)

[그림 4-22] 타운홀 미팅에서 다루어진 주요 주제

2. 실시간 대화

오바마는 2012년 1월 30일에는 구글플러스(Google+)의 화상 채팅 서비스인 행아웃(Hangout) 대화방을 통해 다섯 명의 유권자와 열띤 정치토론을 진행했다. 구글이 마련한 이 행사는 유튜브를 통해 22만 7천 명의 질문을 받았으며, 50만여 명의 유권자가 시청을 하였다. 대화 행사의 참여자 중에는 고등학생, 대학생, 주부, 소기업인 등이 있었으며 오바마의 고등교육에 대한 강조를 중심으로 대화가 진행되었다.

이어서, 2012년 8월 29일에는 오후 4시 30분부터 1시간 30분 동안 소셜뉴스서비스인 레딧(www.reddit.com)에서 대통령이 직접 이용자들의 질문에 답하고 토론도 했다. 오바마가 신생 서비스인 레딧을 선택한 이유는 이 서비스의 이용자들이 오바마 지지도가 높다는 빅데이터 분석 때문이었다.

레딧과의 토론은 오바마 자신을 빼고는 모두 익명으로 글을 올릴 수 있었는데 댓글에 댓글을 이어가는 형식으로 토론이 벌어졌다. 그 가운데 '가장 좋아하는 농구 선수는?'과 같은 신변잡기적인 질문부터 '인터넷 자유를 민주당의 공약으로 넣을 것인가?'와 같은 정책에 대한 질문까지 다양한 질문이 제시되었다. 이 가운데 가장 많은 추천을 받은 것은 '우주 탐사 프로그램의 자금 증가를 고려하고 있는가'라는 질문이었다. 특히, 대통령 자신이 직접 대화하고 있다는 것을 보여주

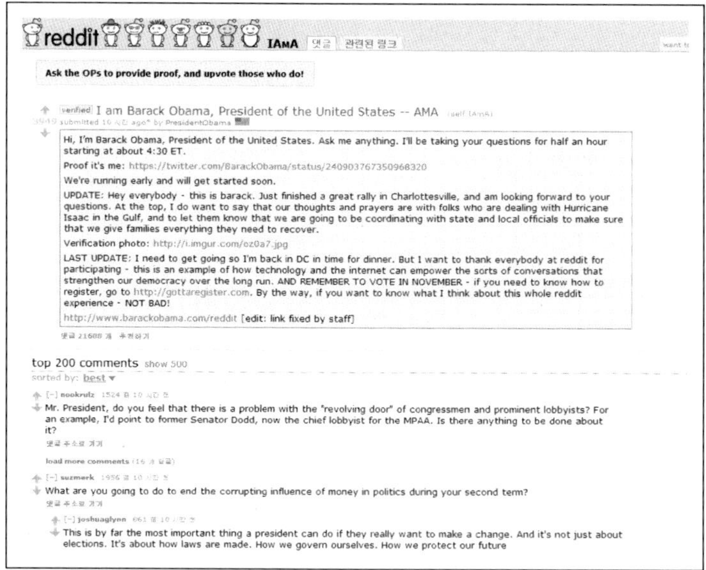

* 자료: vo.to/k6R

[그림 4-23] 오바마의 레딧 대화 화면

기 위해 인증샷까지 게시하며 친근하게 대화하는 모습을 보였는데, 1만 3천개 이상의 질문이 접수되었고, 3만 명 이상의 네티즌이 지켜보는 등 높은 호응도를 보였다.

이 외에도 유튜브 채널을 통해서는 유권자와 정기적으로 소통하였으며, 페이스북을 통한 시민과의 대화를 정례화하였는데, 선거자금 기부자는 자동적으로 오바마 대통령과의 저녁 식사 초청 후보 명단에 포함되는 방식으로 적절한 보상을 통한 대화의 활성화를 도모하였다.

소셜매니페스토(Social Manifesto) 활성화

1. 줄리아의 인생

2008년 오바마의 당선 후, 정권인수팀은 소셜미디어에서의 상호작용을 이어나가기 위해 2008년 11월 5일 'Change.gov'를 만들었으며, 이 서비스의 'American Moment'라는 별도의 메뉴를 마련하여 국민들로부터 정책 아이디어를 모집하였다. 이어 2009년 1월 20일에는 그런 모든 흐름을 통합하여 'WhiteHouse.gov'를 개설했다. 'Change.gov'와 'WhiteHouse.gov'는 선거운동기간 동안에 새로운 네트워크 정보기술과 소셜미디어 사용자들로부터 받았던 지지를 유지하고 이를 새 정부의 주요 정치 및 개혁 의제에 대한 참여로 연결시키는 웹 포털로서 기능했다.[247]

2012년 선거운동기간에도 정책정보제공에 초점을 맞춘 'Obama for America(OFA)'에서 GPS를 이용하여 대선 정책이 유권자 지역에 미치는 영향, 지역 이벤트 정보 등을 제공하였다. 오바마 캠프가 효과적인 정책 안내를 위해 주력하고 있는 또 다른 분야는 인포그라픽스이다. 2012년 대선에서는 두 후보와 미디어 모두, 한눈에 의제의 현황과 내

---

247) Han Jong woo(2012: 245).

* 자료: www.barackobama.com/life-of-julia

[그림 4-24] 오바마 캠프의 정책 안내 인포그래픽스 '줄리아의 인생'

용을 파악할 수 있는 그래픽 스토리텔링(Graphic Stroytelling)으로서 인포그라픽스를 많이 사용하였는데, 오바마 캠프의 경우는 2012년 5월 3일부터 '줄리아의 인생(The Life of Julia, www.barackobama.com/life-of-julia)'이라는 생애주기별 인포그라픽스를 통해 자신의 정책에 대한 구체적인 효과를 연령별로 제시하였다. 줄리아라는 가상 인물의 평생을 통해 오바마 정부하에서 연령대별로 받을 수 있는 혜택과 롬니의 경우를 대별하여 보여주는 이 서비스는 정책의 효과를 간결하고 명료하게 보여준다는 점에서 매우 참신한 정책 안내 시도라고 평가할 수 있다.[248]

---

248) 허구의 인물을 등장시킨 정치캠페인의 역사는 20여 년 전인 클린턴 정부 시절, 당시 건강보험회사들이 '해리와 루이스'라는 가상 커플을 등장시켜 클린턴 정부 주도하의 의료개혁법을 비판하는 시리즈 광고

이 서비스에 대해 허구의 캐릭터와 여자아이의 인형놀이를 연상시키는 그래픽, 생애주기별 전개방식, 정책이 실제 삶에 끼치는 영향을 대비하여 설명하는 방식 등에서 독특한 시도라는 긍정적인 평가들이 제기되었다. 의료보험법, 대학학자금지원, 남녀임금차별, 교육투자, 소자본창업지원, 노후대책에 이르기까지 평생에 영향을 받을 수 있는 주요 정책을 연령별로 설명한 내용은 다음과 같다.[249]

오바마 정부하에서 3세의 줄리아는 헤드 스타트(Head Start)라는 미취학 아동을 위한 프로그램에 등록하여 유치원 과정을 밟을 수 있게 되지만 롬니 정부일 경우에는 헤드 스타트 예산을 20% 삭감할 것이기 때문에 20만 명은 그 기회를 누릴 수 없다. 17세의 줄리아는 대학 입학시험(SAT)을 준비하는데, 오바마의 공교육 투자 프로그램 덕분에 대학과 직업선택의 폭이 넓어졌다. 롬니라면 백만장자들에게 세금감면을 해주기 때문에 공교육 예산을 줄일 것이다. 18세의 줄리아는 대학생이 되어 장학금과 세금감면을 받는다. 그러나 롬니라면 부자감세 때문에 대학장학금이 줄어들어 1천만 명의 학생들이 불이익을 받을 수 있다. 22세에 대학에 재학 중인 줄리아는 의료보험으로 수술을 받는다. 오바마의 의료개혁 덕분에 부모의 의료보험 혜택을 26세까지 받을 수 있다. 그러나 롬니는 의료개혁을 재검토해야 한다고 주장하고 있다.

23세에 웹디자이너가 된 줄리아는 오바마가 2009년 도입한 남녀임금차별 철폐법 덕분으로 경제적 자립이 쉬워졌다. 그러나 롬니는 이 법안에 찬반을 밝히기를 거부하고 있다. 25세의 줄리아는 오바마 대

를 내보낸 적이 있다(peak15.tistory.com. 2012년 5월 11일자).
249) peak15.tistory.com(2012년 5월 11일자)

통령이 각자의 수입에 기반을 둔 상환제도를 도입했기 때문에 대학 학자금 대출의 상환도 감당할 수 있다. 그러나 롬니라면 대출 이율이 두 배가 되이 740만 명의 학생이 경제적으로 어려운 처지가 되어버린다. 27세의 줄리아는 지난 4년간 풀타임 웹디자이너로 일하며 오바마 케어(Obamacare, 의료개혁) 덕분에 건강 걱정 없이 일에만 전념할 수 있다. 그러나 롬니는 줄리아의 의료보험 가입 여부를 사업자가 결정할 수 있는 법안과 여성이 의료보험료를 남성보다 50% 더 부담할 수 있는 의료보험 개혁을 지지하고 있다.

31세의 임신한 줄리아는 의료개혁법 덕분에 산부인과 무료검진 등의 혜택을 받는다. 이에 비해 롬니는 의료개혁법 개정을 주장하고 있다. 37세의 줄리아는 아들을 시설 좋은 동네 유치원에 안심하고 맡긴다. '정상을 위한 레이스(Race to the Top)'와 같은 오바마의 교육 투자 프로그램 덕분이다. 그러나 롬니 정부에서는 50개 주에 대한 교육 예산이 크게 삭감될 수 있다. 42세의 줄리아는 소자본 창업 대출을 받아 웹비즈니스 사업을 직접 시작한다. 소자본 창업 대상 세금 절감 혜택도 받는다. 롬니 정부에서는 이 지원자금이 20%까지 깎일 수 있다. 65세의 줄리아는 건강관리와 의약처방을 위해 65세 노인대상 공공의료보험인 메디케어(Medicare)에 가입한다. 롬니 정부에서는 줄리아의 메디케어는 중단될 수 있고, 연간 6,350달러의 의료 바우처를 구입해야 한다. 67세에 은퇴한 줄리아는 사회보장연금을 불입한 덕분에 매달 연금을 받는다. 덕분에 걱정 없이 커뮤니티 가든에서 자원봉사자로 일할 수 있다. 롬니 정부에서는 이런 연금 혜택이 40% 줄어들 수 있다. 이에 대해 롬니 측에서는 오바마의 임기 동안 공약 이행이 얼마나 부족했는가를 반박하며 텀블러와 트위터에 공격 글을 올렸고,

오바마의 실정을 인포그라픽스를 통해 비판하였다.

그러나 이러한 두 후보의 정책 설명 인포그라픽스의 차이는 스토리텔링이다. 오바마 캠프의 '줄리아의 일생'은 자료의 시각화에 그치지 않고 한 여자의 일생이라는 이야기를 덧씌워 생동감을 부여하고 있는 반면, 롬니 캠프는 여러 수치와 데이터를 이미지로 표현하는 데 그치고 있다는 것이다. 즉 객관적 자료 전달에는 성공했을지 모르지만 아무런 창의적인 해석이 없었기 때문에 유권자의 마음을 움직이는 데에는 부족했다는 것이다.[250]

2. 폴리티파이

한편, 캘리포니아 주립대 학생들이 개발한 '폴리티파이(Poltify.com)'는 사용자의 급여, 기타 수입, 세금 상황 등의 자료를 입력하면 오바마나 롬니가 당선되었을 경우, 부담해야 하는 각종 세금과 예산 편성 등으로 얻게 되는 이익이나 손실을 알려주는 서비스이다. 미국 국세청(IRS, Internal Revenue Service)과 인구통계자료를 활용하여 작성된 이 서비스는 유권자의 우편번호나 도시명 등을 입력하면 어떤 후보의 경제정책이 지역경제에 유리한지 알려준다. 물론 이와 같은 서비스 제공은 국세청과 인구통계자료가 쓸만하도록 정확하고, 민간에게 충분히 개방되어 있을 때만 가능한 일이다. 즉 공공정보의 민간 개방이 충분히 전제되어야 한다는 것이다.

---

250) ≪미디컴≫(59호)

* 자료: www.politify.com/#/election/personal

[그림 4-25] 폴리티파이

2012년 8월 23일부터 서비스하고 있는 이 서비스는 2012년 대선의 재정 영향(Financial Impact)을 알려준다는 것을 목표로 재정 영향을 개인에의 영향(Personal Impact), 지역에 대한 영향(Local Impact), 국가에의 영향(National Impact)으로 구분하고 있으며, 두 후보의 공식 웹사이트에도 소개되어 있는 서비스이다. 이와 같은 경제 분야에 특화된 매니페스토 서비스와 같이 각종 분야로 특화된 매니페스토 관련 서비스가 제작된다면 유권자의 정책에 대한 관심을 활성화시킬 수 있다는 점에서 매우 바람직한 시도라고 평가할 수 있다.

3. 인포그라픽스의 정책 스토리텔링

비주얼 스토리텔링(Visual Storytelling)이라고 할 수 있는 인포그라픽스는 텍스트를 통한 정보습득시간을 절감하며 빠른 시간 내에 전달하는 내용을 이해할 수 있다. 글과 숫자로 구성된 정보를 그래픽화하여 다량의 정보를 한눈에 파악할 수 있다는 이점이 있는데 2010년 후반부터 전 세계의 수많은 빅데이터나 정보들이 인포그래픽스를 통해 제공되고 있다. 인포그래픽스는 긴 문장이나 동영상보다 간결하고, 한 장의 이미지보다는 객관적인 데이터를 제시하며 효과적으로 정보를 전달할 수 있는 기법이다. 특히 정보의 양과 종류가 넘쳐나는 온라인 공간에서 쓸모있는 정보를 찾기도 전에 일단 그 양에 눌려 정보피로감을 느끼는 사용자에겐 정말 유용한 정보 표현 기법이라고 할 수 있다.

인스타그램이나 핀터레스트의 성장에서 알 수 있는 바와 같이 이제는 후보의 이미지만큼 정보의 이미지 혹은 이미지 정보의 중요성이 높아지고 있다. 언제, 어디서나 편하게 한눈에 인포그래픽스로 접하게 되는 가공된 정보는 전체적인 구도 속에서 정보의 가치를 전달할 수 있는 선진적인 정보전달방식이라고 평가할 수 있다. 특히, 유권자에게 정책의 내용과 효과 등을 알기 쉽게 전달하기 위해서는 인포그래픽스를 활용하는 것이 매우 유용하다.

예를 들어 2008년 12월부터 2010년 1월까지 미국의 실업자 수에 대한 인포그래픽스에는 부시 대통령 말기에 최대였다가 오바마 대통령 취임 후 급격히 줄어드는 V자를 보임으로써 오바마의 정책 성공과 선거에서의 승리표시를 동시에 보여주는 매우 상징적인 인포그래픽스로 평가되었다.[251)

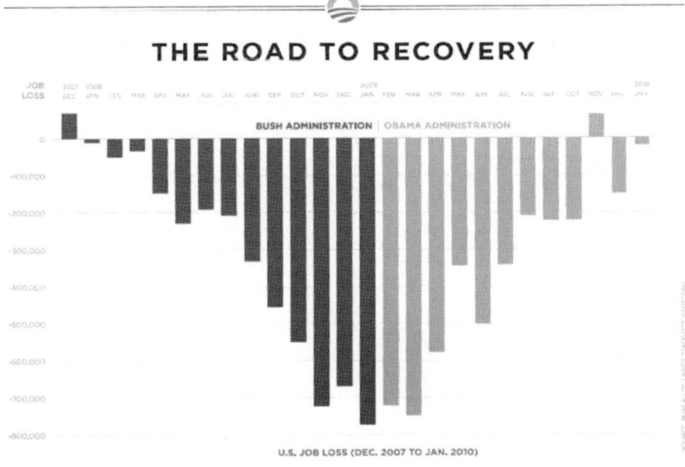

* 자료: peak15.tistory.com

[그림 4-26] 미국 실업자 수 변화에 대한 인포그라픽스

사실(fact)을 극적으로 활용하고, 다양한 방식의 사용자 경험을 제공하고, 경쟁자 압박의 무기로 활용하며, 다른 자료와 섞어 시너지를 창출하라는 오바마 캠프의 인포그라픽스 활용전략은 효과적인 메시지 전달의 가장 모범적인 모습을 보여주었다. 더구나 인포그라픽스는 자료의 훼손이나 변경 없이 다른 소셜미디어로의 연결이 가능하다는 점에서 메시지를 정확하게 전달할 수 있다는 것 또한 장점이다.

---

251) peak15.tistory.com(2012년 7월 17일자)

* 자료: peak15.tistory.com

[그림 4-27] 롬니의 세금 도피정보에 대한 인포그래픽스

사실 검증과 공격

1. 집단지성에 의한 사실 검증

오바마 캠프는 2008년에 이어 2012년 2월 13일부터 잘못된 정보, 루머 등을 바로잡기 위한 진실규명팀(Truth Team) 활동을 본격적으로 시작하였다.[252] 그러나 2012년 진실규명팀의 활동이 2008년과 다른 점은 오바마 캠프에서 후보자로서 수동적인 해명에 머무는 것이 아니라 수백만 명의 오바마 대리인들을 사실(fact)로 무장시키는 자율적 전략, 소셜 규명 전략을 취한 것에 있다. 즉 다수의 오바마 지지자들이 트위터, 페이스북, 친구와 이웃 등 주변인들과의 직접 대화를 통해 필요한 부분을 강조하는 역할을 하게끔 만든다는 것이다. 또한 단순히 루머에 대한 수세적인 방어에 그친 것이 아니라 상대 후보에 대한 공략을 동시에 취한다는 것도 전에 없던 오바마 캠프의 선거전략으로 평가할 수 있다.

---

252) ≪중앙일보≫(2012년 2월 15일자)

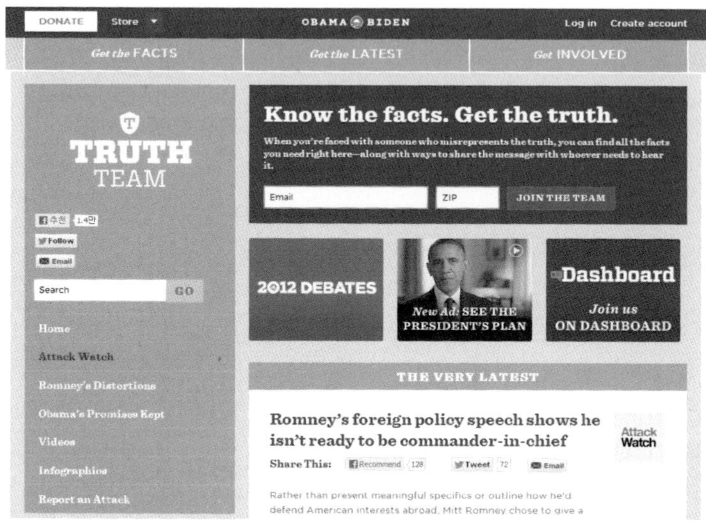

* 자료: www.barackobama.com/truth‒team/attack‒watch

[그림 4-28] Truth Team

오바마 캠프는 진실규명팀의 재도약을 발표하면서 2012년 가을 전당대회까지 온·오프라인에서 활동할 서포터 2백만 명을 모집하겠다고 발표했는데, 이미 미국의 양대 교원노조 가운데 한 곳인 전미교육자협회(NEA, National Education Association)와 국제서비스노조(SEIU, Service Employees International Union) 등 전국 단위의 단체들이 진실규명팀의 파트너가 되겠다고 약속하기도 하였다.

진실규명팀은 주로 진실규명이라는 하나의 웹사이트 안에 포함된 세 개의 웹사이트를 중심으로 활동을 전개하였는데, 우선 중상모략과 비방성 루머로부터 오바마를 보호하는 사이트(www.attackwatch.com)는 나머지 두 개의 서비스에 비해 가장 먼저 만들어졌는데 오바마에 대한 정치적 공격을 반박하는데 주력하였다. 이곳에서는 의료개혁, 이스라엘, 취업 및 경제 문제 등과 관련한 내용이 자주 등장한다. 예를 들어 롬니가 최근의 취업률 호전은 오바마의 정책 때문이 아니라고 비판한 것에 대헤 이 사이트에서는 '롬니는 자신의 업적을 자랑하고 싶은 모양인데, 그의 임기 동안 매사추세츠 주의 일자리 창출 순위는 47위에 그쳤다'고 반박하였다.

이 서비스는 단지 방문자가 진실규명팀의 입장을 이해하는 것뿐만 아니라 직접 오바마에 대한 공격을 제보하거나 진실규명팀의 입장을 알릴 수 있게끔 형식과 내용을 제공한다. 누구나 쉽게 참여할 수 있도록 한 'Report An Attack' 서비스나 'Spread the Word' 서비스가 그것이다. 또한 인포그라픽스 등을 동원하여 반박의 내용을 쉽게 파악할 수 있도록 정확한 정보를 그래픽과 주장을 동원하여 제공하였고, 트위터와 페이스북으로 확산될 수 있도록 링크한 것도 네트워크 선거운동에 적합한 특징이라고 평가할 수 있다.

초기의 진실규명팀 활동의 분석 자료에 의하면 수비형 글보다는 공격형 글이 4배 이상 많았다. 결국 적극적이고, 실시간으로 위기를 관리하는 진실규명팀의 공격형 전략이 오바마에 대한 부정적인 이슈 생산을 방지하고, 여론을 관리하는 데 힘을 실은 것이다.[253]

---

253) peak15.tistory.com(2012년 4월 26일자)

	AttackWatch		KeepingGOPHonest		KeepingHisWord	
기간	2011.9.1~2012.4.25		2012.2.9~2012.4.26		2012.2.10~2012.4.22	
Blog 총 건수	83건		50건		30건	
주제별 건수	Birth Certificate	2건	Education	3건	Education	7건
	Energy And The Environment	5건	Energy And The Environment	3건	Energy And The Environment	4건
	GOP: Business As Usual	2건	Equal Rights	3건	Equal Rights	5건
			GOP: Business As Usual	3건		
	Health Reform	11건			Health Reform	6건
	Israel	10건	Health Reform	7건		
	Jobs And The Economy	14건	Jobs And The Economy	14건	Jobs And The Economy	9건
	National Security	9건				
	Personal Attacks	5건	National Security	4건	National Security	6건

* 자료: peak15.tistory.com(2012년 4월 26일 자)

[표 4-3] 진실규명팀의 세 서비스 활동 비교(업데이트)

2. 정치적 진실 평가 서비스

'폴리티팩트'는 정치인, 로비스트, 이익단체의 말이 사실인지 거짓인지를 판별하는 서비스이다. 모바일 앱으로도 제공하는 이 서비스 키워드와 이름 등으로 확인하고자 하는 내용을 입력하면 방문자들이 그 말의 진위 여부에 대해 평가를 하며 이렇게 모인 지표를 점수화하여 계측기 내 화살표가 사실관계를 알려준다.

* 자료: www.politifact.com/truth − o − meter

[그림 4-29] 폴리티팩트

공공정책센터(Public Policy Center)에서 운영하는 팩트체크 서비스도 각종 정치적 사건에 대한 사실을 검증한다.

* 자료: factcheck.org

[그림 4-30] 팩트 체크

3. 공격적 선거운동

　상대를 공격하는 선거운동 방식은 언제나 있었다. 1800년, 존 애덤스는 라이벌인 토마스 제퍼슨을 이교도, 무신론자, 반역자라고 불렀다. 그는 제퍼슨이 당선된다면 심지어 '살인, 강도, 성폭행, 간통, 그리고 근친상간 등이 공공연하게 가르쳐지고 학습될 것'이라고 주장했다. 상대를 깎아내리기 위한 흑색선전의 또 다른 대표적인 방법 중의 하나는 몇 명의 운동원이 말을 타고 돌아다니며 경쟁 후보자가 죽었다는 거짓 소문을 마을에 퍼뜨리고 다니는 것이었다. 그러면 소문의 당사자들은 자기 측근을 말에 태워 보내 그 소문이 거짓이라는 것을 증명해야 했다. 즉, 20세기 들어 갑자기 정치인들이 경쟁자를 공격하기 시작한 것이 아니다. 경쟁자를 공격하는 것은 문제가 되지 않는다. 오히려 이제는 상대 후보자가 왜 대통령이 되어서는 안 되는지 설명해야 한다는 사실이 더 중요해진 것이다.[254]

　2012년 대선에서도 상대에 대한 공격은 매우 강력하게 나타났다. 그러나 과거의 상대 후보 공격과 다른 점은 그것이 정책 중심, 데이터 중심의 공격이자 유권자 설득으로 이루어졌다는 것이다. 재임에 도전하는 오바마가 주력한 것은 재미(fun)에 대한 심판이 주요 의제로 부각되는 것이었다. 반면, 도전자로서 롬니는 오바마의 경제정책이 실패했다는 것을 주요 의제로 선택하였다. 진실규명팀은 대통령으로서 오바마의 업적을 강조하면서 '포지티브 선거운동(www.keepinghisword.com, 진실규명팀 사이트로 연결됨)' 서비스도 제공하였다. 이 서비스에서는 긴급 자금 지원을 통한 자동차산업 회생 정책 등 오바마 대통령이 성공을 거둔 정책을 홍보하였다. 진실규명팀 서비스 내에는 공화당 주자들을 직접 공격하는 서비스(www.keepinggophonest.com, truth team 사이트로 연결됨)도 있다. 이 서비스에서는 "난 미국의 진짜 길거리에서 살아왔다"는 롬니의 발언과 그와 관계를 맺고 있는 거물 로비스트들의 명단을 함께 올려 그를 공격하였다.

---

254) Joe Trippi(2004: 71~72)

* 자료: www.obamaisntworking.com

[그림 4-31] Obama Isn't Working

롬니 측에서는 비공식 슬로건이기도 한 '오바마로는 안 통해(Obama Isn't Working)'라는 서비스에서 동영상을 통해 오바마의 실정(失政)을 비판하였다.

2006년 9월 5일에 유튜브에 가입한 오바마(BarackObama.com)와 2006년 8월 15일에 가입한 롬니(mittromney's channel)는 2012년까지 6년 이상 유튜브 채널을 활용하였는데, 이들 채널에 있어서도 오바마 캠프의 동영상 활용이 여러모로 우수한 것으로 평가되었다.

대표적인 동영상 활용사례는 2012년의 동영상 전쟁을 들 수 있다.[255]

2012년 5월 14일, 오바마 캠프는 롬니의 부도덕성을 비난하는 롬니 이코노믹스 사이트(www.romneyeconomics.com)를 개설하고 'Romney Economics: Bankruptcy and Bailouts at GST steel' 동영상을 배포하였다. 이 동영상은 롬니가 세운 베인 캐피털(Bain Capital)의 악행을 고발하는 내용이었는데, 롬니 측에서는 5월 15일에 곧바로 'A Few of the 23 Million'이라는 오바마의 경제적 실정(失政)을 고발한 동영상으로 이에 대해 반박하였다. 이어서 'American Dream'이라는 베인 캐피털의 공로 광고를 게시하였다. 5월 21일, 오바마 캠프에서는 롬니 이코노믹스의 2편인 'Romney Economics: Job Loss and Bankruptcy at Ampad'를 통해 베인 캐피털의 만행을 고발하였고, 5월 23일 롬니는 오바마 이코노믹스를 비난하는 'Stories from the Obama Economy'를 게시하였다.

이와 같은 동영상 중심의 공격에는 후보자가 직접 설전에 나서기보다는 (근로자나 근로자의 가족과 같은) 이슈의 당사자가 대신 말하게 하고, 동영상 공격에는 동영상으로 즉각 대응하며, 인간극장식의 연출로 감성을 자극하여 공감을 이끌어내는 전법을 구사하였다.

---

255) 이하 양 진영의 동영상 활용 공격과 갈등의 상세한 내용이나 화면에 대해서는 peak15.tistory.com(2012년 5월 29일자) 참조.

소셜 서비스 활성화

1. 소셜미디어 홍보

1) 트위터

(1) 선거 전문 서비스

2011년 9월 21일, 트위터에서는 선거광고 서비스를 시작하여 소수의 정치인과 그룹을 위주로 시험 운영을 하였다. 롬니를 비롯한 5개 개인 및 단체가 이 서비스를 이용하였는데 이와 같은 정치광고 트윗은 2010년부터 시작된 기업광고 트윗과 구분하기 위해 트윗 하단에 보라색 체크 마크와 함께 '홍보 트윗(promoted tweets)'이라고 표기되었다. 이들 후보자의 홍보 계정은 팔로어 추천 목록에 뜨며, 검색 결과에도 노출되었다. 이어서 트위터에서는 미국 대선 전용 페이지(twitter.com/hashtag/election2012)를 개설하여 각 후보의 선거캠프 소식과 CNN, AP 통신, 월스트리트저널 등 유력 언론의 속보를 실시간으로 전했다. 또한 구글, 워싱턴포스트도 지도 서비스 및 동영상과 결합하여 트위터의 관련 해시태그 추적 등 실시간 선거 정보 서비스를 제

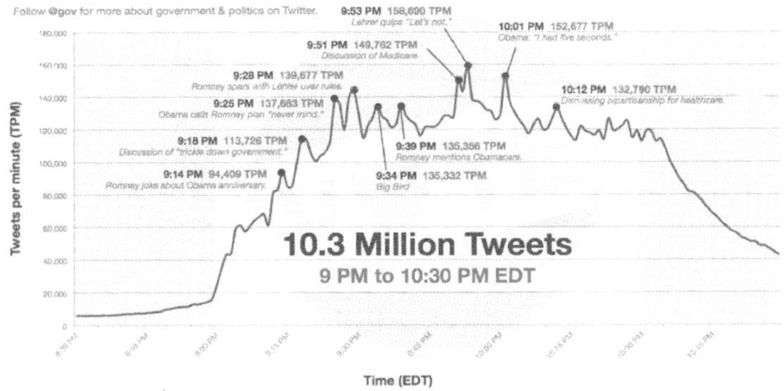

* 자료: twitter.com/gov/status/253755175460827138/photo/1/large

[그림 4-32] 1차 대선후보 토론 이후 트위터의 반응

공하면서 오프라인에서의 출구조사보다 정확하고 신속한 소셜미디어 조사결과(Socialytics, Social Analytics)를 제공하였다.256)

[그림 4-32]는 2012년 10월 3일, 1차 대선후보 토론 이후 트위터의 반응을 나타내고 있는데 무려 1천만 개의 트윗이 TV 토론을 주제로 작성되어 국민들의 반응이 매우 높고, 트위터에 그러한 관심이 표현되고 있는 것으로 나타났다.

재미있는 사실은 트위터에서 오바마가 가장 자주 사용하는 단어는 '대통령(President)'인 반면, 롬니가 가장 자주 사용하는 단어는 '@Barack-Obama'라는 사실이다. 이와 같은 사실은, 트위터 공간에서 오바마는 자신의 정체성이나 역할에 대한 언급을 많이 하는 반면, 롬니는 자기 정체성을 구성하지 못한 채, 상대방에 대해서만 공격을 할 뿐이라는 한계를 드러내는 것으로 평가할 수 있다.

---

256) vo.to/nfu; vo.to/nfv; www.google.com/elections

* 자료: Social Bakers(2012. 9)

[그림 4-33] 트위터에서 두 후보의 핵심 사용 단어

선거 당일에는 '#Election Day 2012', '#Obama 2012', '#TeamObama' 등의 해시태그가 최고 인기검색어로 등장했으며, 집계에 의하면 2012년 11월 6일 '#Election 2012' 해시태그를 달고 선거 당일 하루 동안 올라온 트윗은 1,100만 개 이상이다.

(2) 정치참여지도

트위터는 오바마와 롬니가 올린 트윗에 대한 유권자의 반응을 집계한 정치참여지도(Political Engagement Map, election.twitter.com/map)도 서비스했다. 오바마의 재선 알림 트윗 외에 트위터에서 5월 말까지 가장 많은 반응을 이끌어낸 트윗은 동성결혼 찬성 트윗으로서, 5월 9일에 올라온 'Same-sex couples should be able to get married. -President Obama' 트윗은 61,639회 리트윗되었고 818명이 답글을 달았다. 롬니는 8월 11일에 올린 부통령 발표 트윗이 가장 유명한데, 'I am proud to announce @PaulRyanVP as my VP. Stand with us today. http://t.co/-0lH4WbTW #RomneyRyan2012' 트윗의 경우 11,375회 리트윗되었으

며, 1,878명이 답글을 올렸다.[257] 최종적으로 가장 많이 리트윗된 것
은 재선 당선 사례 트윗이었지만 그전까지 가장 인기를 끌었던 트윗
은 2012년 9월 7일 오바마가 올린 '돈이 없다는 이유로 대학 입학통
지서를 치워둬야만 하는 가정이 있어서는 안 된다(No family should
have to set aside a college acceptance letter because they don't have the money)'
는 내용의 트윗이었으며, 지역별로는 텍사스, 미시시피, 노스캐롤라
이나, 사우스캐롤라이나 등 주로 남부 지역 거주자들이 트위터를 통
한 정치활동에 활발하게 참여한 것으로 나타났다.

2012. 11. 5.

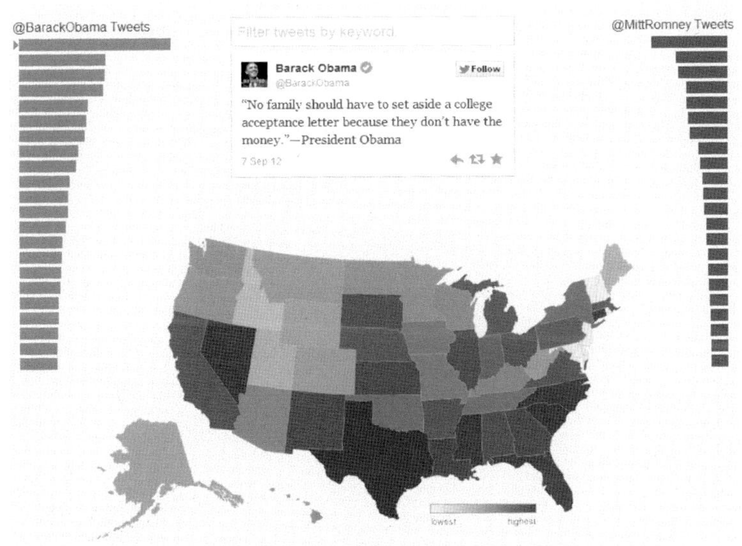

* 자료: election.twitter.com/map/#t243902647571185664

[그림 4-34] 오바마와 롬니의 트윗 양과 트윗별 지역 점유율

---

257) 그리고 이날 롬니의 팔로어는 이제까지의 선거운동기간 중 가장 큰 규모인 **23,097**명이나 증가하였다.

(3) 호불호 분석 서비스

2011년 5월 2일~11월 27일까지 대선에 대한 정치토론을 한 2천만
개 이상의 트윗 분석 결과, 블로그보다 양이 많고, 유동적이며, 덜 중립
적이며, 보다 더 부정적인 것이 많은 것으로 나타났다(Crimson Hexagon
의 조사). 또한, 미국 성인의 경우, 트위터(13%)보다는 블로그를 조금
더 많이(14%) 사용하며, 주요 트위터 사용자의 특징은 18~29세의 비
백인 남자로 나타났다. 조사기간 동안 트위터에서의 텍사스 공화당
사용자의 55%가 론 폴에 대해 긍정적으로 언급하고 15%가 부정적으
로 언급하였으며, 오바마는 뉴스에서는 부정적으로 언급되고, 소셜미
디어에서는 긍정적으로 언급되는 것 또한 특징이다.

탐 로젠스티엘은 이와 같은 조사결과, 첫째 트위터와 블로그는 후
보자들에 대해 뉴스보다 더 강하게 의견 개진을 하는 성향이 있으며,
둘째 2011년 10월 이후부터 트위터에서의 견해가 좀 더 강하게 표출
되어 롬니, 케인, 페리에 대한 부정 견해가 많이 나타나고, 깅그리치
경우에만 긍정적인 의견이 증가하였다고 분석했다. 그는 트위터에서
더 많이 언급되고 더 강한 의사표현이 이루어지고 덜 중립적이게 되
는 이유는 트위터 서비스의 특성인 간결성(brevity) 그리고 리트윗(RT)
되기 위해서라고 보았다.[258]

---

258) Tom Rosenstiel(2011. 10. 8: 1~5)

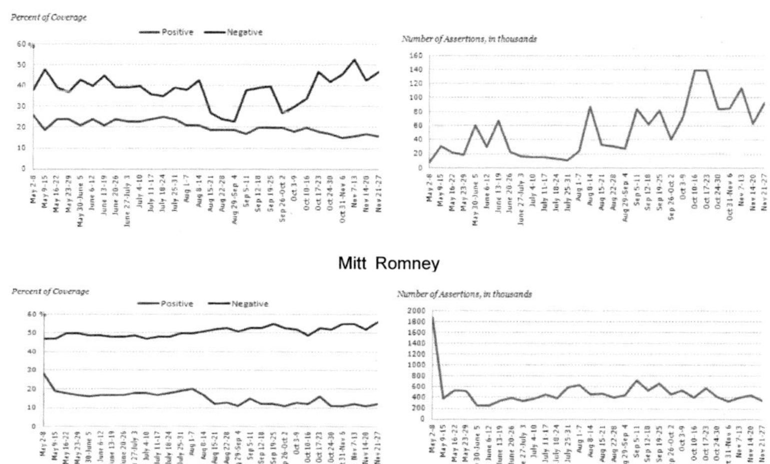

* 자료: Tom Rosenstiel(2011. 10. 8: 7~21).

[그림 4-35] 트위터에서 후보자에 대한 긍정·부정 의견(좌측 그림)과
언급 횟수(우측 그림)

(4) 트윈덱스

트위터는 2012년 7월 31일부터 매일 오전 9시에, 대선 후보와 관련 있는 400만 개 이상의 트윗을 분석하여 0~100 지수로 표시한 트위터 정치지수(Twindex, Twitter Political Index, 이하 트윈덱스)를 서비스하였다(election.twitter.com 참조). 트윈덱스는 후보자들의 이름/계정이 포함된 트윗 내용의 긍정적인 공감 여부를 분석하여 유권자들의 실시간 호감도를 알 수 있는 지표로서 지수가 높을수록 해당 후보자에 대해 긍정적이라는 것을 나타낸다.[259]

---

259) 트위터 측은 단순히 'Bad'라는 단어를 사용했다고 부정적인 메시지로 분류하는 것이 아니라 언어가 쓰인 맥락에 따라 다르게 분류한다고 발표하였다.

* 자료: election.twitter.com

[그림 4-36] 트위터 정치지수(Twindex)

트위터 측에서는 선거결과를 예측하기 위해서라기보다는 현재 유권자들이 어떤 이야기를 하는지 보기 위해 트윈덱스 지표를 제공하는 것이라고 발표하였는데, 공교롭게도 갤럽의 조사 결과와 트윈덱스의 수치가 일치되는 것으로 나타나 여론동향과 트위터의 여론이 같다는 결과가 되었다. 이와 같은 트윈덱스를 통해서는 유권자의 반응을 빠르고, 정확하고, 광범위하게 파악할 수 있다는 점에서 기존의 느리고, 정확성이 불명확하며, 범위가 한정되어 있는 여론조사에 비해 강점이 있는 것으로 평가된다.

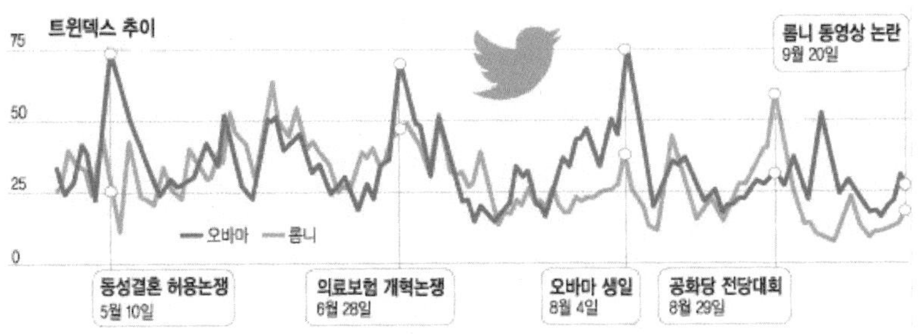

* 자료: ≪국민일보≫, 2012년 9월 21일 자

[그림 4-37] 트위터 정치지수(Twindex) 추이와 중요 정치적 사건

(5) 치어미터(소셜베이커스)

소셜베이커스에서 제공하는 치어미터의 경우는 트위터의 트윗을 분석하여 사용자의 두 후보에 대한 호감도를 보여주고 있는데, 이 역시 롬니보다 오바마가 월등히 우세한 것으로 나타나고 있다.

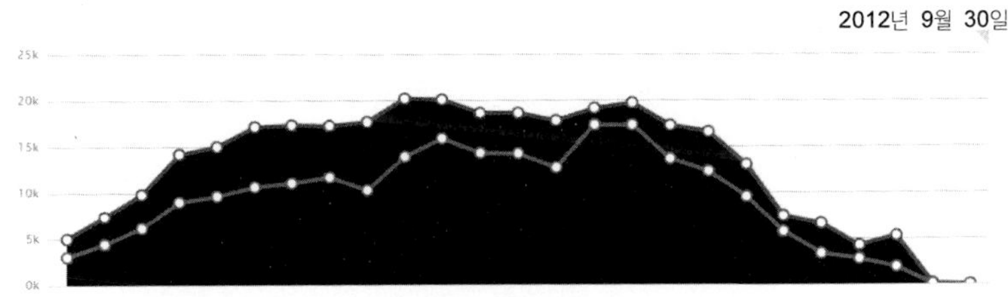

* 청색: 오바마에 대한 호감도, 붉은색: 롬니에 대한 호감도
** 자료: www.socialbakers.com/elections/cheermeter

[그림 4-38] 소셜베이커스의 '치어 미터' 지표(종합)

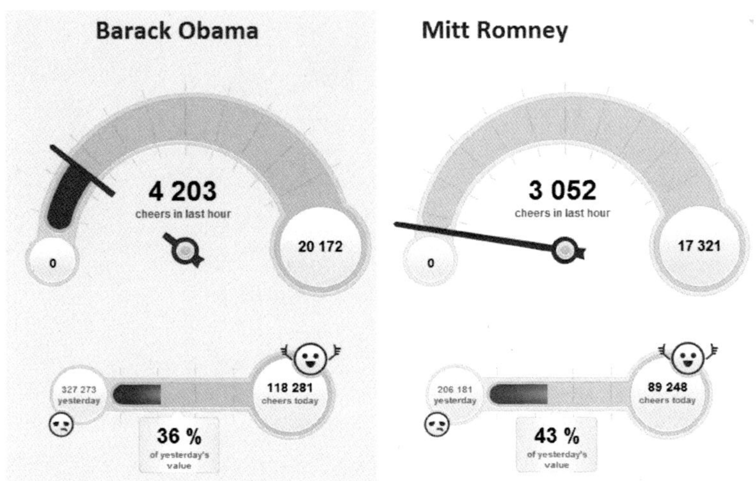

* 자료: www.socialbakers.com/elections/cheermeter

[그림 4-39] 소셜베이커스의 '치어 미터' 비교: 오바마와 롬니에 대한 호감도 비교

(6) 트위터의 영향력

독일 총선에서 트위터 여론과 투표결과와의 관계를 분석한 안드라니크 투마스얀(Andranik Tumasjan)은 트위터상에서 정치에 대한 내용이 상당히 많이 논의되고 있으며 1/3 정도의 총 트윗이 진짜 여론이라고 분석하였다.[260] 그는 전체 사용자의 4% 정도가 여론의 40%를 차지하고 있기 때문에 국민 전체를 대표한다고 보기 힘들다는 의견도 있지만, 결과적으로 트위터 여론 분석이 실제 국민의 정치적 여론을 파악하는 데는 무리가 없다고 주장하였다.

이어서 미국에서도 유사한 결과가 발표되었다.[261] 이 논문은 오바

---

260) Andranik Tumasjan etc(2010)

261) O' Connory etc(2010. 5)

마, 경제, 직업 등 세부적인 단어에 대한 트위터 여론을 분석하여 비용이 많이 드는 여론조사 대신에 SNS상의 데이터를 분석하는 것으로 여론을 파악할 수 있다고 결론 내렸다.

2) 페이스북

페이스북 정치활동위원회(PAC, Political Action Committee)는 2012년 2월 1일, 미국 연방선거위원회(FEC, Federal Election Committion)에 2011년 4분기 동안 17만 달러(약 1억 9천만 원)의 정치자금을 조성했다고 신고하였다.[262] 페이스북이 조성한 17만 달러 중에는 창업자 주커버그(Mark Elliot Zuckerberg)의 5만 달러를 포함하여, 임원과 사원 등 44명의 후원금이 포함되어 있다. PAC은 기업, 노조, 이익단체 등이 만드는 외곽의 정치단체로서 특정 후보나 정당을 위한 선거광고비를 조성할 수 있는데 페이스북이 별도의 PAC을 만든 것은 처음으로, 2011년 12월에 FEC에 공식 등록한 바 있다. 페이스북은 이어서 2012년 10월 3일의 대선후보 토론회를 생중계하고, 주요 정치인들과의 인터뷰도 진행했다.

---

262) 《중앙일보》(2012년 2월 3일 자)

* 자료: edition.cnn.com/election/2012/facebook-insights

[그림 4-40] 오바마/바이든과 롬니/라이언의 페이스북 활용 비교

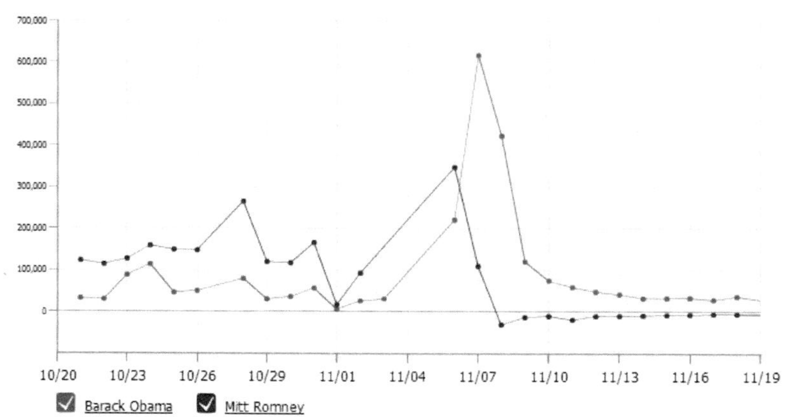

* 자료: elections.insidefacebook.com/show/candidates/president/US

[그림 4-41] 오바마와 롬니의 페이스북 '좋아요' 수 추이 비교

한편, 2012년 11월 6일, 마이크로 스트레티지(www.microstrategy.co.kr)는 오바마와 롬니의 페이스북 지지자를 분석한 결과를 발표하였는데, 그 내용은 매우 대조적이다. 이 결과는 미국 페이스북 사용자의 3%인 5백만 명의 전반적인 선호도를 분석한 것이며, '좋아요', 체크 인 정보, 인구조사 데이터 등이 포함된 익명 사용자들의 페이스북 프로파일을 종합하여 분석된 것이다. 마이크로 스트레티지사는 미국에 기반을 둔 535,447명의 오바마 팬과 172,911명의 롬니 팬을 분석하여, 지역별 지지자들의 실체와 취향을 분석하였다.

페이스북의 지지자 분석 결과는 실제 득표의 특성 분석과도 어느 정도 일치한다. 선거 후 분석에 의하면, 오바마의 지지자는 남녀 성별 차이가 2004년과 2008년의 7% 차이에서 2012년에는 10% 이상으로 늘어났으나, 여성의 지지가 더 높았으며 세대별로는 18~29세의 60%, 30~39세의 55%가 오바마를 선택하였으며, 인종별로는 흑인의 지지율이 93%, 라틴계의 지지율이 71%로 나타났다.[263]

[표 4-4] 오바마와 롬니의 페이스북 지지자 비교

구분	오바마	롬니
연령	여성/남성 (여성 49%)	남성 (여성 41%)
결혼	미혼 (기혼자 38%)	기혼 (기혼자 61%)
세대	젊은 층 (17~28세 43%, 29~35세 22%, 36~45세 18%, 45세 이상 15%)	고연령 (45세 이상 35%, 17~28세 26%, 36~45세 23%, 29~35세 16%)
거주지	도시 81%	도시 67%
학력	대졸 81%	대졸 78%

263) 2008년 대선보다 흑인은 12%에서 13%로, 히스패닉은 9%에서 10%로 유권자 비중이 높아진 것도 지지자 증가요인으로 작용하였다. 한편, 2008년 대선에서 라틴계의 오바마 지지율은 31%였다.

TV	더 레이첼 매드도우 쇼(The Rachel Maddow Show, MSNBC 평일 시사보도 프로그램), 및 더 브라운스(Meet the Browns)	달라스, 칼리지 게임데이(College Gameday, 스포츠전문 채널 ESPN의 미식축구 생중계 프로그램)
영화	사나 라탄(Sanaa Lathan), 제이다 핀켓 스미스(Jada Pinkett Smith)	존 웨인(John Wayne), Courageous Movie
가수	크리셋 미셸(Chrisette Michele), 판타지아(Fantasia)	컨트리 가수 테드 뉴전트(Ted Nugent), 트레이스 앳킨스(Trace Adkins)
패스트푸드 체인	맥도널드	치킨 패스트푸드 칙-필-에이(Chick-fil-A)
술	시락(Ciroc), 벨베데레 보드카(Belvedere 패암), 쿨에이드(Kool Aid), 게토레이(Gatorade), 도스 에퀴스(Dos Equis)	플로리다 내추럴(Florida Natural), 크라운 로열(Crown Royal), 버드와이저(Budweiser)

* 자료: MicroStrategy(2012. 10. 26)

페이스북은 선거 당일에는 '오늘은 선거일(Today is Election Day)'과 같은 문구를 페이지 상단에 게시했으며,[264] 페이스북 내 실시간 지도[265]를 활용하여 자신이 투표한 장소를 표시할 수 있도록 하여 투표를 독려하고 투표독려 메시지를 반복적으로 게시하였다. 페이스북 지도에 의하면 페이스북 이용자 가운데 1,000만 명 이상이 투표에 참여하였으며, 여성 참여자가 남성보다 2배 이상 많은 것으로 나타났다.

---

264) 이와 같은 서비스는 2008년에도 서비스되었다.

265) www.facebookstories.com/vote

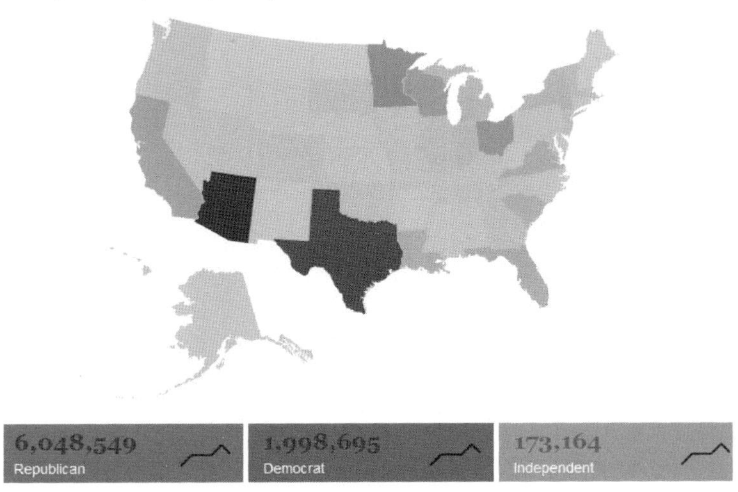

* 자료: elections.insidefacebook.com

[그림 4-42] 페이스북의 투표결과 추적 지도 서비스

3) 구글

2012년 1월 2일 구글은 선거 전용 페이지(www.google.com/elections)를 처음으로 개설하여 선거동향, 유권자 지지 현황, 이슈에 의한 검색 결과, 구글 검색 빈도, 구글 뉴스 언급, 유튜브 보기 검색 결과, 전문가 분석을 제공하고 선거마당(on the ground) 지도를 통해 각 주의 정치행사를 지도 보기로 알렸다.

유튜브는 여전히 모든 정치와 선거 관련 동영상의 주요 생산지로서 기능하였는데, 과거부터 많이 올라오던 여러 정치인들의 각종 실

* 자료: www.youtube.com/watch?v=ZP7lBB83McY(2012년 9월 26일 업로드)

[그림 4-43] 'Vote Early Style'

언과 실수에 대한 폭로 동영상 외에도 2012년 9월에는, 싸이의 '강남 스타일'을 패러디한 휴스턴 교사와 학생들의 'Vote Early Style'이 업로 드되어 큰 인기를 끌기도 하였다.

이어서, 2012년 10월 3일 대선후보 토론회에서는 야후, AOL, CPD 와 함께 '더 보이스 오브(The Voice of)'라는 서비스를 제공하였다. 이 서비스는 유권자들이 이들 3개 업체의 사이트에서 토론회를 볼 수 있 도록 하고 각자 의견을 주고받을 수 있도록 하였다. 특히 시청자들의 수를 실시간으로 게시하여 토론회에 대한 관심도를 알렸는데 예를 들면 10만 명이 보고 있다면 '더 보이스 오브 10만 명(The Voice of 100,000)'이라고 표시하는 방식이다.

한편, 유튜브에서 가장 많은 조회 수를 기록한 주요 동영상을 보면 두 후보에 대한 풍자가 고루 나타나는 내용으로 240만~1,100만 회까 지 높은 관심을 끌고 있음을 알 수 있다.

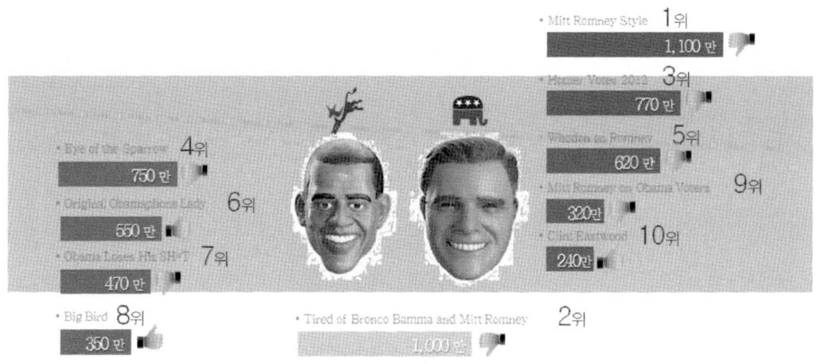

* 자료: ≪경향신문≫ 2012년 11월 5일 자 기사를 그림으로 재구성

[그림 4-44] 2012 선거운동기간 동안의 주요 동영상

4) 기타

이 외에도 2004년부터 위력적인 정치 블로그로 대두되었던 진보성향의 블로그인 데일리코스(DailyKos)의 인기는 2012년에도 지속적으로 높아졌는데, 선거일 전 30여 일 동안 데일리코스의 순 방문자 수는 4백만 명이 넘었으며 선거 당일에는 2008년보다 50% 증가한 5십만 명이 방문하였다.[266] 데일리코스 방문자들은 정치자금을 적극적으로 기부하는 것으로 유명한데, 2012년 대선에서 10만 9천명의 방문자가 데일리코스의 액트블루(ActBlue) 페이지를 통해 330만 달러를 기부하였다.

---

266) *Techpresident*(2012년 11월 14일자)

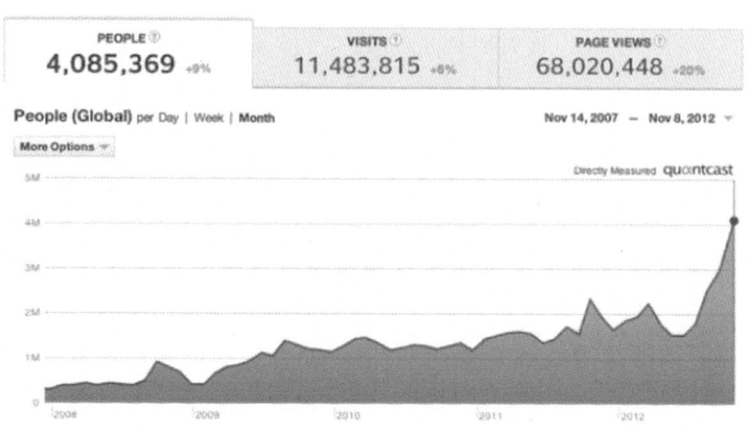

* 자료: *Techpresident*(2012년 11월 14일 자)

[그림 4-45] 데일리코스의 트래픽(2007~2012년)

특히, 데일리코스 방문자는 2008년에 비해 2010년 홈페이지 개선 이후 30%의 새로운 방문자 증가로 이어졌는데, 이에 대해 소셜미디어 사이트로부터의 유입이 늘어난 것이 주요 증가원인이라고 밝혔다. 즉, 이제는 블로그나 소셜미디어의 구분 없이 콘텐츠나 사용자의 연결이 자연스러워지는 환경이 된 것이다.

2. 모바일 앱

2012년 7월 9일, CNN과 페이스북[267]은 공동으로 2012년 대선을 위한 모바일 앱('I'm Voting')을 출시하였다. 이 앱은 실시간 여론 파악을 목적으로 하며, 특정 후보나 이슈에 대한 사용자의 글에 의견을 표시

---

267) 퓨리서치센터의 조사에 의하면, 유권자들의 주요한 대선 정보 채널로 페이스북이 **20%**를 차지하였으며, 단독 채널로는 **CNN**이 **24%**로 1위를 차지하였다.

할 수 있도록 페이스북의 '좋아요'와 같은 '투표합니다(I'm Voting)' 개념을 도입하였다. CNN은 이 앱을 활용하여 유권자 선호도 조사 및 후보자들에 대한 통계 분석을 하여 더욱 정확한 보도를 하고자 하였다.

MIT 미디어랩 연구소는 '슈퍼팩(Super Pac)', 비영리재단인 선라이트재단은 '애드 호크(Ad Hawk)'라는 앱을 개발하여 TV나 인터넷상에서 방송되는 대선 홍보 광고를 데이터베이스와 매칭하여 시청자가 검색 버튼을 누르면 광고의 스폰서, 기부액, 광고 내용의 진실성 정도를 마치 음악 검색을 하는 것과 같이 유권자에게 알려주었다. 선라이트 재단은 또한 'OpenStates' 앱[268]을 통해 50개 주의 법안, 의회활동, 의제를 감시할 수 있도록 서비스하였다. 슈퍼팩은 정치공약의 진실성을 확인하는 웹서비스인 팩트체크와 폴리티팩트와도 연계하여 광고내용에 허위가 있는지의 여부도 알려주었다.

토킹포인츠메모(TalkingPointsMemo)는 '폴트랙커(PollTracker)'[269]라는 앱을 통해 갤럽을 포함한 전국의 여론조사기관들의 조사 결과를 서비스하였다. 부동층에 속하는 유권자들은 '누구에게 투표해야 할까요?(Who should I vote for?)'라는 앱을 통해 의료정책, 테러리즘, 교육 등에 관한 질문에 대답하면 응답자의 성향에 맞는 후보를 추천했다. '보터 맵(VoterMap)'은 사용자들이 익명으로 대선에 관한 견해를 남기면 그의 지리 정보가 앱에 입력되어 다른 사람들이 이를 보고 '좋아요'나 '별로다'라는 반응을 할 수 있다. 'Dollarocracy'[270]는 책임정치센터(Center for Responsive Politics)에서 제공하는 앱으로, 기부자, 기업, 후원을 받

---

268) itunes.apple.com/us/app/open-states/id500672932?mt=8

269) itunes.apple.com/us/app/polltracker/id542982818?mt=8

270) itunes.apple.com/us/app/dollarocracy/id404687699?mt=8

은 정치인의 위치, 이익단체 등의 정치자금 감시에 대한 정보를 주로
제공하였다.

이 외에도 뉴욕타임스의 'Election 2012'(뉴스, 의견, 선거안내, 동영
상으로 구성), NBC의 'NBC Politics',271) 워싱턴 포스트(Washington Post)
의 'WP Politics', 스티쳐(Stitcher)의 'Stitcher Election Center', 팍스 뉴스
(Fox News)의 'You Decide 2012' 폴리티코(Politico)의 'Playbook', 대선 통
계 정보를 제공하는 'Obama Clock Pro', 뉴스와 토론이 가능한 'US
Presidential Election' 외에도 '270toWin', 'Tracker', 'USA Election 2012' 등
많은 대선 관련 앱이 제공되었다.

* 자료: elections.nytimes.com/2012/mobile/app

[그림 4-46] 뉴욕타임스의 'Election 2012' 앱

---

271) 아이폰과 아이패드용 앱

3. 실시간 여론분석

실시간 여론분석은 2012년 들어 더욱 본격화되었다. 이미 2010년 영국 총선에서도 트위터 여론을 분석함으로써 선거결과를 정확하게 예측하기도 하였지만[272] 2012년 들어서는 빅데이터 분석을 통한 투표결과 예측뿐만 아니라 실시간으로 여론의 관심사가 움직이는 방향을 보여주기도 했다. 정보사회에 들어오면서 유권자의 정보는 온라인 공간 어디에나 생성되기 때문에 쉽게 접할 수 있지만, 이제는 후보자들이 이러한 유권자의 정보를 수집하러 돌아다니면서 좀 더 밀착된 정보를 얻고자 노력하게 된 것이다. 이후에도 더욱 많은 정보들이 생산될 것이므로, 이와 같은 빅데이터 분석은 단지 데이터 분석에 머무는 것이 아니라 유권자의 마음과 생각을 읽는 지표로 매우 유용하게 활용될 것이다.

1) 페이스북-폴리티코 서비스

페이스북은 2012년 1월 12일부터 폴리티코(Politico)와 함께 여론 분석 결과를 발표하였다. 이 분석은 페이스북 자사에 의한 최초의 공신력 있는 빅데이터 분석으로서 이용자의 후보에 대한 댓글, 포스팅 수, 상태 업데이트, 관련 링크 데이터를 통해 입소문의 규모와 후보자에 대한 감정을 분석한 것이다.

2011년 12월 12일부터 2012년 1월 10일까지 데이터를 분석한 1차 조사 결과 롬니는 1월 3일 당 대회까지는 인기가 없었던 것으로 나타

---

272) 조희정·이원태(2010)

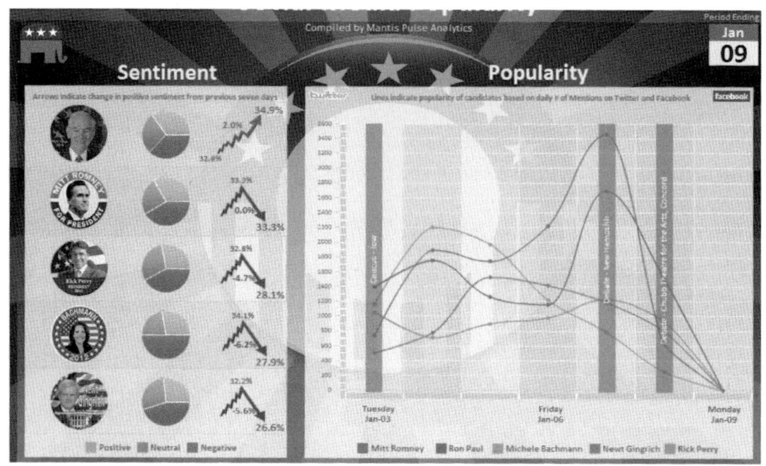

자료: **vo.to/kQZ**(검색일: 2012년 1월 10일)

[그림 4-47] 소셜미디어에서 공화당 후보의 인기도 비교

났다. 그러나 이후로 그의 경쟁자에 대해 언급하는 게시물과 댓글 수는 줄어드는 반면, 롬니 당사자에 대한 글은 확연히 증가하였다. 10만 회 정도 꾸준히 언급된 후보로는 롬니, 샌토롬 등으로 나타났으며, 론 폴은 높지는 않았지만 꾸준히 언급되는 것으로 나타났다.

2) 소셜베이커스(Socialbakers)

소셜베이커스에서는 10월 3일부터 10월 22일까지 두 후보 간에 이루어진 네 차례의 대선 후보 토론회의 페이스북 호응도를 주제별로 분석하여 발표하였다.[273] 이 토론회는 국내 정책, 외교와 국내정책, 타운 미팅, 외교정책을 주제로 이루어졌는데, 각 토론회에서의 페이스북 '좋아요' 반응과 참여율, 상호작용 등을 알 수 있다. 대체적으로

---

273) www.socialbakers.com/elections

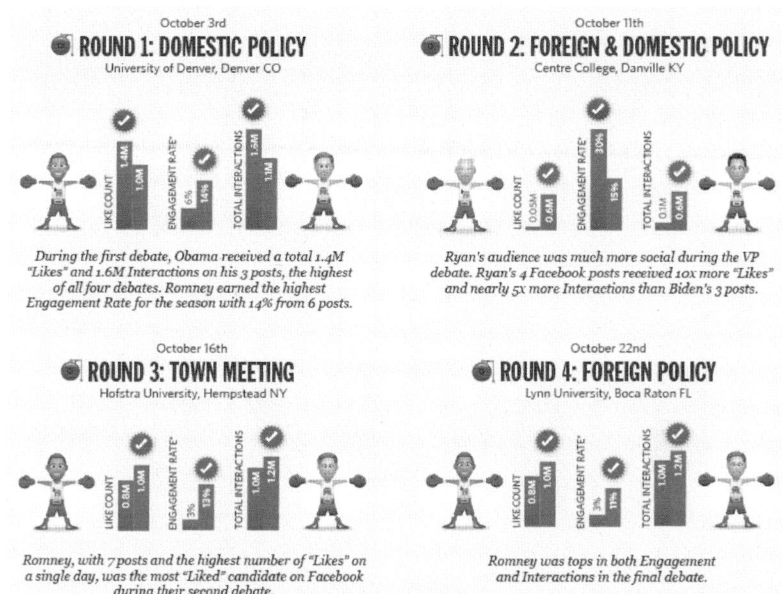

* 자료: **www.socialbakers.com/elections**

[그림 4-48] 소셜베이커스의 후보 토론회 페이스북 호응도 분석

대선 후보 토론회에서 유권자의 호응도가 높은 쪽은 롬니인 것으로 나타났다.

3) 일렉션 인사이트

또 다른 2012년 대선 홍보 서비스는 CNN과 손잡고 개설한 '일렉션 인사이트(Election Insights, edition.cnn.com/election/2012/facebook−insights)'이다. 이 서비스는 후보가 언급된 게시물이나 댓글, '좋아요' 수를 집계하여 후보별로 관심 지수를 알려주고 있다. 특히 지역, 성별, 나이, 시간대별로 유권자를 분류하여 정보를 제공하고 있다.

* 자료: edition.cnn.com/election/2012/facebook – insights

[그림 4–49] 페이스북–CNN의 Election Insights 서비스

4) 인트레이드(InTrade, www.intrade.com/v4/home)

인트레이드는 대표적인 '예측 시장'으로서 분석 결과 오바마의 대
선에 대한 거래가 활성화된 것으로 나타났다. 인트레이드에서는 앞으로
일어날 다양한 이벤트에 대한 권리(stock)를 증권시장처럼 사고팔면서
권리의 가격을 토대로 미래를 예측하게 되어 있는데, 오바마가 재선
에 성공하면 거래참가자들은 수익금을 받을 수 있다. 즉, 권리의 가격
이 올라갈수록 오바마의 재선 가능성도 높아지는 방식으로 진행된다.

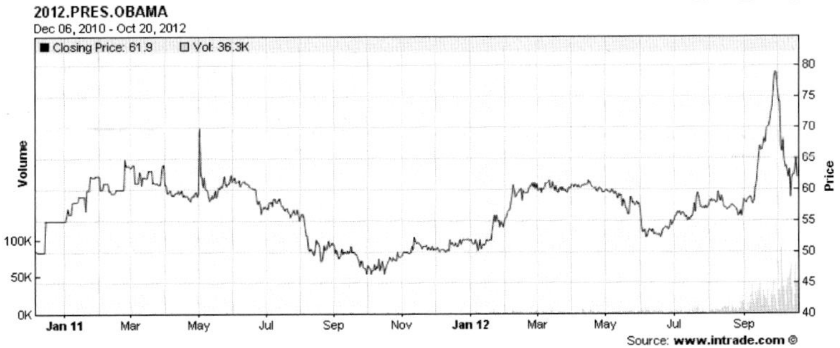

* 자료: vo.to/nqY

[그림 4-50] 인트레이드의 오바마 재선에 대한 마켓 추이

‘어느 후보를 지지합니까’라는 주관적인 의사를 묻는 것이 아니라 ‘어느 후보가 당선될 것 같습니까’라는 객관적인 판단을 근거로 한 거래이고, 예측시장에 참여하는 사용자가 여론조사 참여자보다 정치에 관심이 높다는 것 때문에 정보의 신뢰성이 높다고 평가되었다.

5) 폴리틱아이티(PoliticIT, www.politicit.com)274)

후보자들의 소셜미디어 공간에서의 영향력을 지표화한 정치판 클라우트(Klout) 지수로 평가되는 폴리틱아이티는 페이스북, 트위터, 유튜브, 구글 등의 소셜미디어 공간에서 진행되는 후보자의 활동현황과 유권자 여론 분석을 통해 후보자의 디지털 영향력을 ITScore로 지표화하여 제공하였다.

---

274) 트위터 사용유형을 분석한 클라우트 지수를 제공하고 있는 회사

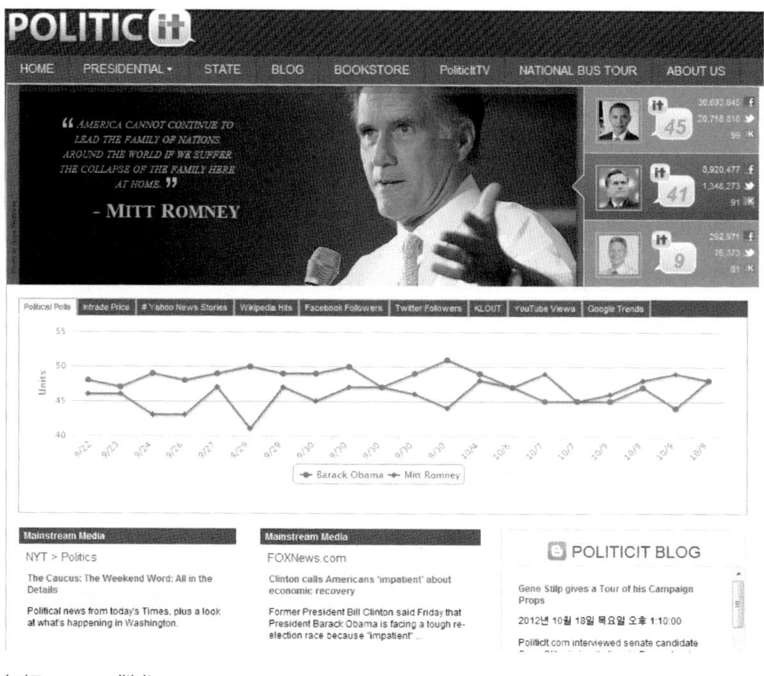

* 자료: **www.politicit.com**

[그림 4-51] PoliticIT

6) 파이브서티에잇(FiveThirtyEight, fivethirtyeight.blogs.nytimes.com)

파이브서티에잇[275]은 뉴욕타임스의 여론조사와 통계분석 서비스로서 여론조사 데이터, 경제지표 등을 반영하여 분석 모델을 동해 생성된 예측 데이터를 통해 통계전문가(Nate Silver)의 분석과 함께 서비스하였다.

---

275) 서비스 명칭은 대통령 선거인단 **538**명에서 유래한 것이다.

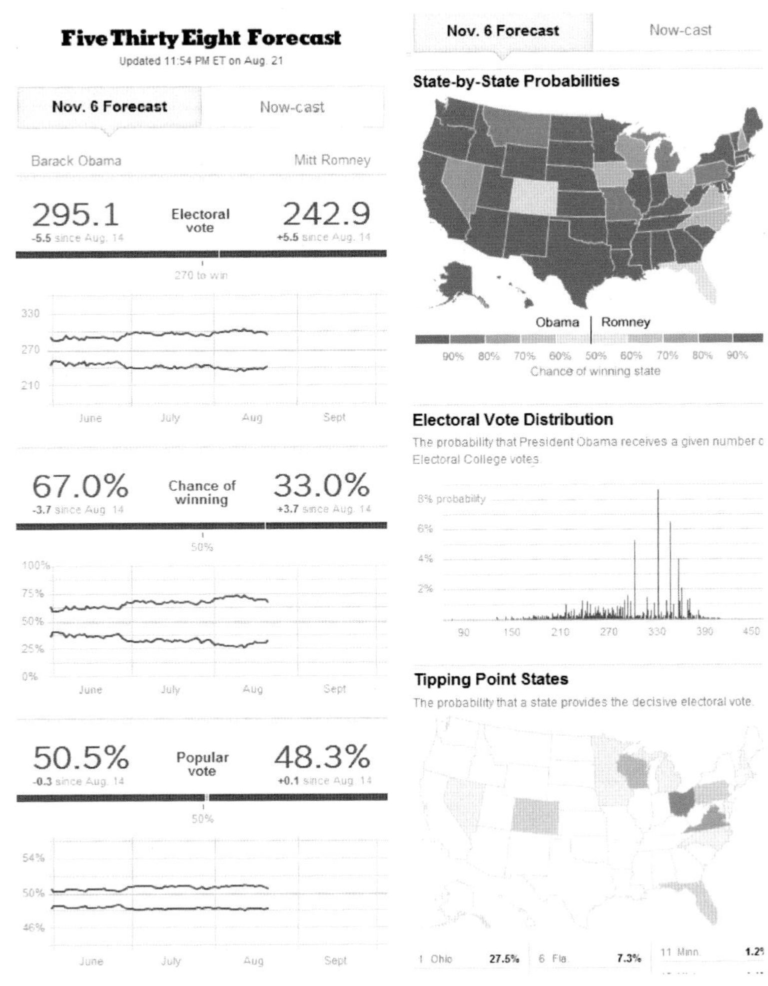

* 자료: fivethirtyeight.blogs.nytimes.com

[그림 4–52] FiveThirtyEight 서비스의 분석 데이터

7) 기타

이 외에도 주요 기업들은 자신들의 제품과 관련된 선거정보를 제공함으로써 제품의 홍보 효과와 선거를 읽을 수 있는 흥미로운 정보를 제공하기도 했다. 데이터 스토리지 업체인 넷앱(Netapp)은 미국 내 편의점 세븐일레븐에서 판매되는 각 대선후보의 이름이 새겨진 커피컵 판매량을 집계하여 대선 결과를 계측하였는데 계측 결과 오바마 컵이 59%, 롬니 컵이 41% 판매된 것으로 나타났다. 또한 할로윈 용품 가게인 스피릿(Spirit)에서 판매된 각 후보의 고무마스크 판매량 집계를 보면 오바마의 마스크는 63%, 롬니 마스크의 판매량은 37%로 나타났다. 싱귤레리티 대학(Singularity University)의 타룬 와드화(Tarun Wadhwa)의 연구에 의하면 다이어트 닥터페퍼(Diet Dr. Pepper)를 좋아하는 사람은 롬니 후보를 지지할 확률이 높고, 펩시콜라를 좋아하는 사람은 오바마를 지지할 확률이, 그리고 마운틴 듀를 좋아하는 사람은 중립일 확률이 높은 것으로 나타나기도 하였다.[276]

---

276) 한국정보화진흥원(2012. 11. 12: 10~11) 이외에 미국인의 라이프스타일별 정치성향에 대해서는 www.theatlantic.com/politics/archive/2012/04/the‒creepiness‒factor‒how‒obama‒and‒romney‒are‒getting‒to‒know‒you/255499/#slide5 참조

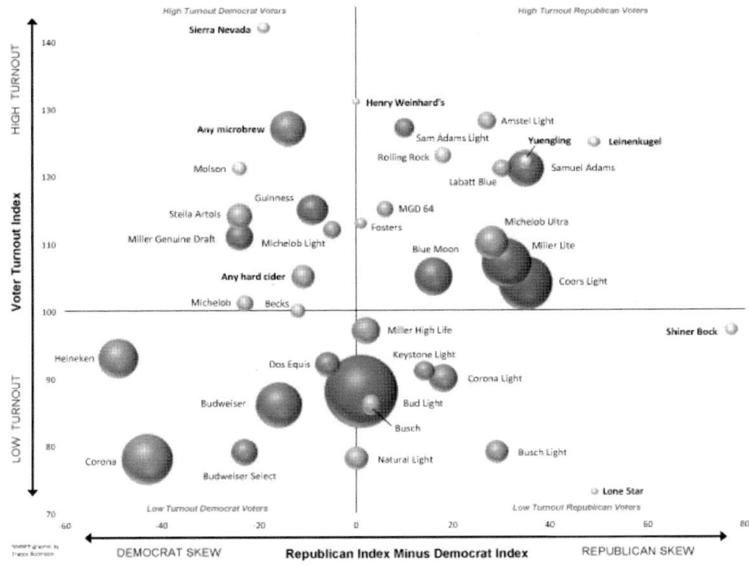

* 자료: blogs - images.forbes.com/singularity/files/2012/11/Data - mine.jpg

[그림 4-53] 맥주 선호도에 따른 정치 성향 분석

온라인 서점 아마존(Amazon)의 미국 지역별 지지자들의 도서 구입 성향도 좋은 빅데이터 자료로 활용되었다. 예를 들어 네트워크 분석 전문가인 발디스 크렙(Valdis Krebs)는 아마존의 정치 관련 서적 구매 성향을 네트워크 분석으로 발표하였다. 크렙이 최초로 분석한 2008년 에 비해 2012년에는 분극화 현상이 더욱 크게 나타나고 있는 것이 특 징이다.

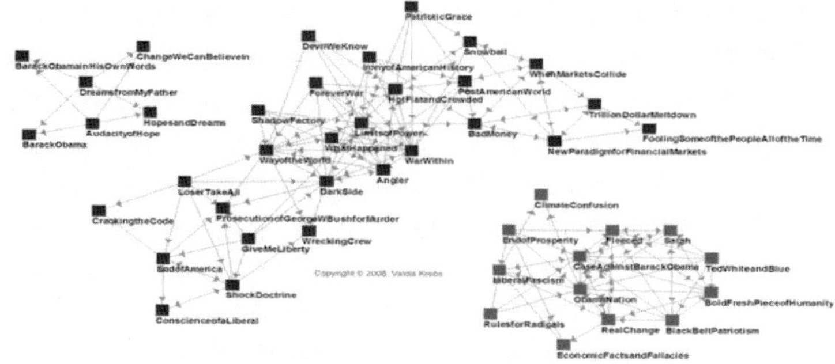

2008년

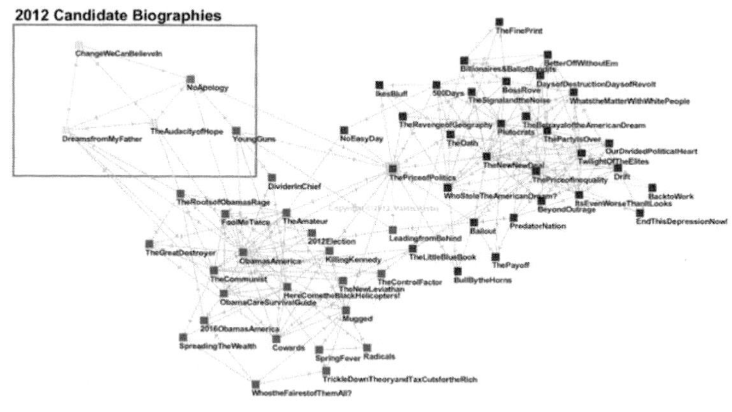

2012년

* 자료: www.thenetworkthinkers.com/2012/10/2012-political-book-network.html

[그림 4-54] 아마존 정치 서적의 분극화 구매 성향(2008년 cf 2012년)

재미의 정치화와
표현의 민주화

1. 온라인 정치 게임

과거의 온라인 정치 게임이 플래시 게임에서 쌍방향 게임으로 진화하였다면 2012년에는 웹게임, 모바일 게임, 정치교육 게임 등 훨씬 콘텐츠가 다양하게 나타났다. 2008년 대선 시기에 나온 게임들이 데스크톱에서 키보드와 마우스로 조작하는 웹 기반의 게임들인 데 비해 2012년에는 대부분 모바일용으로 출시되었는데, 웹에서 했던 플래시용 게임들의 조작이 대체로 단순하기 때문에 모바일로 대체되어도 크게 문제가 없다는 특징이 있다. 그러나 한편으로는 여전히 한계가 존재하는데, 완성도와 재미 문제로서, 대부분 게임의 완성도가 떨어진다. 전략 시뮬레이션의 경우에도 정교한 시나리오가 없고, 액션물을 비롯한 대부분의 게임들의 그래픽 수준도 다른 장르에 비해 떨어지는 편이다. 이는 게임의 완성도 자체에 목적을 두기보다는 대부분 선거 시기에 맞춰 상대방을 폄하하기 위한 수단으로서 게임을 급조하기 때문이다. 따라서 사용자들은 온라인 정치 게임들의 오락성을 게임 외부에서 찾아야 한다. 즉 게임의 캐릭터가 실제로 존재하는 정치인이라는 점, 그 캐릭터들을 이용해 플레이어의 감정을 이입하거나 희화화해서 불만을 해소할 수 있기 때문에 게임이 재미있는 것이다.

이렇듯 온라인 정치 게임은 유권자들이 일련의 정치과정에서 자신이 배제되지 않았고, 참여하고 있다는 사실을 인식하도록 도와주는 효과가 있으며,277) 한편 2012년 대선 과정에서는 온라인 정치교육 게임이 등장함으로써 유권자에게 후보자의 정책을 인지하게 하는 효과를 도모하고 있는 것으로 나타났다.

1) 웹 게임

오바마 캠프에서는 2008년에 EA사의 게임인 '매든 NFL 13', '테트리스' 등에 오바마 홍보 웹사이트를 게재하였으며, 롬니 캠프 역시 비디오 게임을 홍보에 활용하였다. 에픽게임즈의 무료게임인 'Vote!!!'에서는 오바마와 롬니를 플레이어로 선택하여 게임을 즐길 수 있는데, 스와이프(문지르기)를 통한 공격 및 터치를 이용한 회피, 방어 등 '인피니티 블레이드'의 전투방식과 모션을 그대로 가져다 쓴 것이 특징이다. 오바마나 롬니 중 한 명을 선택하여 게임할 수 있으며, 전투 결과는 온라인 연동으로 게임 내 투표율에 반영되어 유저들 간의 지지율을 가리게 된다. 게임에서 기본으로 사용되는 무기는 마이크인데 어떤 의미로든 두 후보 간의 언쟁을 우회하여 비판하고 있으며, 오바마나 롬니의 캐리커처가 우스꽝스럽게 등장한 것도 매우 풍자적이다.

---

277) ≪채널A≫(2012년 11월 4일자)

* 자료: vo.to/kQP

[그림 4-55] Vote!!!

두 후보자가 사용하는 무기 중에는 성조기나 의회용 가발, 언론보도, 모금 행사 등 선거와 관련된 물품이 포함되어 있다. 또한 미국 내 시민단체인 '락 더 보트(Rock the Vote)'와 협의하에 온라인 유권자 등록률을 높이는 캠페인도 하였는데, 유권자 등록을 마친 사용자에 한하여 게임을 할 수 있는 권한을 주는 방식이다. 이 캠페인을 통해 150만 명의 유권자 등록을 달성하는 것이 목표라고 밝히고 있는데, 이처럼 게임을 활용하여 종합적인 게임 활용 선거운동을 전개하였다. 이외에도 매스이팩트 3, Pogo.com에서도 광고가 진행되었다.

[그림 4-56] 매스이펙트 3의 오바마 광고

마이크로소프트사는 2012년 8월부터 엑스박스 라이브 일렉션(Live Election)을 서비스하면서 10월 대선후보 토론회에서는 이용자들이 쌍방향으로 대선토론을 할 수 있도록 서비스하였는데, 엑스박스의 동작 센서와 리모트 컨트롤로 토론회를 지켜보면서 후보의 발언에 대한 평가와 반응을 표시하고, 다른 네티즌과 대화를 할 수 있도록 하였다.[278]

270soft사는 전략시뮬레이션 게임인 'President Forever 2008'의 업데이트 버전인 'President Forever 2012'와 'Congress Forever 2012'를 내놓았다. 이 게임은 주어진 인터렉티브 선거구 맵을 기반으로 2012 후보 정치인을 선택해 선거에서 승리하는 게임으로서, 실행 프로그램을 다운받아야 하는 데스크톱 기반 게임이다. 유사형태의 모바일 게임인 'Election Game 2012: Race for the White House'나 'Race for the White

---

278) 엑스박스의 통계에 의하면 18세 이상의 가입자 가운데 40%가 부동층인 것으로 나타났다(≪연합뉴스≫, 2012년 9월 29일자).

House'에 비해 구성은 더 정교하고 복잡하지만 오락적 요소나 그래픽 완성도, 트렌디함은 떨어지는 편이다. 게임을 통해서는 2012년 혹은 2016년 대선 중 시나리오를 선택하고 난이도 및 지지정당을 선택하여 초기 설정을 마친다. 기본적으로 1회마다 맵의 한 주를 선택해 주어진 예산 내에서 연설, 광고홍보나 여론조작, 선거유세 등의 다양한 정치 활동을 하며 진행해나가는 방식이다. 캐릭터의 능력치를 올려 지역 기반을 넓히고 당선되는 것이 목표로서, 모든 정치활동에는 자금이 필요하고 활동을 할 때마다 캐릭터의 에너지가 소모된다. 단, 지나치게 에너지를 소모할 경우 공식석상에서 실수할 수도 있으므로 주의해야 한다.

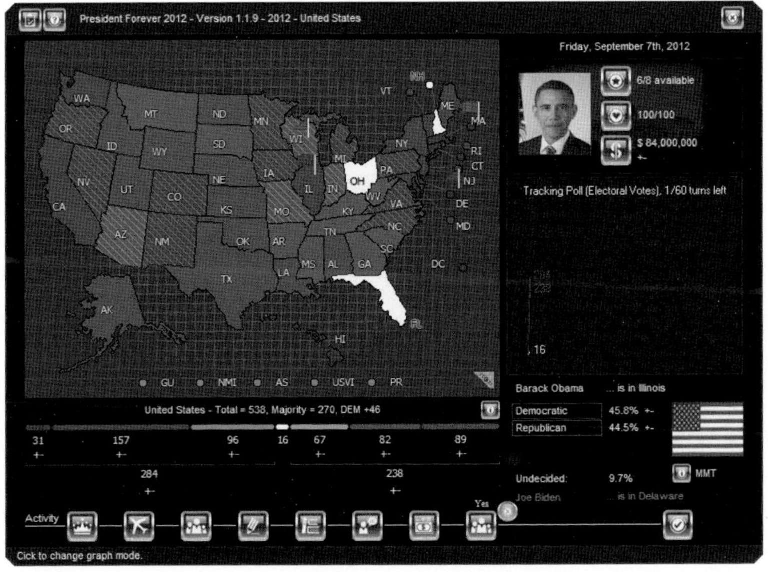

* 자료: 270soft.com/us-election-games/president-election-game-2012

[그림 4-57] President Forever 2012

* 자료: 270soft.com/us-election-games/congress-election-game

[그림 4-58] Congress Forever 2010

2) 모바일 게임

모바일 게임은 아이폰, 안드로이드, 타블릿 PC 등에서 사용 가능하고, 종류로는 전략시뮬레이션과 액션 게임, 아케이드 게임, 퍼즐, 격투 게임 등이 제공되었다. 루나게임즈(Lunagames)가 제작한 'Election Game 2012: Race for the White House'279)는 전략 시뮬레이션 게임으로서, 선거구의 인터렉티브 맵을 기반으로 선호하는 정치인을 2012년 대선에서 승리하게 하는 게임이다. 오바마, 롬니, 힐러리, 페일린 등 네 명의

---

279) itunes.apple.com/app/id541026156?mt=8&ls=1

후보 캐릭터 가운데 하나를 선택하고, 동성결혼이나 총기규제, 사형제도 및 부자증세 등 시사 이슈에 관한 캐릭터의 이념성향과 선거운동의 핵심 포인트 네 가지를(예: 교육, 경제, 의료, 정치개혁 등) 초기 설정한다. 선거구 맵에서 민주당(파란색), 공화당(빨강색) 및 스윙보트(회색) 등 지역기반을 중심으로 TV 정치토론, 지역구 유세활동, 선거 캠페인, 유권자 집회 등의 정치 활동을 진행하며, 유머를 구사하고 적수에 네거티브 전략으로 응대하는 등의 각종 정치공작을 펼쳐 유권자들의 지지도를 올리고 점차 세력을 확장해나간다. 기본적으로 어떻게 정치자금을 잘 활용하느냐에 따라 지지도가 달라진다. 게임 시작 시에 200만 달러가 주어지는데 유세기간이 지날 때마다 정치 자금 모금 활동으로 후원을 얻을 수 있다.

에버심(Eversim)이 제작한 'Race for the White House'[280]는 PC에서도 사용 가능하다. 'Election Game 2012'와 마찬가지로 선거구의 인터렉티브 맵을 기반으로 오바마와 롬니 또는 새로운 캐릭터 가운데 선호하는 정치인을 2012년 대선에서 승리하게 하는 전략 시뮬레이션 게임이다(게임에선 오바마를 Jack Ohama로, 롬니를 Mick Ronney로 부른다). 게임 시작 전에 몇 가지 모드를 초기 설정할 수 있으며, 실제 여론 조사와 투표결과를 바탕으로 진행되는 실제 모드(Realistic Mode)가 있고, 모든 후보자들이 동일한 여론조사 결과에서 출발하는 평등 스타트 모드(Equal start Mode)도 있다. 또한 9월 3일부터 11월 6일인 선거일까지 진행하는 장기 모드와 10월 8일부터 시작하는 단기 모드를 선택할 수 있다. 그밖에 초·중·고급 등 난이도 설정이 가능하다. 실제 인물과

---

280) theraceforthewhitehouse.com

거의 유사한 3D 애니메이션 얼굴과 목소리를 가진 20여 명의 정치인 캐릭터가 등장하고, 수백 가지의 정책 제안 및 실제 정치 어젠다를 기반으로 한 지역구가 표현된다. 게임 참가자는 주어진 예산을 우선순위하에 잘 관리하여 캠페인 본부를 설립하고 집회를 조직하고, 다양한 정치 후원 모금 및 로비 활동을 해서 정치자금을 모아야 한다. 정치 자금으로 TV 토론회와 TV쇼에 출연하고 각종 언론활동 및 기부 활동, 지면광고, 인터넷 홍보, 옥외 광고 등을 할 수 있다. 그 외에 상대방을 깎아내리거나 루머, 사기 등 정치공작도 가능하다.

펀플레이어 8(funplayer 8)이 제작한 'Obama vs Romney'[281]는 오바마와 롬니 중 선호 캐릭터를 선택하여 공격하는 슈팅 액션 게임으로 안드로이드에서 사용 가능하다. 게임 화면 우측 상단에는 풍향이 표시되는데, 총의 각도 및 세기를 풍향에 맞게 잘 조정하여 상대 캐릭터를 공격한다. 캐릭터 옆의 박스는 상대의 공을 막아주는 보호대 역할을 한다. BBM도 'Obama vs Romney'[282]를 제작하였는데, 오바마와 롬니 중 선호 캐릭터를 선택하여 공격하는 단순 슈팅게임이다. 공중에 떠 있는 물체를 떨어트려 공격할 수 있다.

사이드라인 어뮤즈먼트(Sideline Amusements)의 'MAD HUMANS ELECTION 2012'[283] 역시 슈팅 액션 게임으로서, 오바마, 바이든, 롬니, 트럼프 등 자신이 싫어하는 정치인을 선택하고 토마토, 양배추, 피자 등을 사용하여 격추시킬 수 있다. 목표물인 정치인을 공격하기 위해서는 방해하는 경찰이나 몰몬교도, 사회주의자 등을 함께 제거해야 한다.

---

281) play.google.com/store/apps/details?id=com.funplayer8.obamavsromney&hl=ko

282) play.google.com/store/apps/details?id=com.bbmbbm.romneyvsobama

283) www.madhumans.com

이 게임은 특히 페이스북과 연동하여 점수를 공개할 수 있다.

보어드닷컴(Bored.com)의 'Election Ejection 2012'[284)는 안드로이드와 웹[285)에서 가능한 슈팅 게임으로 오바마, 바이든, 롬니, 라이언 네 캐릭터 중 싫어하는 정치인을 선택해 괴롭히는 스트레스 해소용 게임이다. 첫 화면에서 연설하는 정치인을 뒤에서 방망이로 날리면 게임이 시작된다. 날아가는 정치인을 주먹으로 찍어 누르거나 테러리스트의 폭탄 공격, 시골 보수주의 노동자(Redneck)의 가격, 로비스트의 돈뭉치 공격, 달걀 투척 등을 통해 땅에 떨어지지 않게 계속 날려버려야 한다.

마요네즈 게임즈(Mayonnaise Games)에서 제작한 'Face Chop: Decision 2012'[286)는 안드로이드에서만 가능한 아케이드 게임이다. 민주당과 공화당 정치인들의 얼굴을 잘라서 날려버리는 잔인한 방식으로 게임을 진행하는데 클래식, 아케이드, 데모크라시 등 세 가지 모드를 선택할 수 있다. 클래식 모드에서는 민주당이나 공화당 중 한 당을 선택해 반대편 정치인을 공격하고 득표할 수 있고, 아케이드 모드에서는 1분 동안 가능한 한 많은 얼굴을 날려야 한다. 데모크라시 모드에서는 양당 정치인이 모두 등장하는데, 중간에 다이너마이트가 얼굴과 함께 등장하고 다이너마이트를 터치할 경우 게임은 종료된다.

아르카즈(Arkaz)가 제작한 'Hang Obama'[287)와 'Hang Romney'[288) 게임은 기본 단어, 철자, 숫자가 주어지고, 알파벳 철자 하나하나를 유

---

284) play.google.com/store/apps/details?id=air.kickoutoliticians

285) www.java-gaming.com/game/14271/Election_Ejection_2012

286) play.google.com/store/apps/details?id=com.MayonnaiseGames.FaceChopFree

287) play.google.com/store/apps/details?id=hang.obama

288) play.google.com/store/apps/details?id=hang.romney

추하여 하나의 단어를 맞추는 행맨(Hangman) 게임에 오바마와 롬니 캐릭터를 대입하여 만든 퍼즐 게임이다. 이 게임도 게임 결과를 페이스북에 연동하여 공개할 수 있다.

JND 디벨로퍼(JDN Developer)사의 'Election 2012 Tic Tac Toe'[289] 역시 안드로이드에서만 가능한 퍼즐게임으로 상대와 번갈아가면서 가로, 세로, 또는 대각선으로 3×3칸을 채워 먼저 일직선이 되는 사람이 이기는 오목 형식의 게임이다.

도켄스 크리에이션즈(Dawkins Creations)가 제작한 'OBAMA & ROMNEY in Civic Incivility'[290]는 오바마와 롬니를 등장 캐릭터로 한 격투 게임이다. 모바일 터치스크린을 탭하여 상대를 공격하는 것이 기본이고, 하단의 숫자를 터치하면 필살기를 쓸 수 있다. 이기면 미국 선거구 격전지역이 보이고 다음 스테이지로 넘어간다.

워스언델닷컴(worthundel.com)의 'Whack a Candidate'[291]는 안드로이드에서 할 수 있는데 모바일 화면을 터치하여 대선 후보들을 망치로 때리는 두더지 잡기 형식의 액션 게임이다. 오바마를 많이 때릴수록 공화당의 포인트 막대가 올라가고 롬니를 많이 때리면 그 반대다. 선거일인 11월 6일까지 게임이 계속되고 많은 점수를 올린 편이 선거에서 이긴다. 'Road to the Presidency'[292]는 같은 제작사에서 만들어진 두더지 잡기 형식의 단순 액션 게임이다. 절벽을 오르는 두 후보를 공격해 오르지 못하게 저지한다. 절벽에서 결투가 시작되면 마음에 들

---

289) play.google.com/store/apps/details?id=com.jdn.electiontictactoe

290) play.google.com/store/apps/details?id=com.dawkins.civicincivility

291) play.google.com/store/apps/details?id=com.worthundel.whackacandidate

292) play.google.com/store/apps/details?id=com.worthundel.roadtothepresidency

지 않는 상대를 계속 망치로 공격할 수 있다. 마찬가지로 선거일인 11월 6일까지 게임이 계속되고 많은 점수를 올린 편이 선거에서 이긴다.

드로이드로프트(DroidLoft)사의 'Obama Shake'[293]는 안드로이드에서만 할 수 있는데, 모바일 기기를 좌우상하로 흔들어서 오바마를 워싱턴에서 꺼내는 단순한 액션 게임이다. 게임 속에서 오바마는 "우리는 열심히 일하는 사람들로부터 돈을 받아내야 한다. 성공하는 사람들에게 벌을 내려야 한다"고 말한다. 화면을 흔들어 오바마를 끄집어내는 동작 후에는 Vote 버튼을 눌러 오바마와 롬니 중 어느 쪽에 투표할 것인지 선택해야 한다. 이때 오바마를 선택하면 실패한다.

유니월즈스튜디오(Uniworlds Game Studios)의 'Rub The Candidate Free'[294]는 안드로이드에서만 할 수 있는데, 모바일의 특성을 살려 화면 내 캐릭터가 쓰러지지 않게 모바일 기기의 좌우 밸런스를 맞추고 터치 스크린을 마구 문지르는 액션 게임이다. 유료 버전에서는 부통령 후보들도 조작할 수 있다.

스컹크 스튜디오(Skunk Studios)의 'Ballot Boxer'[295]는 PC에서도 할 수 있는데, 오바마와 롬니 중 한 캐릭터를 골라 좌측 상단에 나온 방향키대로 모바일 화면을 손가락으로 터치해 가격하는 액션 게임이다. 공격 방식에는 8가지, 에너지 충전에는 3가지 방식으로 다양한 모드 전환이 가능하다. SNS와 연동되어 자신의 점수를 공개할 수 있다.

유탭스(uTappz)의 'Roll with Mitt Romney Campaign'은 화면 경사를 이용하여 자동차를 운전하는 아케이드 레이싱 게임이다. 롬니가 탄

---

293) play.google.com/store/apps/details?id=com.droidloft.obamashake

294) play.google.com/store/apps/details?id=de.uniworlds.rtc.free

295) play.google.com/store/apps/details?id=com.skunkstudios.ballotbox

자동차를 좌우로 움직여 장애물인 다른 자동차와 부딪히지 않는 동시에, 도로에 놓인 다양한 아이템을 모아 득점하는 방식이다. 롬니 외에 오바마, 힐러리, 론 폴 등의 캐릭터나 다른 모양의 자동차는 유료로 온라인 구매할 수 있다. 페이스북과 연동되어 스코어를 공유할 수 있다.

3) 교육용 게임

2012년 대선에서는 교육용 온라인 정치 게임이 많이 제공된 것도 특징으로 볼 수 있다. 랜드 맥널리(Rand Mcnally)의 'Play the Election'[296]은 대선과 정치과정에 관한 중·고등학생들의 이해를 돕기 위해 만든 교육용 무료 온라인 게임이다. 웹 기반의 플랫폼이고 PC와 태블릿 PC에서 모두 작동하기 때문에 교실 외 어느 장소에서든지 게임에 쉽게 참여할 수 있다.

인터렉티브 맵에는 과거 선거 결과들의 추이와 실시간 여론 조사 결과 및 선거 관련 기사가 표시되어 학생들은 과거와 현재를 분석하여 오는 2012년 대선의 결과를 예측한다. 학생 각자가 자신의 고유 프로파일을 만들어, 학급 친구들과 서로 예측 결과를 비교하고 토론할 수 있다. 또한 학생들은, 'State by State' 코너를 활용해 주 단위의 미니게임도 즐길 수 있다. 노스캐롤라이나, 플로리다, 네바다, 오하이오, 미시간, 텍사스, 캘리포니아 등 7개의 주요 접전 지역을 대상으로 주 단위의 과거 선거 결과, 선거인단 규모와 특성 및 주마다 다른 선거 쟁점, 여론 조사 결과 등을 탐색하고 오는 2012년도의 선거를 예측하는 형식이다. 게임을 통해 학생들은 현실 세계와 지역사회, 시민

---

296) education.randmcnally.com/digital-learning/play-the-election

* 자료: playtheelection.randmcnally.com/portal/election.action#

[그림 4-59] Play the Election

의 역할을 더 잘 이해하고, 후에 더 나은 의사결정을 내리는 유권자가 될 수 있다. 게임 자체의 오락 요소는 떨어지지만 교육용 자료로서는 좋은 구성을 갖추고 있다.

이와 유사한 게임으로는 야후(Yahoo!) - ABC뉴스 네트워크(ABC News Network)가 제작한 전략 시뮬레이션 게임인 'Game Changers'[297]가 있다. 이 게임은 오바마와 롬니 또는 지난 1960년부터 2008년까지의 대선 후보들 중 민주당과 공화당 양쪽에서 캐릭터를 하나씩 선택하여 가상으로 투표 대결을 해볼 수 있는 인터렉티브 맵이 있다. 각 후보

---

297) abcnews.go.com/Politics/OTUS/fullpage/2012-presidential-elections-fantasy-game-game-changer-15177994

사진을 클릭하면 간략한 인적사항과 장단점 등의 프로필을 볼 수 있다. 선거구 맵에서 각 주를 클릭하면 선거구의 인구, 주지사, 주 홈페이지, 선거인단 수 등을 확인할 수 있고 1960년대부터 역대 선거 결과 추이가 나타난다. 두세 번 더 클릭을 하면 지도에서 색깔이 변하여 민주당 또는 공화당에 가상으로 투표할 수 있다. 2012년 후보들 간의 경쟁 모드에서는 좌측 하단에 ABC뉴스의 편집자의 정세분석 칼럼이 표시된다.

테일러 펙(Taylor Peck)과 닉 부텔리어(Nick Boutelier)가 제작한 '아이사이드위드(iSideWith)'[298]는 교육용 게임으로서 퀴즈 형식으로 진행된다. 사회, 경제, 건강, 과학, 환경, 국내정책, 외교정책, 이민정책 등 7가지 이슈 및 세부주제에 관하여 참가자와 2012년 대선후보와의 태도를 비교할 수 있는 퀴즈형태의 매칭 게임이다. 후보 간의 일대일 비교도 가능하다. 메인화면에서 지도의 각 주를 클릭하면 해당 주마다 각 후보와 정당이 어느 정도의 지지도를 받고 있는지 알 수 있고 사회 이슈에 관한 태도를 확인할 수 있다. 화면 하단에는 페이스북과 연동되어 결과에 관한 참가자의 댓글을 남길 수 있다. 이 게임은 퀴즈라고 하기에는 게임 요소가 부족하고 여론조사 툴이나 교육용 콘텐츠로 적합하다.

[표 4-5] iSideWith의 7가지 이슈

이슈	세부 주제
사회	낙태, 동성결혼, 산아제한, 사형제도
경제	사회보장연금, 오바마의 2009년 경제유인정책(Obama's 2009 Stimulus Plan), 부시의 감세정책, 농업보조금, 최저임금, 채무한계, 은행 긴급구제, 복지

---

298) www.isidewith.com

건강	노인의료보험, 오바마의 2010년 건강보험개혁법(Obamacare), 마리화나 합법화
과학	줄기세포연구, 진화론, 우주탐사
환경	지구온난화, 석유채굴, 국립공원 관리, 풍력발전산업
국내정책	애국법(Patriot Act), 교육, 차별 철폐 조치(Affirmative Action), 총기제한, 마약정책, 인터넷 규제, 선거자금조달(Campaign Finance)
외교정책	개입정책, 아프가니스탄 문제, 이스라엘 지원, 이란과의 협상, 수단의 제노사이드, 쿠바 무역, UN, 테러리즘
이민정책	불법이민, 이민자 의료보호, 이민노동자

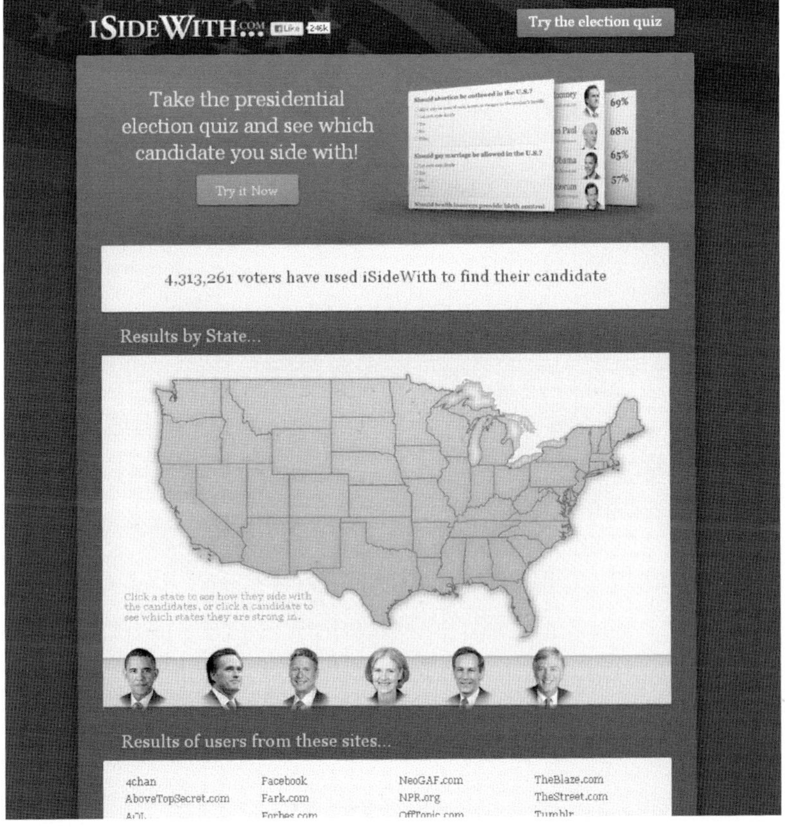

* 자료: isidewith.com

[그림 4-60] iSideWith

이와 유사한 게임으로는 야후와 ABC 뉴스 네트워크가 만든 '매
치오매틱 게임(The MATCH-O-MATIC GAME)'[299)]이 있다. 이 게임
은 경제(취업, 세금, 유가, 규제), 사회복지, 국방 및 아프가니스탄 문
제, 지구 온난화, 동성결혼, 이민, 국가 정체성 등의 다양한 영역에서
퀴즈를 통해 자신의 이념성향과 맞는 대선 후보를 찾는 매칭 게임이
다. 결과는 연동된 소셜미디어로 보내 공개할 수 있다.

내셔널 컨스티튜션 센터(The National Constitution Center)의 '애드오
매틱(Ad-O-Matic)'[300)]은 교육용이면서 광고 매칭 방법으로 진행된다.
게임 참가자가 이름과 성별, 사진, 지지 정당(민주당, 공화당 또는 새
로운 당) 등을 입력하면 정치인 캐릭터에 자신의 얼굴이 합성되어 TV 선
거 캠페인 주인공이 될 수 있다. 만들어진 플래시는 소스코드를 제공
하여 블로그 등에 삽입하는 것이 가능하다.

스콜라틱(Scholastic)의 '스콜라틱 일렉션 2012(Scholastic's Election
2012)'[301)]는 교육 사이트 스콜라틱에서 제공하는 웹 기반 게임으로,
초·중등학교 학생들을 대상으로 한 선거에 관한 상식을 테스트하는
퀴즈 게임이다. '선거기회(The Electoral Challenge)'는 선거구 지도에서
유권자 수가 많아 가장 많이 득표할 수 있을 것 같은 주를 먼저 차지
하는 편이 이기는 게임이다. 총 538명의 유권자 수가 있고 상대를 이
기기 위해선 적어도 270표 이상을 얻어야 한다. 경우에 따라서는 제3당
이 자신이 예상했던 주를 차지할 수 있는 와일드카드를 쓸 수 있으므
로 주의해야 한다. 참가자들은 게임을 통해 유권자 수가 많은 곳 혹

---

299) abcnews.go.com/Politics/OTUS/fullpage/match-matic-presidential-candidate-2012-match-15177995

300) adomatic.us

301) magazines.scholastic.com/election-2012

은 양당 접전 지역이 어디인지 학습할 수 있다. '백악관으로 가는 길
(On the Road to the White House)'은 선거와 정치과정에 대한 상식 퀴
즈를 풀어야 목적지까지 도착하도록 설정된 게임이다. 세 번 이상 틀
릴 경우 처음부터 다시 시작하여 반복 학습 효과가 있다. '세븐 햇스
도전 게임(Seven Hats Challenge Game)'은 국내외 정치에서 대통령의
역할을 테스트하는 역사 상식 게임이다. 학생들은 게임을 통해 역대
대통령들이 행정부와 입법부, 국방과 외교, 정당과 지역, 경제 등의
각 영역에서 리더로서 어떤 역할을 했는지 학습할 수 있다.

자료: magazines.scholastic.com/election-2012

[그림 4-61] On the Road to the White House

2. 정치 패러디

1) '줄리아의 인생' 비판

2012년 오바마 정부가 정책 안내 인포그라픽스로 제공한 '줄리아의 인생'에 대한 사회적인 논란은 거세게 일어났다. 이에 대해 웹디자이너 조시 필즈(Josh Fields)는 같은 이름의 도메인(www.thelifeofjulia.com)으로 패러디 사이트를 개설하였다. 오바마 정부에서 줄리아의 인생이 얼마나 망가질 수 있는지를 패러디로 묘사한 이 사이트는 기존 사이트와 함께 '줄리아의 이중생활'로 불리며 화제가 되었다.

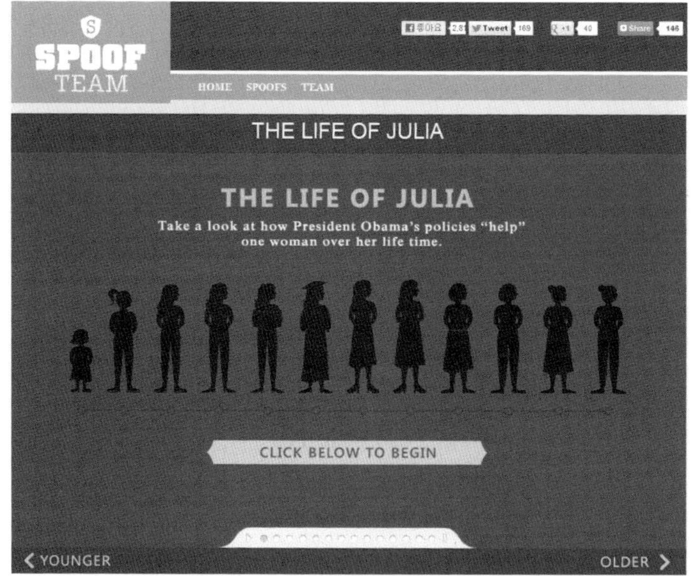

* 자료: www.thelifeofjulia.com

[그림 4-62] '줄리아의 인생'의 패러디 사이트

2) 빈 의자 풍자

   2012년 9월, 유명 영화배우이자 공화당 지지자인 클린트 이스트우드는 공화당 전당대회에서 롬니 지지 연설 중에 연단 옆에 빈 의자를 가져다두고 오바마가 앉아 있듯이 말을 걸면서 그의 국정운영 능력을 비판했다. 연설 직후에 트위터에는 '투명인간 오바마(Invisible Obama)'라는 계정이 개설되어 45분 만에 2만여 명의 팔로어가 생겼고 1만 번이 넘게 회자되었으며, '이스트우드처럼 하기(@Eastwooding)'라는 주제어가 상위에 오르기도 하였다. 다음 날 오바마 진영에서는 트위터에 이스트우드 연설 사진을 올리며 '이 자리는 주인이 있다(This Seat's Taken)'라고 응답하며 풍자에 동참했다.

[그림 4-63] 오바마 진영에서 올린 이스트우드 발언 풍자 사진

한편, 롬니는 오바마의 슬로건을 겨냥하여, '아니, 우리는 못한다(No, we can't, www.youtube.com/watch?v=63vj5tUkrjU)'라는 패러디를 유행시키기도 하였다.

3) 빅버드 패러디

롬니는 2012년 10월 3일 열린 대선후보 첫 토론회에서 "나는 세서미 스트리트(Sesame Street)에 나오는 빅 버드(Big bird)를 좋아하지만 공영방송 PBS 지원을 중단하겠다"고 말했다. 오바마 진영은 이 같은 발언이 나오자마자 텁블러에 빅버드 사진을 게재하고 '이 친구를 잘라라'하고 희화화했고, 7만 명이 넘는 이용자들이 해당 사진을 자신의 텀블러에 퍼 날랐다.[302] 또한 토론회가 끝나자마자 구글 검색어 4위로 빅 버드가 올라왔고, 트위터에서는 빅 버드가 1만 7천회 트윗되었으며, 한 시간 만에 16,000명이 '@해고된 빅 버드(@Fired Big Bird)' 계정을 팔로어하였고, 페이스북에서는 빅 버드에 대한 언급이 80만% 이상 증가하였다.[303]

---

302) *The New York Times*(2012년 10월 11일자)
303) *CNN*(2012년 9월 4일자)

* 자료: "Debate makes Big Bird a big hit on Twitter." CNET, 2012년 10월 3일자

[그림 4-64] 1차 토론 후 최후의 승자로 평가된 빅 버드와 풍자 이미지

4) 쇼 프로그램의 패러디

인터넷과 소셜미디어의 발달로 인해 유권자들의 정치 패러디 제작의 기회가 다양해졌다. 그러나 케이블 TV와 주류 언론의 코미디쇼에서 인터넷으로 패러디 유통 채널이 바뀐 것은 아니고, 서로 상호작용하며 발전하는 양상을 보였는데, 주류 시사 코미디쇼는 인터넷에 다양한 채널을 확보하며 파급력이 보다 강해졌고, 인터넷 제작물은 주류 언론사의 뉴스에 보도되면서 더 큰 바이럴의 힘을 얻게 되는 경향이 나타났다.

(1) 코미디 센트럴(Comedy Central)의 '더 데일리 쇼(The Daily Show)', '콜베어 리포트(Colbert Report)'

코미디 프로그램을 전문으로 방송하는 미국의 케이블 채널 코미디

센트럴의 정치 패러디 프로그램에는 '더 데일리 쇼'와 '콜베어 리포트'가 있다. 존 스튜어트(Jon Stewart)와 스티븐 콜베어(Stephen Colbert)가 각각 30분씩 진행하는 뉴스 형식의 심야토크쇼로서 미국의 20대 청년들에게 가장 많이 회자되는 시사토크 프로그램이다.[304] 퓨리서치센터의 조사에 의하면, 존 스튜어트의 '더 데일리 쇼'는 18세에서 49세까지의 미국인 약 80%가 주기적으로 시청할 정도로 인기가 높다.[305] 2008년 대선 당시 오바마 후보, 지미 카터 전 대통령, 존 맥케인 상원의원과 같은 정치인을 비롯하여 국내외 유명인사들이 대거 출연하는 매우 큰 영향력이 있는 정치 코미디 프로그램이다.

'콜베어 리포트'는 원래 '더 데일리 쇼'의 한 코너였던 부분을 따로 편성하여 2005년 데뷔한 프로그램이다. 이 쇼의 진행자 스티븐 콜베어는 폭스 뉴스(Fox News) '더 오라일리 팩터(The O'Reilly Factor)'의 빌 오라일리(Bill O'Reilly)가 구사하는 편파 진행 스타일을 패러디한다.[306] 두 프로의 주요 소재는 과거 정치인들의 말실수나 모순된 주장을 발굴해 비꼬는 것이다.

(2) NBC의 새터데이 나잇 라이브(SNL, Saturday Night Live)

SNL은 1975년부터 NBC에서 방영하고, 미국 문화와 정치에 대해 풍자하는 코미디쇼이다. 지난 30여 년간 8차례의 대선에서 많은 선거 후보자들의 언행에 영향을 끼쳤고 부시나 클린턴, 페일린 역을 연기한 배우들의 잇단 성공에도 크게 기여했다. 여론조사기관인 FirstView

---

304) weekly.chosun.com/client/news/print.asp?nNewsNumb=002205100007&ctcd=C06

305) pewresearch.org/pubs/1725/where-people-get-news-print-online-readership-cable-news-viewers

306) www.newyorker.com/archive/2006/03/27/060327fa_fact

에 의하면 2008년 대선 전에 유권자 3분의 2가 SNL의 대선후보 패러디를 시청했을 정도로 프로그램의 파급력은 매우 크다.307)

예컨대 SNL의 대통령 풍자는 1975년 제럴드 포드(Gerald Ford)역을 하는 체비 체이스(Chevy Chase) 때부터 시작되었다. 체이스는 닉슨의 사면을 국민에게 호소하여 분노를 샀던 포드 대통령을 잘 넘어지고 잘 부딪히며, 말 더듬는 얼뜨기 인물로 묘사했다. 1988년에는 다나 칼베이(Dana Carvey)와 존 로비츠(Jon Lovitz)가 조지 부시(George H. W. Bush)와 마이클 듀카키스(Michael Dukakis)의 TV 토론을 패러디했다. 극 중 존 로비츠는 "내가 부시에게 지다니 믿을 수 없다(I can't believe I'm losing to this guy)"고 말하는데, 실제로 듀카키스가 부시에게 선거에 패배하여 현실이 되었다. 2000년에는 윌 페렐(Will Ferrell)과 데럴 해먼드(Darrell Hammond)가 조지 W. 부시와 앨 고어 역할을 했다. 페렐은 부시의 어눌한 말투를, 해먼드는 고어의 한숨 쉬는 모습과 눈동자 굴리는 표정을 따라했다. 방송 후 고어 후보는 자신의 제스처를 고치기 위해 이 장면을 연구했다고 한다.308)

(3) 집잽 미디어(JibJab Media)

2012년부터 집잽은 대선 관련 플래시 애니메이션 제작을 중단하고 전자카드(eCard)와 소셜웹 앱 비즈니스에 집중하게 된다.309) 집잽은 2012년 대선에서 'Great American Dance OFF!'라는 웹 기반의 캠페인 앱을 개발하였다. 이전 플래시 동영상에 비해 후보자들을 신랄하게

---

307) www.slideshare.net/Stratacomm.net/firstview-election-survey

308) www.theusdvista.com/opinion/snl-punchlines-and-politics-1.2647546#.UJCK_HXKDfc

309) www.jibjab.com/politicsplus

풍자하고 패러디하던 면모는 사라졌다. 대신에 이번 선거에선 인터넷 유저가 좋아하는 후보의 캠페인에 직접 참여할 수 있고, 만들어진 페이지를 자신의 소셜미디어에 보내어 긍정적인 메시지를 공유할 수 있게 되었다.

구체적으로, 먼저 오바마와 롬니 중 선호하는 후보를 선택하고, 자신의 사진을 업로드 또는 페이스북에서 불러오면 음악에 맞춰 오바마 또는 롬니와 함께 코믹한 춤을 출 수 있다. 만들어진 결과물은 트위터, 페이스북 또는 이메일로 다른 사람들에게 보낼 수 있고, 메인 화면에는 어떤 후보가 더 많은 인기를 얻고 있는지 실시간으로 카운트되어 비교가 가능하다.

5) 대학생들의 고티예 패러디 'Somebody That I Used to Know'

2012년 8월 하버드대 졸업생 저스틴 몬티첼로(Justin Monticello)와 라이언 뉴브룩(Ryan Newbrough)은 가수 고티예(Gotye)의 히트곡 'Somebody That I Used to Know'의 노래가사와 뮤직비디오를 'Obama That I Used to Know'로 바꾸어 패러디하였다. 화제가 된 패러디 동영상은 2008년 오바마의 취임을 기뻐하던 청년이 취업난과 오바마의 복지정책(Obama-care)에 대한 실망과 분노를 노래하는 내용이다. 예컨대 오바마의 2008년 선거 연설 대목을 섞어 "변화처럼 느껴졌지, 그리고 아직까지 기억하기로는 희망이었어. (중략) 하지만 대학을 졸업하고, 난 집세를 내야 했어. (중략) 그 변화라는 건 내가 엄마네로 다시 이사하는 거였어"라는 식으로 냉소적이다.[310]

유튜브에는 몬티첼로와 뉴브룩의 패러디 외에도 고티예의 노래를 이용한 다양한 패러디물이 있다. 'Some Justice That I Used To Know'란 제목의 한 동영상은 로스쿨 학생들이 만들었다. 가사는 보수주의자로 알려져 있지만 오바마의 건강보험 개혁법에 대해선 찬성표를 던진 대법관 존 로버트(John Robert)를 비난하는 내용이다.

* 자료: youtube.com/watch?v = 8UVNT4wvIGY

[그림 4-65] 고티에의 Somebody That I Used to Know

---

310) abcnews.go.com/blogs/politics/2012/08/grads-lament-obama-that-i-used-to-know

* 자료: youtube.com/watch?v=yJnAp3YxCCw

[그림 4-66] Obama That I Used To Know

* 자료: youtube.com/watch?v=jfvqSUTKBPw

[그림 4-67] Some Justice That I Used To Know

2012년 대선에서는 폴 라이언 걸, 메러디스 워커(Meredith Walker)가 올리비아 뉴튼존(Olivia Newton-John)의 1980년대 히트곡 'Let's Get Physical'을 'Let's Get Fiscal'로 바꾸어 부른다. 가사는 '오바마 저격수'로 불리는 부통령 후보 폴 라이언의 정부 예산 절감안을 찬성하는 내용이다. 이 패러디물에는 가짜 오바마 걸이 초췌한 모습으로 폴 라이언 걸 앞에 등장해 '나는 폴 라이언의 아기를 가지고 싶다(I wanna have Paul Ryan's baby)'라고 쓰인 티셔츠를 보여주고 폴 라이언 걸의 춤을 함께 따라 추는 장면이 나온다. 주인공인 워커는 폭스 뉴스에 출연하여 청년실업률 증가에 오바마의 책임이 크다며 라이언 부통령을 지지하는 이유가 바로 그 때문이라고 말했다.[311]

6) 미트 롬니(Mitt Romney)의 말실수 패러디

2012년 10월 2차 대선 후보 TV 토론회에서 롬니 후보는 매사추세츠 주지사 시절, 여성 고위직 인사에 관해 추천을 부탁하자 '구직 여성들로 꽉 채워진 바인더(binder)'를 받았다고 말하여 구설수에 올랐다. 여성 고용을 위해 노력했음을 피력하려던 의도와 달리 원하는 여성을 얼마든지 쉽게 고를 수 있다는 마초적인 뉘앙스로 인터넷에 확산되었다. 방송 후 홈페이지,[312] 텀블러,[313] 트위터,[314] 페이스북 그룹[315] 계정이 생성되어 각종 패러디물이 게시되는 것은 물론이고 패러디

---

311) news.donga.com/Inter/3/02/20121017/50179217/1

312) bindersfullofwomen.com

313) bindersfullofwomen.tumblr.com

314) twitter.com/BindersofWomen

315) www.facebook.com/groups/bindersfullofwomen

[그림 4-68] 롬니의 바인더 게임

게임까지 등장했다.316) 또 아마존 사이트의 바인더 상품 리뷰란에는 롬니가 좋아할 것 같은 바인더, 여자들이 들어가기 좋은 것 같다는 등의 냉소적인 리뷰들이 남겨졌다.317)

이후 3차 토론에선 롬니가 "해군 함정이 1917년 이래 어느 때보다 적다"고 지적하자, 오바마는 마치 학생에게 설명하듯 "과거에 비해 미군 내 기마병이나 총검도 그때보다 적다"며 "군의 성격이 바뀌어 지금은 전투기가 착륙하는 항공모함이라 불리는 것과 핵잠수함 같은 걸 우리는 갖고 있다"고 말하여 트위터에서 풍자 대상이 되었으며,318) 실언 후 토론이 종료되기도 전에 인터넷에서 기마병을 타고 총검을 들고 있는 롬니의 모습을 풍자하는 사이트가 생성되었고319) 군마와

---

316) www.romneybindersgame.com

317) www.amazon.com/Avery−Economy−Binder−1−Inch−Round/dp/B000V99JYl/ref=sr_1_1?ie=UTF8&qid =1350581655&sr=8−1&keywords=binders

318) www.hani.co.kr/arti/international/america/557157.html

총검 관련 텀블러가 제작되었다.[320]

  한편, 부통령 후보 간 TV 토론을 풍자한 쇼도 인기를 끌었다. 이 쇼
가 특히 인기를 끈 이유는 TV쇼를 보는 시청자가 스마트폰을 통해
실시간으로 의견을 표현할 수 있는 것으로서 이제 TV와 ICT의 결합
이 자연스럽게 이루어지는 시대가 되었다는 것을 의미하기도 한다.

7) 정치인 가짜 계정

  트위터와 페이스북에서는 정치인의 공식 계정이 아닌 페이크(fake)
계정이 봇처럼 활동하며 실제 정치인의 풍자와 조롱의 대상으로 쓰이
는 사례가 있다. 이와 같은 풍자 또한 일종의 자유로운 표현이라고 평
가할 수 있는데 좋은 이미지로만 알려진 이면에서 정치인을 지지하지
않는 유권자의 생각을 읽어볼 수 있는 재미있는 자료라고 볼 수 있다.

[표 4-6] 트위터의 정치인 가짜 계정

프로필 사진	닉 네임 / 트위터 ID	자기소개
	Zombie Barack Obama @zombama (4,985 트윗 / 791 트윗 / 2,337 팔로어)	어으, 어으, 어으, 워윽!! 그르르!! Washington, DC
	Mitt Romney Fake @FakeRomney (285 트윗 / 804 팔로잉 / 985 팔로어)	가짜 계정입니다. 패러디 계정이에요. Grecian, Utah

---

319) cavalrymenforromney.com

320) horsesandbayonets.tumblr.com ; twitter.com/capcold/status/260589410150666241

Joe Biden @VeepJoeBiden (798 트윗 / 351 팔로잉 / 5,049 팔로어)	신화이자 레전드인 남자. 스크랜튼의 보통 남자이자 미국의 부통령인 사람, 암트랙(Amtrak) 플레티넘 엘리트 회원[321] Washington, DC
Paul Ryan Gosling @PaulRyanGosling (338 트윗 / 1 팔로잉 / 73,907 팔로어)	패러디, 역할놀이, 부대통령 후보 폴 라이언 또는 라이언 고슬링과 전혀 관련 없음
Rahm Emanuel @MayorEmanuel (1,955 트윗 / 0 팔로잉 / 50,747 팔로어)	당신의 망할 다음 시장. 익숙해 져라. 멍청한 놈아. Chicago, IL
FakeSarahPalin @FakeSarahPalin (819 트윗 / 3,443 팔로잉 / 9,964 팔로어)	해군 천문대 옆에서 스노우모빌 중. Wasilla, Alaska
Bill Clinton @PimpBillClinton (5,921 트윗 / 353 팔로잉 / 287,694 팔로어)	말처럼 거시기가 크고 기린 엉덩이만큼 높음. 사우디아라비아 대사관.
Fake Ronald Reagan @FakeRonReagan (1,139 트윗 / 33 팔로잉 / 414 팔로어)	미국에 다시 찾아온 아침… 다시… Bel−Air, California
mini hillary clinton @miniHillary (110 트윗 / 79 팔로잉 / 1,353 팔로어)	침대에서 나는 바지를 입는다.
George Bush @UnemployedBush (5,999 트윗 / 2,258 팔로잉 / 4,548 팔로어)	새로운 기회를 찾고 있는 미국의 전 대통령. 트위터에서 유명한 가짜 정치인 중 하나라고 Current TV에 방송됨. Dallas, TX

---

321) www.hankyung.com/news/app/newsview.php?aid=2009031450398

소결

1. 2012년 소셜전략 선거운동의 특징

"오바마가 2008년에는 영감으로 이겼다면 2012년에는 노력으로 당
선되었다."

(Politico, 2012년 11월 7일)

"정보에서 통찰력을 뽑아내는 컴퓨터 전문가들이 경험과 직감에
의존하는 선거전문가들을 빠르게 대체할 것이다. 정치에 빅데이터
시대가 도래했다."

(Time, 2012년 11월 7일)

미국 대선 후 각종 매체에서는 2012 미국 대선에서 활용된 신기술
과 오바마 캠프의 과학적인 선거전략 그리고 오바마와 롬니 모두 적
극적으로 활용한 소셜미디어의 정치적 효과에 대해 평가하기 시작했
다. 온라인 초기의 선거운동은 일방적인 정보제공만을 강조하여 유권
자가 정보를 잘 받았는지, 그 정보를 보고 무엇을 생각하게 되었는지
에 대한 충분한 대화를 하지 못했으며, 블로그와 UCC 그리고 온라인
커뮤니티 선거운동의 시대에는 정치인의 실수를 고발하고 UCC로 풍
자하며, 서로 모여서 지지를 확인하는 정도만이 중요한 정치적 가치였다.

세 번째 시기인 2008년 네트워크 선거운동의 시기에 오바마는 유권자 연결의 힘이 정치적 지지로 어떻게 이어질 수 있는가를 증명하였지만 좀 더 개인에게 집중한 섬세한 선거운동, 충분한 대화를 통해 유권자와의 소통을 풍부하게 하는 선거운동, 사실을 검증하기 위해 능동적으로 노력하면서 그러한 사실 검증과정에서도 유권자와의 협업을 강조하는 운동, 무엇보다 정치적 비전과 정책의 내용을 능동적으로 제시하는 점에서 2008년 네트워크 선거운동은 진정한 의미의 네트워크 선거운동으로 평가하기 어려운 측면이 있었다.

그러나 2012년 대선에서는 유권자에게 다가가는 친밀성이 더욱 높아졌으며, 그만큼 정치인의 신속하고 정확한 반응성이 강하게 요구되었다. 또한 정책의 내용에 대한 유권자의 인지와 이해를 높이기 위한 노력도 많이 나타났다. 향후 이러한 노력이 더욱 의미를 갖기 위해서는 후보자와 유권자의 경계가 없는 네트워크를 구축하고 그 안에서 신기술을 얼마나 적절하게 사용하는가가 관건이 될 것이다.

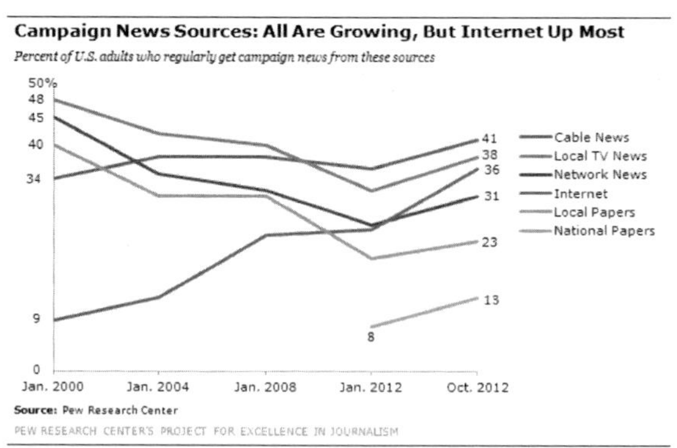

* 자료: Pew Research Center(2012)

[그림 4-69] 미국 대선에서의 미디어 점유율(2000~2012)

[그림 4-69]에서 보이는 것처럼 2012년 대선에서는 인터넷의 영향력이 비약적으로 높아졌다. 유권자는 이제 TV라는 제한된 미디어로만 후보자를 만나지 않는다. 후보자도 엘리트 그룹의 단결이나 매스미디어만으로 당선되던 시기는 지났다. 후보자의 정보는 어디에서든 검색될 수 있으며, 일거수일투족이 모두 대중에게 노출되어 있다고 해도 과언이 아니다. 데이터가 넘쳐나고 유권자가 똑똑해지는 이 시대에는 후보자와 유권자가 어떻게 만나는가가 중요한 문제가 되었다.

2012년 대선을 결과적으로 평가했을 때, 계량적인 의미에서 오바마와 롬니의 소셜미디어 활용은 오바마 쪽이 압도적으로 높게 나타났다. 오바마의 트위터 팔로어는 페이스북 친구보다 3배 이상 증가하였고, 롬니의 경우는 트위터보다 페이스북의 친구가 18배 높게 증가하는 것으로 나타나기도 했다.[322] 또한 오바마는 유튜브에 올라온 관련 동영상 조회 수의 합계가 총 2억 회를 넘는 압도적인 동영상 우세 현상도 나타났다.

[표 4-7] 오바마와 롬니의 소셜미디어 활용 규모 비교

구분	오바마	롬니
웹사이트＋블로그 평균 자료 건수	1일 평균 8개	2개
웹사이트의 선거쟁점 및 후보자 관련 글	1일 평균 29개	1개
마이보를 통해 조직된 오프라인 이벤트(2008년)	200,000회	−
대시보드를 통해 조직된 오프라인 이벤트(2012년)	358,000회	−
블로그에 후보자 관련 독려 글(9/1~11/4)	382,000건	79,613건
트위터 팔로어(2008년)	125,639명	−
트위터 팔로어(2012년 11월 6일)	22,112,160명	1,698,889명
일 평균 업로드 트윗 수(2012년 11월 7일)	5.5개	1개
9월 전당대회 수락연설에 대한 트윗 언급횟수	52,757회	14,289회

322) Social Bakers(2012. 9. 19)

페이스북 친구(2008년 선거 당일)	2,397,253명	–
페이스북 친구(2012년 11월 6일)	32,313,965명	12,135,972명
선거 당일 페이스북 친구 증가 수	1,438,897명	−229,621명
페이스북 공유하기(2012년 9월 19일)	2,400,770회	1,850,402회
페이스북 '좋아요'(2012년 11월 7일)	31,857,359명	11,993,275명
페이스북 이야기하고 있는 사람(2012년 11월 7일)	2,628,859명	2,442,749명
페이스북 앱 다운로드 수(2012년 11월 6일) – 앱 공유: 600,000명	1,000,000회	30,000회
구글플러스 친구(2012년 11월 7일)	2,304,851명	1,017,994명
유튜브 게시 동영상 수(2012년 10월 30일)	2,903개	293개
유튜브 채널 구독자 수(2012년 11월 7일)	258,708명	28,969명
유튜브 동영상 조회 수(2012년 11월 7일)	262,333,200회	29,349,489회
핀터레스트 팔로어(2012년 11월 7일)	35,823명	계정 없음
핀터레스트 핀(2012년 11월 7일)	237개	계정 없음
플리커 게재사진(2012년 11월 7일)	17,561개	2,229개
온라인 모금액(2008년)	5억 달러	–
온라인 모금 중 순수한 온라인 모금액(2008년)	4억 3백만 달러	–
온라인 모금액(2012년)	6억 9천만 달러	–
온라인 모금 중 순수한 온라인 모금액(2012년)	5억 4백만 달러	–
개인 기부자(2008년)	395만 명	–
개인 기부자(2012년)	440만 명	–
전화번호 수집(2008년)	3천만 명	–
유권자 직접 방문 (110만 명은 온라인 접촉의 커넥터)	180만 명이 1억 2500만 명을 방문	–

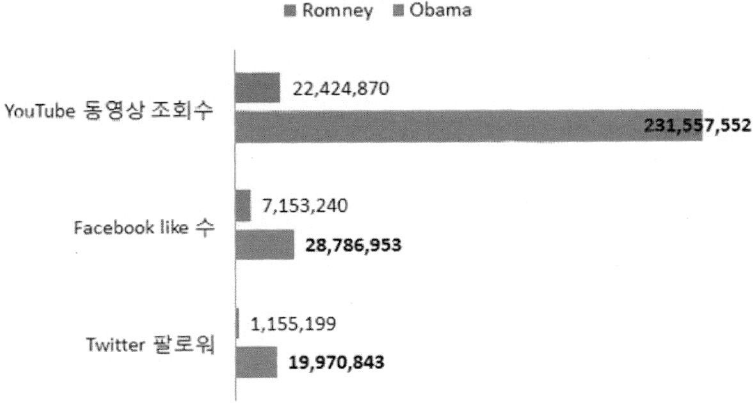

* 자료: 트위터, 페이스북, Socialbakers.com, Pew Research Center, CNN, medicom을 참조하여 재구성

[그림 4-70] 오바마와 롬니의 소셜미디어 활용 규모 비교

이러한 양적인 의미에서의 채널 확대와 유권자 반응도의 증가는 과거와 같은 단순하고 일방적이고 간접적인 미디어에 의한 홍보가 아니라 소통적이고 쌍방향적이며, 직접적이고 대화적인 미디어의 사용이 중요해졌다는 것을 의미한다. 나아가 단순 규모(지지자의 증가, 팬 증가, 팔로어 증가)의 비교보다 더 중요한 비교는 사용자들이 이 두 후보에 대해 긍정·부정의 말을 얼마나 하는지(People Talking About), 파워 유저들은 후보자의 말을 얼마나 널리 전파하고 다니는지(Viral Reach), 사용자들끼리의 의사소통 등의 상호관계가 얼마나 심화되고 있는가이다. 빅데이터 분석 서비스인 소셜베이커스에서는 위와 같은 항목을 중심으로 오바마와 롬니를 정기적으로 평가하였으며, 그 결과 역시 오바마의 압도적인 우세로 나타났다.

미국 소셜 전략 선거운동의 특징은 과거 그 어느 때보다 다양하고 풍성하며 매우 전략적인 성향이 강하게 드러났다는 것이다. 이와 같은 특징은 과거의 홈페이지, 동영상, 네트워크 선거운동이라는 기술적 의미의 특징이 종합적으로 완성되어 하나의 소셜미디어 전략을 구성한 것으로 평가된다. 즉, 이처럼 유권자 중심이라는 전략을 소셜미디어를 통해 활용한 2012년 대선 온라인 선거운동의 특징을 한마디로 정의하면 '소셜전략의 선거운동'이라고 부를 수 있을 것이다.

중요한 선거마다 온라인 선거운동의 분기점은 있었지만 2012년을 기점으로 미국의 온라인 선거운동은 기술적 활용의 한계를 모두 극복한 하나의 완성태(stereotype)를 보여주고 있다고 해도 과언이 아니다. 향후 미국의 온라인 선거운동은 모바일이나 더욱 발달된 뉴미디어를 활용하여 새로운 모습으로 변화하겠지만 당분간 이러한 특징의 틀 내에서 사례를 활성화하고, 참여의 내실을 기하는 방향으로 진전될 것이다.

[표 4-8] 2012년 대선의 소셜전략 선거운동의 특징

구분	효과와 의미	사례
채널 확대	유권자 접점 확장 정보제공 경로 확대	- 후보자, 정당, 미디어, SNS, 해커집단 - 홈페이지, 블로그, 트위터, 페이스북, 유튜브, 구글플러스, 링크트인, 텀블러, 핀터레스트, 인스타그램, 스푸티파이, 인포그래픽스, 모바일 앱
소셜데이터 분석	실시간 여론 파악 마이크로 타기팅 핀포인트 타기팅	- 트위터(트윈덱스), 페이스북, 소셜베이커스(치어 미터), 인트레이드, 폴릭아이티, 파이브서티에잇
대화	유권자 중심성 부각 마이크로 리스닝 퍼스널 커뮤니케이션	- 타운홀 미팅, 구글플러스 실시간 대화, 레딧 토론 - 유튜브, 페이스북 대화
소셜매니페스토	정책 중심성 부각	- Obama for America를 통한 의견 수렴 - 폴리티파이
사실 검증 상대 후보 공격	소셜 검증 체계	- Truth Team(오바마)의 소셜 검증

물적·인적 자원 동원	적극적 지지 강조 자원의 네트워크 구축 전략	– 자금 모금 – 자원봉사자 네트워크
온라인 정치 게임·패러디	표현의 민주화	– Vote!!!, EA사의 게임 다수 – 패러디(This Seats Seated, Big Bird, No, We Can't)

첫째, 다채널의 유권자 접점 확대는 홍보효과를 극대화하고 유권자와 만날 수 있는 공간 자체를 확장하는 것으로써, 흔히 말하는 소셜미디어 선거운동이 진행되었다는 것을 의미한다. 양적인 의미에서 채널별로는 2008년 대선에서 페이스북, 플리커, 유튜브, 트위터를 운영했다면, 2012년 대선에서는 이 서비스들에 더하여 구글플러스, 인스타그램, 스포티파이, 텀블러, 핀터레스트 등 더욱 많은 소셜미디어로 사용범위를 확대하였다. 또한 이들 미디어는 단일의 서비스로 분리되어 존재하는 것이 아니라 서로가 서로에게 연결될 수 있는 하나의 흐름을 형성하여 네트워크를 확장하며 후보자와 유권자 간의 평등한 공유와 나눔의 전략 핵심을 구성했다.

둘째, 다채널의 확장은 모바일로도 이어졌다. 2010년 중간선거까지 활발하게 사용되지 않았던 모바일 앱은 이제 콘텐츠의 고도화와 함께 적극적으로 사용되었다. 특히, 모바일을 통한 일방적인 후보자 홍보에 그치는 것이 아니라 주변 지역의 정치 이벤트 검색, 손쉬운 기부 등의 활동이 병행되어 이동성과 신속성 그리고 간편함이라는 모바일 채널의 쟁점이 충분히 활용되었다.

셋째, 양적인 채널의 확장뿐만 아니라 선거운동의 성격을 중심으로 보았을 때에는 무엇보다 단순한 미디어의 확장에 더하여 유권자에게 다가서는 방법을 체계적으로 고민한 전략의 변화가 나타났다.

즉, 선거운동 과정에서 활용할 수 있는 모든 수단과 방법을 유권자와 대화하고 의견을 묻기 위해 사용하고, 그러한 대화를 통해 더 나은 공공성을 형성하고자 한다는 메시지를 강하게 전파하였다. 이제 전략과 구조 형성이 없는 선거운동은 실패의 지름길이라는 것이 상식으로 받아들여지게 되었다.

넷째, 풀뿌리 조직, 풀뿌리 기부, 마이크로 타기팅, 핀포인트 타기팅, 마이크로 리스닝처럼 유권자 한 명 한 명의 가치가 중요해졌다. 즉, 유권자 중심 선거운동의 중요성이 나타난 것이다. 이제까지의 그 어떤 선거보다 2012년 온라인 선거운동에서는 개인의 중요성이 높게 강조되었다. 개인의 한 표 한 표의 소중함이 제대로 평가받기 시작한 것이다.

다섯째, 과학적인 선거운동 관리로서, 빅 데이터의 데이터 마이닝과 그만큼의 유권자 정보의 정교화가 이루어졌다. 이제는 '감'에 의존하는 선거가 아니라 과학적이고 측정 가능한 방법이 선거운동에 본격적으로 적용되기 시작하였다.

여섯째, 양적인 선거운동 채널의 확장과 질적으로 적극적인 대화에 이어 소셜매니페스토가 활성화되었다. 소셜미디어를 통한 정책 생산·유통·평가를 의미하는 소셜매니페스토는 가장 정치적인 소셜미디어 활용이라고 평가할 수 있다. 즉, 유권자들이 후보자의 정보를 접하고, 후보자와 대화하는 과정에 이어 정책을 유권자 스스로 제시하고, 후보자가 유권자의 의견을 받아들이고, 그렇게 구체화된 정책에 대해 유권자가 재평가함으로써 더 나은 정책이 만들어진다면 명실공히 과정과 결과에 있어 민주적인 구조가 형성될 수 있으므로 정치적으로 가장 의미 있는 행동이라고 평가할 수 있는 것이다. 줄리아의 일생, 홈페이지의 세금계산기 서비스, 인포그라픽스 그리고 온라인 정치 게임 등을 통한 의료보험정책과 경제정책에 대한 이해는 미국뿐만 아니라 외국에서도 이해할 정도로 적극적으로 전파되었다.

일곱째, 미디어 선거운동의 독특한 특성으로서 사실검증과 상대에 대한 공격적인 캠페인이 진행되었다. 사실검증은 후보자의 의도가 정확히 전달되었는가 라는 판단 기준을 통해 이루어졌고, 후보자 캠프의 일방적인 해명이 아니라 다수의 유권자가 자발적으로 참여하는 소셜 검증 기법에 의해 이루어졌다. 또한 상대방에 대한 공격에도 과거와 같은 주먹구구식 인신공격이 아니라 데이터에 의한 사실 공격이 중요한 방법으로 부각되었다.

여덟째, 정치표현의 민주화가 더욱 활발하게 나타나 온라인 정치 게임과 정치 패러디라는 문화를 정착시켰다. 온라인 정치 게임은 웹, 모바일, 정치교육 게임 등으로 다변화되었으며, 정치 패러디는 이미지와 동영상을 더해 더욱 융합콘텐츠화되었다.

2. 2012년 소셜전략 선거운동의 한계

그러나 선거의 전성기가 구가되었다고 2012년 미국 온라인 선거운동 모델이 완벽한 이상형이라고 평가하기는 어렵다. 일곱 가지 특징으로 대별되는 강력한 장점에도 불구하고 2012년 선거가 남긴 과제는 다음과 같다.

1) 후보자 중심의 무반응과 조작

2008년 선거에서 많은 네티즌들이 비웃었던 것은 트위터 팔로어의 요청에 맞팔을 절대로 하지 않았던 힐러리의 초기 트위터 사용모습이었다. 2012년에는 롬니가 갑자기 트위터 팔로어를 인위적으로 늘리는 조작을 감행했다는 혐의로 비웃음을 샀다. 이러한 사건은 단지 정치인이 온라인의 문화를 몰랐기 때문에 저지른 실수라고 보기는 어렵다. 온라인 문화를 이해하지 못한 것에 더하여 본질적으로는 온라인을 대화와 소통의 장이라기보다는 시장에 가서 악수하고, 길거리에서 유세하는 것과 같은 자기중심의 일방적인 공간으로 생각하기 때문에 발생한 바람직하지 못한 일이다.

많은 사람이 다양한 모습으로 생활하는 온라인에서 그나마 오랫동안 사람들이 선호해온 가치는 자발성과 협력, 진실성 등이다. 따라서 인위적이거나 이기적이거나 거짓말을 하는 사용자는 온라인 생활을 오래하기 힘들다. 더구나 자신에 대한 지지와 호감을 높여야 하는 선거운동에서는 더욱더 그런 모습이 크게 드러나서는 안 된다. 반응성 없는 정치인, 정보를 조작할 수 있는 정치인을 지지할 유권자는 없기 때문이다.

홈페이지가 개설되던 시기부터 응답 없고 대화 없는 게시판, 정치인인지 일반인인지 알 수 없는 블로그, 자연스러운 모습은 전혀 찾아볼 수 없는 공식적인 모습의 동영상만 올라와 있는 UCC, 대화체가 아닌 페이스북과 트위터 사용은 언제나 나쁜 예로 소개되어 왔다. 앞으로의 온라인 선거운동에서는 좋은 예의 활성화에 주력해야 하며, 나아가 나쁜 예의 사례로 소개되지 않도록 노력해야 할 것이다. 또한 언제나 선거운동은 일반적인 상품 홍보(PR)와 같은 것이 아니라 공적인 홍보(Public PR)로서, 자신의 공적인 가치를 강조하는 과정임을 유념해야 할 것이다.

2) 유권자 정보수집과 정보보호

모든 것이 연결되고 다수의 정보에 대한 접근성이 높은 네트워크 사회에서는 정보보호와 사생활 보호도 유념해야 할 큰 문제이다. 그 많은 장점을 지닌 빅데이터에 대해서 저작권 문제나 개인정보보호 문제가 상시적인 단점으로 지적되고 있는 것과 마찬가지로 빅데이터가 활용된 2012년 선거에서도 유권자의 개인정보보호문제는 큰 쟁점으로 부각되었다. 원치 않는 정보를 자꾸 수신하게 되어 매우 피곤하다는 정보피로감의 문제와 이로 인해 나타나는 정치에 대한 부정적인 관념에 더하여, 과연 선거라는 과정에서 활용되는 개인정보를 무엇으로 볼 것인가 라는 문제는 매우 중요한 논쟁의 대상이다. 사용자가 아무 생각 없이 트위터나 페이스북에 올린 글들이 예상하기 어려운 혹은 동의하지 않는 새로운 형태의 정보로 가공되어 선거에 활용될 경우, 주민등록번호나 사회보장번호를 사용한 게 아니니까 크게 문제될 것이 없다고 보기보다는, 어떤 정보든 가공된 정보가 나를 식별할 수 있다면, 포괄적인 의미에서 개인정보라고 규정할 수 있다는 이의제기도 가능한 것이다.

2012년 대선에서 오바마 홈페이지에는 76개, 롬니 홈페이지에는 40개의 트랙킹(tracking)[323] 프로그램이 설치되었는데 이는 대형 온라인 쇼핑몰보다 훨씬 많은 수준인 것으로 나타났다. 양 캠프에서는 이를 통해 방문자들을 따라다니며 끊임없이 광고를 노출시킨 것이다. 나아가 이를 통해 단지 방문 사이트를 따라다니는 것뿐만 아니라 개인의 관심사를 파악하여 맞춤형 광고를 내보냈다는 것은 개인 맞춤형 광고의 어두운 이면을 보여주는 것이다.[324] 한편, 모바일 앱에서는 유권자의 이름, 연령, 성별, 주소 등의 개인 정보를 제공하여 논란이 되었다.

또한 선거운동 초기인 2012년 6월에는 마이크로소프트(MicroSoft)와 야후(Yahoo)가 선거캠프에 특정 대상을 목표로 하는 온라인 타깃 광고를 할 수 있는 데이터를 팔았다는 사실에 사회적 문제로 제기되기도 하였다. 이들 정보에는 이용자들이 무료 이메일 서비스 등을 신청할 때 제공해야 하는 이름과 우편번호 등 각종 정보가 포함되어 있었는데 이들 업체들은 이용자들에게 자신들의 정보가 정치권에 제공되었다는 사실을 고지하지 않았다는 것이다.

맞춤형 캠페인 메시지를 보낸 정보를 저장하고 있는 유권자 정보회사 아리스토틀과 블루 스테이트 디지털의 데이터베이스에는 수십 년간 수집한 유권자 파일이 2억 건 정도 저장되어 있으며, 정보의 종류도 주소, 전화번호, 사진, 나이, 직업, 가족 구성원, 인종, 결혼 여부, 취미 등 기본 정보는 물론 과거 지지후보, 정치후원금 기부 내역, 인터넷 구매 행동, 보유 차종, 신용카드 사용액, 물품 구매 내역 등이 상세하게 축적되어 있다. 그뿐만 아니라 유권자와 연결된 사람들의 네트워크는 개인당 데이터 종류가 많게는 5백 건에 달하며,[325] 민주당과 공화당 양당의 전국위원회는 2012년 들어서만 합계 1천 3백만 달

---

323) 방문자 정보를 추적하여 끊임없이 광고를 노출시키는 기능을 하는 프로그램

324) The New York Times(2012년 10월 27일 자)

325) peak15.tistory.com(2012년 4월 25일 자)

러(약 144억 원)를 유권자 개인정보 수집 또는 그 관련 비용으로 지출했다. 특히 액시옴(Axiom), 익스퍼리안 힛와이즈(Experian Hitwise), 이퀴팩스(Equifax) 등 사생활 침해 문제로 현재 의회 조사가 진행 중인 정보수집회사들로부터도 정보를 사들였다.[326]

온라인 선거뿐만 아니라 모든 온라인 이슈에서 보안이나 개인정보 보호는 매우 해결하기 힘든 문제이지만 공적 활동인 선거에서는 이러한 문제가 더더욱 중요한 문제일 수밖에 없다. 따라서 향후 미국의 온라인 선거운동이 2012년의 빅데이터 선거운동을 기반으로 더욱 정교해지기 위해서는 (오프라인에서는 전혀 생각하지 못했을) 이 문제를 반드시 해결해나가야 할 것이며, 그 방법은 옵트 인(opt in) 제도를 철저히 적용하는 것이 그나마 현실성 있는 해결방법이 아닐까 한다. 즉, 처음부터 정보를 수신하지 않겠다는 거부 의사를 밝힌 것이 아니므로 당신은 정보를 수신해야 한다는 선택적 동의(옵트 아웃, opt out)가 아니라, 반드시 사전에 정보수신에 대한 동의를 받는 옵트 인 절차를 지킬 필요가 있으며, 나아가 수신한 개인정보를 잘 관리하고 있다는 정보의 투명성을 높일 필요가 있다.[327] 선거운동의 많은 정보들이 디지털화되지 못한 과거에는 이러한 문제가 큰 문제가 아니었겠지만 앞으로 선거운동이 디지털화되면 될수록 디지털화된 유권자의 개인 정보를 어떻게 취급할 것인가는 매우 중요하기도 하고 제도적으로도 큰 문제가 될 수 있으며, 이에 대해서는 과연 무엇이 개인정보인가 라는 문제와 개인정보 소유자의 정보기본권을 어디까지로 규정할 것인가가 쟁점이 될 것이다.

---

326) ≪조선일보≫(2012년 10월 16일자)

327) 오바마와 롬니, 양 캠프에서는 분산된 데이터베이스는 정보가공과 활용에 있어서 비효율적이라는 이유로 각각 보트빌더 GOP 데이터 센터(GOP Data Center)라는 데이터베이스에 유권자 개인정보를 통합적으로 축적하였다.

뉴미디어 선거운동의 현실과 과제

국내 소셜미디어 선거운동의 발전 과정

미국의 온라인 선거운동이 1996년 홈페이지 운동을 기점으로 발전해왔다면, 국내의 온라인 선거운동은 1997년에 시작되어 2000년 시민단체의 낙천낙선운동과 2002년 노사모 등으로 발전하기 시작했다. 그러나 미국과 거의 같은 시기에 시작했음에도 불구하고 국내의 온라인 선거운동은 발전경향 없이 더욱더 지체되어 가고 있다.

[표 5-1] 주요 선거시기의 대표적인 뉴미디어 활용사례와 쟁점

구분		대표 사례	쟁점
도입기	15대 대선(1997년)	PC 통신 정치토론방, 사이버대선후보토론회	- 규제 시작(1996년 선거사범: 18건)
	16대 총선(2000년)	홈페이지, 낙천낙선운동, 이메일	- 홈페이지 내용 규제 - 이메일 선거운동 해석 문제 - 최초의 인터넷 불법 선거운동 단속
	16대 대선(2002년)	온라인 커뮤니티(노사모, 진보/보수), 인터넷 언론, SMS	- 인터넷토론회에 대한 규제 - SMS 규제 쟁점
	17대 총선(2004년)	패러디, 어록, 투표부대	- 인터넷 보도심의위원회 신설 - 사이버선거부정감시단 설치 - 무차별 이메일 전송 금지 - 게시판 실명제 실시 - 인터넷언론 및 포털 규제 - 패러디 규제(네티즌 1,170명 입건, 1996년에 비해 65배)

도입기	17대 대선(2007년)	팬클럽, 블로그, 미니홈피, UCC, 정치광고	− UCC 규제
전개기	지방선거(2010년)	트위터를 통한 투표참여 독려, 트위터 여론조사, 애플리케이션, 투표인증샷 (27,000건)	− 트위터 규제
	재보궐선거(2011년)	SNS, 유튜브, 투표소 속보	− 규제 완화 − 규제 강화
	19대 총선(2012년)	트위터 빅데이터 여론동향, SNS 여론조사, 모바일 선거운동	− 규제완화 − 온라인 선거운동 전면 허용 − 소셜 댓글 실명제 적용 − SNS 여론조사 제한

* 자료: 조희정(2012)을 수정·보완함

제5장에서는 최종적으로 이 책의 사례들을 의미 있게 국내에 적용하기 위해 2000~2012년에 이르는 국내의 온라인 선거운동사의 쟁점을 중심으로 간략히 정리하고, 민주주의 기술로서 발전시킬 수 있는 뉴미디어의 선거운동 원칙을 제시하는 것으로 마무리하고자 한다.

1. 도입기의 정보제공, 참여형 선거운동(1997~2009년)

1) PC 통신 선거운동(1997년)

도입기의 시작인 1997년에는 TV 토론이 이루어지면서 실질적인 미디어 선거가 시작되었다. 후보자별로 PC 통신과 홈페이지를 활용하였고, PC 통신 업체들은 3당 후보를 초청하여 사이버대선후보토론회를 생중계하기도 하였다. 이어서 1998년, 노무현 후보는 서울 종로 보궐선거에 출마하면서, 홈페이지를 개설하고 사이버 보좌관제를 도입하였다. 그러나 당시만 해도 참여가 본격화되었다고 보기 어려웠는데, 중앙선거관리위원회는 후보자의 홈페이지에 정당의 정강정책, 출마예상자의 경력, 게시는 허용하되 공약 게시는 안된다는 지침을 제시하기도 하였다.

2) 낙천낙선운동(2000년)

2000년 제16대 총선에서 427개 시민단체가 참여한 '2000년 총선 부패정치 청산 시민연대(이하 총선연대)'의 낙천낙선운동(ngokorea.org)이 전개되면서 국내 온라인 선거운동이 본격적으로 시작되었다.[328] 시민단체가 검증한 낙선대상 후보자의 이름이 게시된 이 사이트에는 3개월 동안 91만 명이 방문했고 1만 5천 건의 글이 게시되었으며, 선거 당일에는 110만 명 이상이 접속하는 열띤 호응이 나타났다. 그 결과, 총선시민연대에 의해 낙선 대상자로 분류되었던 86명의 후보 가운데 56명이 낙선하여 낙선율 68%를 기록하였다.

당시만 해도 「공직선거법」에서는 공직 선거운동기간동안 전체 유권자들에게 자신의 명함을 돌리는 행위를 금지했기 때문에 비공식적인 선거운동의 일환으로 홈페이지가 활용되었다. 그러나 후보자가 홈페이지를 통해 지역정보를 제공할 경우, 지역의 유명한 음식점의 약도나 전화를 포함시키는 경우에는 일종의 기부 행위를 유발할 수 있

---

328) 총선시민연대는 2000년 1월 12일, 4·13 총선 낙선 대상자의 명단을 홈페이지에 게시하였다. 사실상 이 운동은 세 번째 온라인 시민운동이었는데, 그 이전에도 온전한 특검제 도입과 부패방지법 제정을 위한 100시간 국민행동(1999년 7월 5~9일), 국정감사 모니터 시민연대(1999년 9월 8일) 활동이 있었기 때문이다. 그러나 이 책에서는 대중적인 관심을 높이 이끈 (사실상 세 번째 온라인 시민운동인) 낙천낙선운동을 첫 번째 온라인 선거운동으로 평가한다.

기 때문에 선거법 위반으로 취급되었다. 어쨌든 2000년의 낙천낙선운동은 국내 온라인 선거운동의 효시로 평가되었으며, 이러한 상황은 2001년까지 이어졌다.

그럼에도 불구하고, 2001년까지는 홈페이지가 실질적인 정보제공이나 쌍방향 채널로 활용될 수 있다는 평가는 제시되지 않았다. 이때까지 형식은 쌍방통행이었지만 내용은 일방통행이라는 평가가 대부분이었다. 1999년에 이루어진 조사에서도 많은 국회의원들의 웹사이트는 평균 두 달에 한 번 정도 업데이트되었으며, 일부 의원의 경우 수년간 새로운 정보제공이 단 한 번도 이루어지지 않았기 때문이다. 2000년 16대 총선 당시에는 후보자의 50%만이 홈페이지를 개설할 뿐이었다.[329] 따라서 홈페이지도 충분하지 않던 시절을 온라인 선거운동으로 말하기에는 시기상조인 그런 시기였다. 또한 이때까지도 인터넷보다는 매스미디어의 선거에 대한 영향력이 압도적이었다.

3) 노사모, 인터넷 대통령의 탄생(2002년)

제16대 대선에서 노무현 당선에 대해 영국의 가디언지는 '세계 최초의 인터넷 대통령 로그온하다'라는 기사로 당시의 상황을 표현하였다.[330] 이때부터 본격적인 인터넷 활용 선거운동이 시작되었으며 온라인 커뮤니티를 통한 온라인 선거운동이 활성화되는 전기가 마련되었다. 월드컵과 촛불집회로 대표되는 젊은 세대의 사회적 참여가 이루어졌으며, 노사모의 일평균 페이지뷰는 100만 건 이상에 달했다.

---

329) 이현우(2000: 25~26)

330) The Guardian(2003년 2월 25일자)

홈페이지 게시판은 인터넷 공론장을 형성하였으며, 인터넷 사이트나 정치 웹진(webzine)에서는 진보와 보수의 대결구도도 형성되었다. 정당과 대의민주주의 기구를 배제하고 시민사회와 국가가 직접 소통하는 모습이 등장하였고, 신문과 방송에 이어 제3의 미디어로서 인터넷 언론이 등장하였다.

2000년 2월에 출범한 '오마이뉴스'의 2002년 일평균 뉴스 조회건수는 580만 건, 방문자 수는 150만 명 이상에 달했으며, 그 덕분에 오마이뉴스는 대선 당시 한겨레신문과 SBS를 제치고 영향력 있는 매체 6위로 부상하였다. 게시판이 활성화됨에 따라 사이버논객이 활발하게 활동하였고, 문자메시지를 통한 선거참여 독려운동이 나타나면서 (스마트폰이 아님에도 불구하고) 모바일 선거운동도 최초로 전개되었다. 이어서 2004년 17대 총선에서는 탄핵반대 촛불집회, 각종 후보의 어록, 정치 패러디, 투표부대와 같은 단어가 키워드로 기억되었다.

2007년 17대 대선에는 노사모에 이어 정치인 팬클럽이 활성화되었으며, 포털이 부상하면서 블로그와 미니홈피에서의 선거운동도 증가하였다. 이 시기에는 UCC도 증가하였는데 2007년 말 중앙선관위에 의한 UCC 규제가 이루어지기 전까지 대선에 관련된 UCC도 증가하는 추세였다.

2. 전개기의 소셜미디어 선거운동(2010~2012년 현재)

2007년 UCC 규제 이후 「공직선거법」에서의 온라인 선거운동 규제는 특히 강화되었다. 동법 제93조는 2011년 말 헌법재판소의 한정위헌이 내려지기 전까지 온라인 규제의 가장 큰 걸림돌로 작용하였다.

그러나 이러한 엄격한 제도적 규제를 우회한 창의적인 선거운동방법
으로서 2010년 전국동시지방선거에서는 트위터를 통한 투표참여 독
려활동이 나타났다. 예술가, 배우, 작가, 시인 등이 투표참여 독려 캠
페인을 전개하였고, 2010년부터 국내에서 트위터와 페이스북 등 소셜
미디어가 인터넷의 주력 서비스로 부상하면서 투표 인증샷과 선거감시
운동 등 이미지와 동영상을 활용한 선거운동이 전개되기 시작하였다.

스마트폰 보급과 함께 후보자별 앱도 제공되었으며, 유권자에게
신속하고 다양하게 선거 관련 정보를 제공할 수 있는 매체이자 소통
의 장으로써 소셜미디어가 사회적인 주목을 받게 되었다. 선거 당일
에는 투표독려와 투표 인증샷 놀이, 투표소 소식 등도 공유되었다. 투
표독려는 투표율 추이에 대한 지속적인 모니터링과 함께 이루어졌으
며, 투표 인증샷 놀이의 경우, 유명 트위터리안의 투표독려에 반응하
는 유권자의 투표 모습이 이미지로 게시되었다. 이러한 투표 인증샷
놀이는 정치를 문화적으로 소비하는 새로운 정치 문화의 형태로서,
젊은 세대의 만연한 정치적 무관심을 젊은 세대에 부응하는 방식으
로 돌파할 수 있는 가능성을 보여주었다. 2011년 재보궐 선거에서는
유튜브와 같은 동영상 채널에서 공중파에서는 방송되지 않는 지역 후
보자 간의 토론회 영상을 공유함으로써 10만 회 이상의 조회 수를 기
록하기도 했다.

한편, 1997~2011년까지 15년 동안 많은 규제와 단속이 이루어졌지
만 2011년 말 헌법재판소는 「공직선거법」 제93조에 대해 한정위헌을
판결하였고, 2012년 2월, 동법의 온라인 선거운동 규제 조항은 폐지
되었다. 그러나 여전히 제도적인 한계를 노정하면서 국내의 온라인
선거운동은 2012년 제18대 대선을 맞이하게 되었다.

1) 투표참여 독려, 인증샷, 여론조사(2010년)[331]

선거를 앞두고 2010년 2월 12일 선관위에서 트위터 규제방안을 발표하였으며, 이에 따라 「공직선거법」 제93조에서 규정한 '그밖에 이와 유사한 것'에 트위터와 같은 SNS가 해당되는가에 대한 논쟁이 제기되었다. 이에 앞서 선관위는 2009년 9월에도 10월의 재보궐 선거를 앞두고 '후보자 또는 팬클럽 등에서 트위터를 사용하는 경우 감시, 단속하겠다'는 의사를 밝혔으며, 경찰청 또한 트위터를 이용한 선거운동의 「공직선거법」 위반 여부를 적극 검토하겠다고 밝힌 바 있다.

그러나 트위터를 통한 투표참여 독려운동이 활발하게 나타남으로써 소셜미디어 선거운동의 원년으로 평가되었다. 임옥상(설치미술가), 권해효(배우), 이세돌(바둑기사), 드림팩토리(음반제작사), 이승환(가수), 박범신(작가), 안석환(배우), 안도현(시인) 외에도 디자이너, 의사, 제과점 주인, 아이파크 백화점 등이 투표참여 독려 캠페인을 전개하였으며, 투표 인증샷과 선거운동 감시 등 이미지와 동영상도 적극적으로 활용하였다.

선관위는 이러한 이벤트에 참여한 23명에게 「공직선거법」 제230조(매수 및 이해유도죄) 위반으로 모두 행정처분을 하였는데, 투표참여 독려가 선거운동에 이용할 목적인지, 불특정 다수의 20대가 청년단체나 기타 기관에 해당하는 것인지, 순수한 자신의 예술품 등을 주는 행위가 금전, 물품 등 재산상의 이익 제공을 약속한 것인지에 대한 판단이 우선시되어야 한다는 의견이 제시되었다. 또한 선관위는 2010년

---

331) 한국선거학회(2012: 17)

4월, 트위터리안 도어(@doax)의 경기도지사 출마예상후보에 대한 트윗폴(www.twtpoll.com) 여론조사를 「공직선거법」 제108조(여론조사의 결과공표금지 등) 위반이라고 불구속 입건하였다. 트위터의 속성상 「공직선거법」에서 규정하고 있는 여론조사 발표의 요건(조사지역, 일시, 방법, 표본오차율, 응답률, 질문내용을 함께 공표)을 충족시키기 어렵다는 문제가 제기되었지만, 여론조사 자체는 가능한 것으로 유권 해석되었다.

모바일 애플리케이션을 통한 종합 정보 제공도 등장하였다. 2010년 지방선거에서 제공된 앱은 거의 매스미디어나 기관에서 스마트폰용으로 제작한 앱으로써 단편적인 선거 관련 정보제공에만 주력하였다면, 2011년부터는 스마트폰의 활성화와 함께 2012년 선거를 대비한 '김문수 style'(2010년 5월 제작), '모바일 박근혜'(2011년 2월 제작) 후보자별 애플리케이션 제작이 활성화되었다.

2) 소셜미디어 선거운동(2011년)

선관위는 이전 선거에서의 입장과 달리 "트위터나 휴대전화문자를 통해 투표를 독려해도 무방하다"는 입장을 밝혔으며, 이에 따라 트위터와 페이스북의 선거 관련 글이 늘어나고, 그동안 적극적으로 활용되지 않았던 유튜브의 동영상이 많이 늘어나는 등 이전보다 훨씬 활발해졌다.

후보자들은 소셜미디어를 통해 기존 신문과 방송에 보도되지 않는 주장을 전달하는 등 새로운 대안 미디어로서 소셜미디어 기능을 최대한 활용하기 시작하였는데, 최문순 후보는 게시판을 통한 유권자

[표 5-2] 후보자의 소셜미디어 활용 유형

행태	내용
정보제공	• 공중파에서 방영되지 않은 TV 토론이나 유세현장을 후보자 홈페이지, 스마트폰, 유튜브에 동영싱으로 생중계 • 후보 다큐멘터리와 무한도전식 선거운동 모습 게시 • LBS를 활용한 후보자의 위치와 사진 정보 제공
의견수렴	• 게시판을 통한 유권자의 정책제안 수렴 • 로고송 공모 • TV 토론 질문 수렴 • 궁금증 대답
투표독려	• 선관위, 인증샷 이벤트 '투표소 앞 포토타임' 실시

정책제안 수렴, 로고송 공모, TV 토론 질문 수렴, 유권자의 궁금증에 대한 답변을 통해 소통성이 높은 선거운동을 실시하였고, 강재섭 후보[332] 와 손학규 후보는 스마트폰 애플리케이션을 통한 유세현장 생중계 등을 함으로써 후보자와 유권자 간의 쌍방향 소통성을 높이는 효과 적인 장치로 활용하였다.

유권자에게 있어 SNS는 신속하고 다양하게 선거 관련 정보를 얻을 수 있는 장이자, 후보자와의 직접 소통을 가능하게 하는 통로로 작동 했는데, 투표일 전까지 선거운동과정에서 시민들은 새로운 정보를 공 유하거나 문제가 발생할 경우에는 의제 확산 장치로 SNS를 활용한 것이다. 특히 생생한 선거운동 현장 소식을 끊임없이 확산시킬 수 있 다는 점에서 트위터와 같은 마이크로블로그는 매우 유용하게 활용되 었으며, 선거 당일에는 투표독려와 투표 인증샷 놀이, 투표소 소식 등 이 공유되었다. 투표독려는 투표율 추이에 대한 지속적인 모니터링과 함께 이어졌으며, 투표 인증샷 놀이의 경우 유명 트위터리안[333]의 투

---

332) 국내 위치기반서비스(Location Based Service)인 '아임인'을 활용하여 후보자의 위치와 사진을 실시간 으로 게시함.

표독려에 반응하는 유권자의 투표 모습이 이미지로 게시되었다. 투표 인증샷 놀이는 정치를 문화적으로 소비하는 새로운 정치 문화의 형태로서, 젊은 세대에 만연한 정치적 무관심을 젊은 세대에 부응하는 방식으로 돌파할 수 있는 가능성을 보여주었다.

유튜브와 같은 동영상 소셜미디어에는 공중파에서 방송되지 않는 지역 후보자 간 토론회 등을 올렸는데, 최문순 후보와 엄기영 후보의 강원도 TV 토론회 동영상은 10만 회 이상의 조회 수를 기록하며 많은 주목을 받기도 하였다.

[표 5-3] 유권자의 소셜미디어 활용 유형

행태	내용
정보제공	• 부정선거운동에 대한 고발(topsy.com/qr.net/889, 불법 선거운동에 대한 RT 참여)과 위반자 지명수배 • 기업의 투표를 위한 유급휴가 트윗 전파
투표독려	• 부재자 투표용지 인증샷 게시 • 부재자 투표독려 트윗 게시: 투표 참여 독려와 부재자 투표 방법 알림 • 파워트위터리안의 투표독려 • 출퇴근 투표독려 캠페인
투표 인증샷	• 손바닥에 투표도장을 찍어서 사진을 올리는 등 투표행위를 증명하는 사진을 게시

2010년 6·2 지방선거, 2011년 4·27 재보선에 이어, 10·26 재보선 과정에서도 후보자와 정당의 소셜미디어 활용은 크게 증가하였으며 그만큼 중요도가 높아졌다.[334] 후보자들은 소셜미디어 특보, 뉴미디어본부, 뉴미디어팀 등을 보강하고, 이에 주력하면서 후보자 홍보,

---

333) 이외수, 김여진, 박경철, 김제동, 선대인 등

334) 소셜미디어에서의 정보의 양뿐만 아니라 소셜미디어 공간에서 나타나는 정보, 여론, 후보자의 트윗 등에 대한 보도자료의 규모 또한 지난 두 선거에 비해 비약적으로 늘어났다.

후보자 일정 공개, 잘못된 정보의 신속한 정정, 트위터를 통한 정책 아이디어 모집, 온라인을 통한 선거자금 마련, 동영상 정보 제공 등 선거 캠페인 과정에 적극 활용하였다.

소셜미디어 정치참여는 텍스트, 이미지, 동영상 등 다양한 콘텐츠 형태로 이루어지고, 단순한 정보제공에 그치는 것이 아니라 쌍방향 소통이 가능한 방향으로 진행되어야 한다. 그러나 10·26 재보선에서는 위치정보나 풍부한 멀티 콘텐츠를 종합적으로 활용하여 영향력을 확대하고, 유권자와의 소통을 다양화시키려는 노력은 부족한 것으로 나타났다. 또한 후보자들은 여전히 올드미디어 시대의 공급자 중심 마인드에서 벗어나지 못하여, 유권자와 진정으로 소통하고 선거에 대한 유권자들의 관심을 높일 수 있는 콘텐츠를 개발하는 데는 소홀한 것으로 나타났다. 특히 후보자들의 트위터 활용사례를 볼 때, 트윗 수, 팔로어 수, 리트윗 수의 증가 등 양적인 차원의 확대에 치중하고 있음도 드러났다. 그러나 단순히 양적인 의미에서의 트윗 수 증가, 팔로어 수 확대, '좋아요' 수의 증가가 아니라 질적인 의미에서의 좋은 트윗, 의미 있는 팔로어, 적극적인 '좋아요'를 확보하지 못했다는 것이 중요하다. '좋은' 반응과 관계를 위해서는 '좋은' 공급도 중요하며, 상호소통이 필수적이라는 의미를 놓치고 있는 것이다.

공급자 중심 관점에서 벗어나지 못한 채 소셜미디어를 다양하게 활용하지 못하는 후보자에 비해, 유권자는 보다 다양하고 역동적으로 소셜미디어를 활용했다. 선거과정에서 후보자를 둘러싸고 제기되는 다양한 이슈들에 적극적으로 반응하는 소셜미디어 이용자들의 태도와 그 과정에서 생산되는 콘텐츠들은 선거기간 내내 여론의 주목을 받았다. 그러나 선거과정을 다양한 사회적 이슈에 대한 정치적 논의의 장으로, 그리고 후보자에 대한 정보를 얻는 장으로 활용하고자 하는 이용자들의 열망은 「공직선거법」의 규제로 인해 선거기간 내내 충돌해왔다. 즉 사전선거운동의 범위, 의견개진의 범위를 둘러싼 선관위 및 검찰의 해석과 시민의 의견은 평행선을 달리고 있었다. 한편, 검찰, 선관위, 방심위가 별도의 심의팀을 신설해 소셜미디어를 규제하겠다고 발표한 이후 트윗 수는 50% 정도 감소하였다.[335]

3) 모바일의 활성화와 팟 캐스트의 약진(2012년)[336]

제19대 총선에서는 과거에 비해 모바일 앱의 수가 크게 늘어났다. 그러나 후보자 앱의 경우 통상적으로 알 수 있는 후보자 개인에 대한 정보와 공약 소개에 치중하는 경우가 많아서 여전히 공급자 중심의 관점에 제한되어 있는 것으로 나타났다. 홍준표, 김부겸 후보의 경우 재미있는 게임을 통해 후보자에 대한 관심을 유도하도록 노력한 반면, 대부분의 후보는 앱 제작사에서 일방적으로 제공하는 정보만 그대로 따르는 수동적인 활용에 머물러 있었다. 이동 중에 흥미로 접속한다는 모바일의 사용 행태를 고려한다면, 게임뿐만 아니라, 단시간에 유권자의 눈을 사로잡아 정치적 흥미를 유발할 수 있는 킬러 콘텐츠(killer contents)가 있어야 하는데, 19대 총선에서 나타나는 후보자의 모바일 앱은 그런 상상력과 적극성이 대단히 부족했다. 아울러, 19대 총선기간 동안에는 그 어느 때보다 많은 수의 모바일 앱이 등장했다. 47개의 정당과 후보자의 모바일 앱과 일반적인 선거 관련 앱을 합쳐

---

335) ≪아이뉴스24≫(2011년 10월 24일자)
336) 강원택·윤성이·조희정·이상신(2012: 115~117)

총 73개의 모바일 앱이 서비스되었다.

2012년 4월 말 현재 국내 소비 팟캐스트(podcast) 3,700개 가운데 국내 생산 팟캐스트는 1,900개로서 1년 전보나 10배 이상 증가하였으며 분야별로는 종교(222개), 교육(167개), 시사(140개), 문화(105개) 순으로 나타나고 있다[337]. 2009년 11월, 국내에서 팟캐스트가 처음 제작된 이후 2012년 3월에는 국내 팟캐스트 청취자가 1천만 명을 넘어가면서 새로운 정치 미디어로서 주목받게 되었다.

팟캐스트는 '나꼼수'의 폭발적인 파급력,[338] 국내 보급량 2천5백만 대가 넘는 스마트폰 사용 규모, 주류 미디어에 대한 불신, 팟캐스트의 재미, 소셜미디어라는 문화적인 배경 때문에 단시간에 대중적으로 크게 확산된 미디어라고 평가할 수 있다. 즉, 시공간의 제약 없이 가장 간편하게 소비할 수 있는 오디오 콘텐츠이며, (미디어법 규제를 받지 않기 때문에) 자유롭게 만들 수 있으며, 대체로 재미있고 가볍고 풍자와 유머는 기본이라는 특징 때문에 인기를 끌게 되었다.[339]

자유롭게 생산할 수 있는 팟캐스트는 정치정보 생산력도 높은 것으로 나타났는데, 특히 주요 이슈의 특종효과가 매우 높은 것으로 나타났다. 일례로 나경원 후보의 1억 원 피부과 의혹('나꼼수')이나 총리실의 불법 사찰('이슈 털어주는 남자')처럼 주요 정치 이슈는 모두 팟캐스트에서 제기되었다.

---

337) 팟빵(www.podbbang.com) 자료

338) 2012년 2월 조사기관 리얼미터가 공개한 내용을 보면 나꼼수 인지도는 **56.4%**로서, 이 수치를 기본으로 하면 나꼼수 청취자를 1천만 명 이상으로 추정할 수 있다. 2011년 4월 28일, 제1회부터의 주요 내용과 현재까지의 활동사항에 대해서는 **http://bit.ly/LNvKkG** 참조.

339) ≪블로터닷넷≫(2012년 5월 4일자)

[표 5-4] 19대 총선 기간 동안 '나는 꼼수다'의 주요 내용

구분	업로드 날짜	주제	세부내용
봉주 9	3월 26일	쌍두노출 프로젝트 그리고 폭탄 하나	• 김총수 가짜 트위터 폭파(딴지일보에서 공식(?)적인 가짜 트위터 운영) • 손수조 새누리당 후보 선거법 위반 논란 • 선관위 디도스 공격사건 관련자 증언 • 김용민 출마와 그에 따른 에피소드들
봉주 10	4월 2일	천안함과 가카데이	• 천안함 사건. 천안함의 잔해흔적의 특징은 좌초에 가까움. 1차 좌초위기를 벗어났지만 2차 수평충돌의 흔적이 나타남(함선충돌의 가능성). 함선 등의 기타 구조물과 2차 충돌의 합리적 의심으로는 故 한준호 준위와 UDT 대원들이 함수와 함미가 있던 곳이 아닌 제3의 부표장소에서 비밀작업, 이곳에서 의문의 거대 구조물 발견. 사고 2개월 후, 이스라엘 대통령이 직접 방문. 방문형식도 정하지 않고 한 이례적인 방문
봉주 11	4월 9일	김용민 vs. 이명박	• 김용민의 미군비판 발언. 발언 이후 심경 • 민간인 사찰. 관봉 돈다발의 실체. 검찰의 사찰 부인. 김용민의 미군비판 발언
호외 5	4월 11일	투표 독려	• 오피니언 리더와 시민들의 투표율 달성 시 공약

* 자료: http://bit.ly/LNvKkG

팟캐스트에 대해서는 자유로운 표현, 제한적인 미디어 현실에 대한 자연스러운 반응이라는 긍정적인 평가가 가능한 반면, 그에 따른 사회적 비용 혹은 사회적 영향에 대한 문제를 제기할 수도 있다.[340] 일례로 한 여론조사 결과에서는 나꼼수에 대해 '기성언론이 알려주지 않는 정보를 제공해줌으로써 소통에 기여하고 있다'는 긍정 응답이 41.9%, '특정 정치세력에 편향돼 사실을 왜곡하면서 소통을 해치고 있다'는 부정 답변은 20.7%로 조사됐다. 반면 국내의 언론 전반에 대해 어떻게 평가하는가에 대해서는 '신뢰할 만한 언론이 많다'는

---

340) ≪KBS 미디어 비평≫(2012년 4월 27일 자)

11.9%, '신뢰할 만한 언론이 일부 있다'는 응답이 60%, '신뢰할 만한 언론이 거의 없다'는 대답은 22%였다.[341]

4) 소셜데이터 분석(2012년)[342]

19대 총선에서는 트위터의 데이터를 분석한 서비스[343]들이 등장하여 새로운 여론의 참여공간을 제시하였다. 주요 방송사, 언론사, 포털은 트위터에 나타난 정당과 후보자의 활동과 그에 대한 유권자들의 호응을 계량화하고 분석하여 정보를 제공하였으며, 이와 같은 데이터는 과거의 여론조사에 상응하는 효과까지 기대할 수 있게 하였다. 과거의 여론조사가 공급자가 유권자에게 일방적으로 질문을 제시하여 데이터를 수렴하는 것이라면, 트위터 데이터 분석은 기존의 매스미디어가 트위터 공간의 자발적인 여론을 따라다니며 분석하는 것이라는 점에서 유권자의 관여도가 상대적으로 많이 반영된 여론 수렴 방법이라고 평가할 수 있다.

더구나 대부분이 사용하고 있는 휴대폰 여론조사가 아닌 집 전화 중심의 여론조사에 한정된 기존 여론조사 결과에 대한 신뢰가 저하되는 상황에서 트위터의 여론을 신속하게 파악할 수 있다는 것은 장점이다. 시기별로 누가 그리고 어떤 의제가 많이 언급되고 있으며, 트위터에서의 점유율이 오프라인의 언론과 큰 차이가 있으며, 한편으로 오프라인보다 의제가 빨리 등장한다는 점에서 트위터 여론의 영향력

---

341) 대통령소속사회통합위원회, 한겨레사회정책연구소의 여론조사(2011년 11월 21일)

342) 강원택·윤성이·조희정·이상신(2012: 87~88)

343) 주요 소셜 분석 서비스 업체 외에 선도소프트 지오 비전, 소셜 와칭(www.socialwatching.co.kr, 디지털 다임), 씨날(www.seenal.com/election2012, 그루터), 위폴(www.wepoll.or.kr) 등도 서비스되었다.

은 당분간 지속될 것이다.

그러나 한편으로 언론, 방송, 포털의 트위터 데이터 분석은 페이스북, 블로그 등의 타임라인도 포함하여 게시하고 있는 경향신문 서비스 외에는 대부분 트위터만 분석하고 있기 때문에 과대대표의 문제를 야기할 수 있다. 즉, SNS 분석 혹은 소셜 분석이란 모든 소셜미디어로서, 적어도 블로그, 페이스북에서의 데이터 분석도 함께 이루어져야 하지만 총선에서의 SNS 분석은 사실상 트위터 분석에 치중하였다. 또한 다른 제목으로 빅데이터 분석이라는 표현도 사실상 적합한 제목으로 평가하기 어려운데, 빅데이터는 단지 트위터 데이터만을 의미하는 것이 아니라 모든 웹상에서 수집할 수 있는 거대 규모의 데이터를 의미하기 때문에 좀 더 광의에 해당한다고 볼 수 있기 때문이다. 따라서 트위터 여론이라고 표현하지 않는다면, 굳이 SNS 분석, 소셜 분석, 빅데이터 분석이라고 표현하는 것은 문제가 있으며, 여론조사에서 응답 표본의 샘플과 오차율을 표시하는 것에 준하는 트위터 분석의 방법, 규모, 정확도의 한계를 명확히 표기하여 분석결과에 대한 신뢰를 확보할 필요가 있다.

뉴미디어
선거운동의 원칙

1. 10가지 선거운동전략

　루스벨트 대통령의 라디오 노변정담, 케네디의 TV 토론, 오바마의 소셜미디어 활용 등은 미디어를 통한 정치과정의 변화를 대표한다. 그뿐만 아니라 프랑스 대선(2008년, 2012년), 미국 대선(2008년, 2012년), 영국 총선(2010년), 러시아 대선(2012년), 핀란드 대선(2012년)에서도 뉴미디어의 영향력은 지속적으로 확대되고 있다. 그러나 단지 뉴미디어 활용만 선거 승리의 모든 조건이 될 수 있는 것은 아니다. 훌륭한 리더십, 우수한 스태프, 차별화된 콘텐츠, 공정성과 비전을 겸비한 전략은 온라인과 오프라인 선거에서 모두 중요한 요인이기 때문이다.

　이제까지 분석한 미국의 온라인 선거운동을 보았을 때 기술을 정치에 활용한 전략은 10가지로 정리할 수 있다(10가지 전략의 간단한 정리는 [표 5-5] 참조). 미국이나 한국 그리고 세계 각국에서 이 중의 하나 혹은 몇 가지가 구현되기는 하였지만 결과적으로 이 10가지 전략이 모두 바람직하게 구현된다면 뉴미디어를 통한 민주주의가 발전하였다고 평가할 수 있다.

IT 환경은 유선에서 시작하여 유선과 무선의 결합으로 그리고 무선의 영향력이 더 커지는 방향으로 변화하고 있다. 이제는 유선이든 무선이든 기기에 관계없이 모든 것이 인터넷에 연결될 수 있기 때문에 기기·콘텐츠·네트워크의 융합이 자연스러운 환경이 되었다. 그 과정에서 단절보다는 연결성, 수직적이기보다는 수평적 조직으로, 일방향보다는 쌍방향으로 진화하며, 획일적이기보다는 다양성을 더 가치 있게 평가하고, 그 때문에 매크로하기보다는 마이크로한 것들이 주목을 받게 진화하고 있다. 또한 그 과정에서 사용자나 기술은 반응적이기보다는 주도적인 태도를 취하는 것이 더 적절한 생존의 기술이다. 한편, ICT가 정책에 활용될 경우 대체적인 변화의 방향은 정보제공에서 대화, 정책 제안 그리고 네트워킹으로 진화한다. 정부나 정당으로부터 일방적으로 정보제공을 받는 것이 1단계의 모습이라면 서로가 대화하고 자발적으로 정책을 제안하고 모두가 연결되는 것은 그다음 단계의 모습이라고 할 수 있다.

[표 5-5] 온라인 선거운동의 10가지 전략

전략		서비스	핵심 주체
단절 → 연결 수직 → 수평 일방향 → 쌍방향 획일 → 다양 Macro → Micro Reactive → Proactive		유선 → 유선+무선→ +α 융합	후보자+유권자
정보제공 → 대화 → 정책제안 → 네트워킹	정보제공/ 개인 맞춤형 정보 제공 (마이크로 타기팅 / 핀포인트 타기팅 / 퍼스널 커뮤니케이션)	홈페이지, 블로그, 미니홈피, 유튜브, 페이스북, 트위터, 텀블러, 핀터레스트, 스푸티파이, 인스타그램, 인포그라픽스	후보자
		이메일, 빅데이터 분석	후보자

정보제공 → 대화 → 정책제안 → 네트워킹	대화 / 토론 (마이크로 리스닝)	유튜브, 페이스북 페이지, 트위터, 레딧, 구글플러스	후보자+유권자
	정책 생산, 유통, 평가	홈페이지 게시판, 페이스북 페이지, 트위터, 구글플러스, 모바일 앱, 정책검증 서비스	후보자, 유권자
	후보자 감시/고발 사실 검증	UCC 홈페이지, 유튜브, 인포그라픽스	후보자, 유권자
	상대 후보 공격	홈페이지, 유튜브, 인포그라픽스	후보자
	지지자 조직 활성화	모든 채널 및 커뮤니티 연결, 온·오프라인 활동 연계	후보자
	정치자금 모금	홈페이지, 모바일 앱	후보자
	투표 인증샷 투표독려	트위터, 페이스북	후보자, 유권자
	정치 패러디	플릭커, 유튜브, 페이스북, 트위터	후보자, 유권자
	온라인 정치 게임	웹, 앱	유권자

이러한 환경 속에 10가지 뉴미디어 선거전략이 존재한다. 과거의 선거는 일방적으로 정보를 받고 그것이 사실인지 아닌지도 모른 채 그저 기다리고 있다가 선거일에 투표를 하면 되는 방식으로 진행되었다면 뉴미디어를 활용해서는 그것보다 훨씬 구체적이고 적극적인 활동이 나타날 수 있다. 향후, 서비스의 발전에 따라 서비스의 종류는 훨씬 다양화될 수 있지만 10가지 전략을 중심으로 한 방향으로 온라인 선거운동이 발전할 것이다.

1) 정보제공/ 맞춤형 정보제공

정보제공은 어디에서든 이루어질 수 있다. 홈페이지, 블로그, 유튜브, 미니홈피, 페이스북, 트위터, 핀터레스트 등 모든 온라인 서비스에서 정보를 볼 수 있다. 이때 중요한 것은 단지 정보를 제공하는 것에서 그치는 것이 아니라 어떤 정보를 어떻게, 왜 전달하는가 하는 전략이다. 누구나 알 수 있는 그런 정보는 아무 의미가 없다. 최대한 정보를 가공하여 선택과 집중이 이루어진 정보가 진짜 정보라고 할 수 있다. 또한 그 형식에 있어서도 그저 장황한 글(text)로 전달할 것인가 적절한 이미지를 넣어서 전달할 것인가, 동영상으로 가공하여 전달할 것인가, 글과 사진을 넣어서 전달할 것인가 혹은 그 모든 것을 생략하고 슬로건만 간결하게 전달할 것인가를 선택해야 한다. 그 방법은 이메일이어도 좋고 문자메시지라도 좋다. 굳이 신기술이나 선진적인 뉴미디어에 집착할 필요는 없다는 것이다. 그러나 가장 중요한 가치는 누구의 알권리든 충족시켜야 한다는 대원칙하에 정보제공이 이루어져야 한다는 것이다.

매스미디어의 일방적인 정보제공의 시대에는 자신의 취향이나 필요와는 무관하게 정보를 제공받는 것에서 모든 절차가 끝났다. 게시판도 없던 시절이니 자신의 요구를 관철시키기도 어려웠다. 그러나 뉴미디어 시대에는 무엇보다 개인이라는 주체가 변화하였다. 자본가와 노동자만 있는 물질적 조건이 지배적이지도 않거니와 물질적 조건에 지배받는다고 하여도 다양한 세대의 다양한 취향이 존재한다. 진보와 보수 사이에 수많은 스펙트럼이 존재할 수 있다. 이제는 양극화의 시대가 아니기 때문이다. 덜 강한 보수는 더 조직 지향적일 수도 있고, 더 강한 진보가 더 개인적일 수도 있다. 문화적 코드가 맞는다면 그 후보에게 더 호감을 느낄 수도 있다. ICT를 잘하는 사람, 스포츠를 잘하는 사람, 영화와 드라마를 즐기는 사람, 봉사활동을 잘하는 사람 등등 사람들의 관심과 신뢰의 코드는 무한대로 다양해지고 있다. 취향과 문화의 다양함만큼 현실적인 필요도 다양하게 나타났다. 소품종 대량생산의 시대에서 다품종 소량생산의 시대라는 시대적 변화의 화두처럼 유권자의 모습도 복잡다기하게 나타나고 있다.

따라서 이제는 그저 일방적인 정보가 아니라 다양해진 유권자를 타깃으로 하여 맞춤형 정보를 제공하는 것이 중요하다. 일반적이고 획일적인 정보로는 개인을 움직이기 힘든 시대가 되었다.

2) 대화와 토론

대화는 후보자와 유권자와의 거리를 직접적으로 줄일 수 있는 수단일 뿐만 아니라 활동적인 커넥터를 만들 수 있는 기회이다. 직접적으로 유권자의 효능감을 증폭시킬 수 있는 온라인 대화는 단순한 정보제공보다 훨씬 효용이 높다. 국내에서는 별로 경험해볼 수 없는 전략이긴 하지만 향후 기술발전에 의해 대화의 채널이 확대될 경우, 충분한 사전 대화 없이 정책을 공표하거나 선거전략을 수립하는 것은 균열이 갈등으로 발생한 후 사후 수습비용을 높이는 어리석은 전략이 될 것이라고 평가할 수 있다.

2012년 미국 대선의 선거운동에서 나타나는 특징은 매우 많지만 그 가운데 가장 아름다운 슬로건은 '내게 당신의 이야기를 해주세요(Tell me your story)'이다. 역사적으로 수많은 후보자들이 TV와 라디오 그리고 신문을 통해 다수에게 자신의 이야기를 하였고, 그 가운데 다수에게 설득력 있는 이야기를 한 후보자가 당선될 수 있었던 것이 과거의 매스미디어 선거운동 전략이었다면, 2012년에 새롭게 등장한 전략은 (이제는 역으로) 유권자의 이야기를 길고 충분하게, 꾸준히, 그리고 많이 듣는 것이다. 단순히 유권자에게 자기를 알리고 일방적으로 이야기를 하는 것이 과거의 방식이라면 이제는 말 걸기를 통해 대화의 물꼬를 트고, 대화의 양과 질이 우수한 후보가 더 유리해지는 상황이 된 것이다.

이러한 대화는 대화에만 그치는 것이 아니다. 유권자가 제시한 많은 이야기는 지역·연령·교육·소득 수준에 따른 유권자 성향 분석의 정보로 활용되어 더욱 정확한 유권자 정보를 축적하는 데이터 선거를 가능하게 하고, 유권자의 필요 하나하나에 맞춘 마이크로 타기팅(Micro Targeting)을 통해 유권자에게 다가갈 수 있는 근거가 된다. 나아가, 유권자 개개인이 필요하다고 제시하는 의견들이 사회적 가치로 전환될 수 있도록 더 나은 정책 자료로도 활용되는 것이다.

3) 정책생산·유통·평가

선거의 가치는 일방적인 홍보에 있는 것만이 아니라 정치적 비전과 공공성을 제시하는 것이 중요하다. 상업적인 홍보가 제품판매를 목적으로 하는 것이라면, 선거홍보에서는 정치적 인물을 유권자에게 판매하는 것이다. 그러나 후보자의 뛰어남이 이미지나 연설 등에 의해서만 평가되기보다는 업적과 정책 등 공공성을 담보해야 한다는 것이 일반적인 상품 판매와 다른 점이다. 과거 TV나 신문에서의 인물 홍보나 정책 홍보는 유권자를 수동적인 존재에 머물게 했다. 그러나 시공간의 제약이 없는 온라인 공간에서는 후보자와 유권자 모두 공히 정책 생산이 가능하고, 동시에 정책의 유통과 평가자 사이에 정책의 재생산으로 업데이트될 수 있는 기회가 모두 마련되어 있다. 이러한 구조가 형성하는 소셜매니페스토를 선거캠페인에서 활성화할 수 있다면 선거 캠페인의 정치적 기여가 더욱 의미 있을 것이다.

4) 사실 검증

사실 검증은 네거티브 캠페인과 상대 후보에 대한 상시적인 공격이 일상화되어 있는 현대의 캠페인에서 더욱 중요한 요소로 자리매김되었다. 비단 2008년 대선에서 오바마가 이슬람이나 사회주의자로서 공격받은 사례뿐만 아니라 후보자를 후보 그 자체로 인지할 수 있는 기회를 부여하기 위해 사실 검증은 필수적으로 수행해야 하는 캠페인 전략이 되었다. 또한 루머 등이 빠르게 확산되는 온라인 공간의 특성상 진실규명의 필요성은 더욱 높아지고 있다. 다만, 그 방법이 어느 한 개인에 의한 해명에 머물러서는 의미가 없다. 후보자 자신에 대한 루머를 후보자의 지지자들이 서로 집단지성에 의한 진실검증을 하면 더욱 효과적으로 네트워크 효과를 거둘 수 있는 것이다.

5) 후보자 감시와 고발/상대후보 공격

미국에서는 2004년부터 UCC에 의한 후보자 감시가 상시화되어 있다. 손쉽게 접할 수 있는 뉴미디어 기술이 웹에 연결되어 있으며, 모바일 사용도도 급속도로 늘어나고 있기 때문에 유권자의 후보자에 대한 역감시는 더욱 늘어날 것이다. 또한 후보자에 대한 감시와 고발과 더불어 과거에는 네거티브 공격이라고 부정적으로만 평가되던 상대 후보에 대한 공격은 단순히 루머나 악의적인 인신공격의 수준을 벗어나 데이터에 기반을 둔 공격이 되었을 때 유권자의 호응을 얻을 수 있다.

6) 지지자 조직 활성화

지지자 조직의 활성화는 손쉽게 집단을 형성할 수 있는 온라인의 특성상 매우 중요한 네트워크 선거운동전략이다. 그러나 2008년 오바마의 선거운동에 나타났듯이 지지자를 일방적으로 조직하는 것보다는 유권자 스스로 지지의 외연을 확대시킬 수 있는 교량자본의 형성이 매우 중요하다. 네트워크는 속성상 허브와 네트워크를 키울 수 있는 커넥터의 활동이 핵심적인데, 선거운동 네트워크에서의 커넥터는 단순 지지자가 아니라 상이한 여러 종류의 커뮤니티를 오가는 활동적인 매개자로서 기능할 수 있다. 그러나 똑똑한 군중, 혹은 집단지성을 겸비한 네트워크 시대의 유권자들은 그저 종교적인 의미의 팬덤과 같은 지지를 보내지는 않는다.

따라서 마이크로 타기팅에 의해 지지 가능성을 지닌 커뮤니티를 발견했다면 지속적인 상호작용에 의해 그들이 기꺼이 커넥터가 될 수 있는 방향으로 지지를 독려해야지 일방적으로 지지를 '요구'해서는 안 된다는 것이다. 이와 같은 독려활동을 통해 네트워크를 확장하는 것은 후보자의 소셜미디어 공간 자체를 늘리는 것이며, 유권자의 정치적 참여 기회를 확장하는 것이라고 평가할 수 있다.

7) 정치자금 모금

온라인이 보여준 가장 경이로운 정치적 효과 중의 하나는 소액 다수의 모금, 즉 롱테일의 위력을 보여준다는 것이다. 과거에는 거액 기부자의 위력에 집중했었다면, 어차피 표는 평등한 상황에서 소액 다수의 기부가 위력을 발하게 된 것이다. 2008년 미국 대선부터 나타난 이 효과는 2012년에는 단지 소액 다수에 머무는 것뿐만 아니라 스마트폰이라는 기술을 바탕으로 너욱 신속하고 편리한 모금방법을 제공해야 한다는 과제로 이어지게 되었다. 단지 홈페이지에 계좌번호를 게시하는 것만으로 수동적으로 기부를 기다리는 것은 의미가 없다. 왜 내야 하는가 라는 기부의 당위성을 제시하고, 데이터나 융합콘텐츠를 통해 명료히 알려주며, 가장 손쉽게 기부할 수 있는 방법을 제시하는 것이 중요해지고 있는 것이다.

8) 투표독려/투표 인증샷

국내에서는 지난 2년여의 선거 경험을 통해 이미 일반화된 투표 인증샷에 의한 투표독려는 소셜미디어로 인해 득표율이 올라간다기보다는 투표율이 올라가는 측면에 주목한 전략이다. 양적인 부분에서 소셜미디어를 활용한 정치변화의 원동력을 인정한 이와 같은 전략은 2012년 미국 대선에서도 본격적으로 나타나기 시작하였다.

9) 정치 패러디

정치 패러디의 발전은 유튜브의 발전과 궤를 같이 한다. 즉, 동영상 서비스의 발전으로 인해 많은 정치 패러디들이 UCC의 형태로 확산되었다. 미국의 정치 패러디는 특정 정당을 공격하기보다는 민주당과 공화당 양당을 골고루 비판하는 콘텐츠가 많은 인기를 끌어 '기회 균등한 공격(equal opportunity offender)' 현상이 나타났다. 뉴욕주립대

학의 스티브 쉬나이더 교수는 이에 대해 "인터넷은 정치 유머를 진정으로 민주화시켰다"는 평가를 내렸다. 국내에서도 정치 패러디 열풍이 있던 2004년에는 매우 다양한 많은 패러디물이 인터넷 공간에 게시되었으며, 2007년 대선 직전에는 UCC 활성화도 이루어졌었다. 그러나 패러디 내용 규제, 패러디 제작자에 대한 벌금형 및 패러디 사이트 운영자 구속이라는 엄격한 규제로 인해 이후 크게 활성화되지 못했으며, 오히려 규제를 피해 외국 사이트에만 동영상을 올리는 도피현상만 확대되어 나타날 뿐이었다.

줄리아의 인생, 빈 의자, 빅버드 패러디와 같은 정치 패러디물은 특정 정책, 발언에 대한 유권자들의 관심을 나타낸다. 패러디가 많이 이루어진다는 것 자체가 정치적 관심의 척도가 되며, 정치적 관심을 높일 수 있다는 의미이다. 정치 패러디는 또한 상대에 대한 이미지나 메시지 공격용으로 매우 효과적으로 활용되었다. 제목이나 내용이 주는 상징적인 냉소는 시청하는 동안 유권자로 하여금 상대에 대한 평가에 영향을 미치는 요인으로 작용하였다.

한편, 인터넷과 소셜미디어의 발달로 인해 유권자들의 정치 패러디 제작의 기회가 다양해졌다. 그러나 케이블 TV와 주류 언론의 코미디쇼에서 인터넷으로 패러디 유통 채널이 바뀐 것은 아니고, 서로 상호작용하며 발전하는 양상을 보였는데, 주류 시사 코미디쇼는 인터넷에 다양한 채널을 확보하며 파급력이 보다 강해졌고, 인터넷 제작물은 주류 언론사의 뉴스에 보도되면서 더 큰 바이럴의 힘을 얻게 되는 경향이 나타났다.

10) 온라인 정치 게임

　미국의 정치 게임은 우선, 형태적으로는 초기의 플래시 애니메이션과 시뮬레이션 형태로부터 RPG 방식으로 진화하였으며, 웹에서 모바일 게임까지 진화하였다. 그러나 단순한 플래시 게임이라고 해서 RPG보다 더 수준이 떨어진다고 평가하기는 어렵다. 오히려 그 안에 표현되는 게임의 방식을 이해하는 것이 중요한데, 초기의 시뮬레이션 게임으로서 선거운동을 실제로 경험하고, 전화응대, 우편물 개봉, 방문객 접견, 커피 마시기 등의 다양한 활동을 직접 체험하도록 하는 내용은 이용자의 정치교육 효과까지 기대할 수 있는 측면이 있다. 선거운동 방식 등을 게임으로 진행하면 자연스럽게 선거운동방식에 대한 습득 및 정치적 참여 효능감도 느낄 수 있으며, 유권자 등록을 한 사용자에게만 게임을 할 수 있도록 하는 독려 방식도 매우 특징적인 방식이다. 특히, 플레이어가 기업과 정부로 대별되어 재정적자나 환경정책 등에 대한 정책이해까지 유도한다고 보면, 매니페스토의 효과적인 전달과 학습 방법으로 게임이 매우 유용하게 활용될 수 있다고 기대할 수 있다.

　일종의 게임 시스템이라 할 수 있는 2008년의 마이보 액티비티 트랙커의 경우는 유권자가 관여할 때마다 점수를 부여하는 방식으로서 참여를 유도하였다. 이와 같은 방법은 특히 젊은 층의 참여를 유도할 수 있으며 지지 효과 및 구전 홍보 효과도 기대할 수 있다. 그 결과 마이보 회원들은 2008년 11월까지 7만 개가 넘는 정치자금 모금 페이지를 열어 3천만 달러를 모았고, 20만 건이 넘는 선거운동 이벤트를 자발적으로 준비하여 지역별 유세 활동에서 월등한 효과를 거두었다.

　게임 속으로 정치인 광고가 진출한 것도 매우 특징적인 현상이다. 게임이 홍보의 공간이 될 정도로 게임의 정치적인 중요성이 높아진 것이다. 게임 접속 IP를 분석하여 참여를 독려하고 싶은 주요 지역의 유권자를 향해 타기팅 광고를 한 것도 매우 선진적인 홍보 방식으로 평가할 수 있다.

　과거의 정치 게임이 플래시 게임에서 쌍방향 게임으로 진화하였다면 2012년에는 웹 게임, 모바일 게임, 정치교육 게임 등으로 훨씬 다양한 콘텐츠가 나타났다. 2008년 대선 시기에 나온 게임들이 데스크톱에서 키보드와 마우스로 조작하는 웹 기반의 게임들인 데 비해 2012년에는 대부분 모바일용으로 출시되었다, 웹에서 했던 플래시용 게임들의 조작이 대체로 단순하기 때문에 모바일로 대체되어도 크게 문제가 없다는 특징이 있다. 이렇듯 정치 게임은 유권자들이 일련의 정치과정에서 자신이 배제되지 않았고, 참여하고 있다는 사실을 인식하도록 도와주는 효과가 있으며,[344] 한편 2012년 대선 과정에서는 정치교육 게임이 등장함으로써 유권자에게 후보자의 정책을 인지하게 하는 효과를 도모하고 있는 것으로 나타났다.

　그러나 한편으로는 여전히 한계가 존재하는데, 완성도와 재미의 측면에서 대부분 게임의 완성도가 떨어진다는 점이다. 전략 시뮬레이션의 경우에도 정교한 시나리오가 없고, 액션물을 비롯한 대부분의 게임들의 그래픽 수준도 다른 장르에 비해 떨어지는 편이다. 이는 게임의 완성도 자체에 목적을 두기보다는 대부분 선거 시기에 맞춰 상대방을 폄하하기 위한 수단으로서 게임을 급조하기 때문이다. 따라서

---

344) ≪채널A≫(2012년 11월 4일자)

사용자들은 정치 게임들의 오락성을 게임 외부에서 찾아야 한다. 즉
게임의 캐릭터가 실제로 존재하는 정치인이라는 점, 그 캐릭터들을
이용해 플레이어의 감정을 이입하기나 희화화해서 불만을 해소할 수
있기 때문에 게임이 재미있는 것이다.

결국 게임으로는 물리적 한계를 극복할 수 있는 모든 방법의 동원
이 가능하다. 정보제공, 유권자와 대화, 유권자 간의 연결, 정책 알림,
정책 제안 등 온라인을 통해 할 수 있는 모든 방법을 시도해볼 수 있
는 것이다. 이럴 경우 게임은 또 다른 선거운동의 공간을 제공하고 있
고, 게임으로 선거운동공간이 연장되고 확장된다고 평가할 수 있다.

2. 뉴미디어 선거전략의 원칙

뉴미디어 선거전략은 로드맵의 필요성을 강조하는 것이 특징이다.
즉, 다양한 미디어를 통한 유권자 접점 확대 → 빅데이터 분석 → 유
권자 타기팅(세대, 인종, 학력, 지역, 소득, 정치적 성향, 지지 정도 등) →
정치적 소통(마이크로 리스닝, 소셜매니페스토)으로 이어지는 전략이
각각 그리고 전체적으로 종합적인 틀에서 구성되어야 하는 것이다.
이 모든 것을 적절히 활용할 수 있는 소셜미디어에 접근할 때 유념할
점으로는 다음의 네 가지를 들 수 있다.

첫째, 지속성이다. 소셜미디어, 특히 소셜미디어를 통한 선거운동
은 진공상태에서 나타난 것이 아니다. 소셜미디어 이전에는 인터넷
선거운동이 있었고, 소셜미디어 이후에는 모바일이나 다른 뉴미디어
를 통한 선거운동방식이 나타날 것이다. 그 과정에서 국가별로 처한

현실에 따라 발전과 쇠퇴를 반복할 수 있다. 이러한 연속성에 대한 고려 없이 단 한 번의 선거만으로 소셜미디어의 효과를 거두고자 하는 것은 매우 성급한 기술결정론적 태도라고 할 수 있다.

둘째, 과정중심성이다. 계속 강조한 것처럼 선거를 원샷 게임으로 이해하는 것은 부적절한 태도이다. 지면 다 끝이니까 소셜미디어 자체도 별로 의미가 없다거나 이겨도 소셜미디어 때문에 이긴 것이 아니라는 식의 결과 중심적인 태도로는 소셜미디어를 활용할 때 나타나는 풍부한 현상을 제대로 이해하기 어렵다. 후보자와 유권자가 끊임없이 정보를 주고받으며 새로운 정책을 만들어가는 지속적인 정치 과정이야말로 가장 의미 있는 민주적 과정이라는 것을 염두에 두어야 한다.

셋째, 참여문화중심성이다. 이는 대단히 증명하기 어려운 부분이지만 일종의 경로 만들기의 효과라고 할 수 있다. 우리는 흔히 선거를 일상의 정치와 지나치게 구분하는 경향이 있는데, 그것만으로는 선거도 정치도 온전히 이해하기 어렵다. 일상의 정치에서 생성되는 다양한 문화가 선거 때에 집중적으로 시도되고 구현되는 것이다. 또한 소셜미디어를 통한 선거운동은 이후의 선거에 영향을 미치는 일종의 파생효과(spin-off effect)를 만들어낼 수 있다.

넷째, 일종의 공존성이다. 온라인 공간은 온라인 공간만으로 단독으로 존재하는 것이 아니다. 언제나 오프라인의 생활과 연결되고 결합되어 있는 공간이다. 매스미디어가 급작스럽게 소멸되고 온라인 공간으로 이동한다는 것은 있을 수 없는 일이기 때문에, 상당 기간 동안 매스미디어와 온라인은 서로 영향을 미칠 수 있는 공간으로 연결되어 나타날 것이다.

이러한 기술에 대한 기본 태도에 더하여 후보자의 태도는 다음과 같은 세 가지 태도를 유념하여 기술 활용에 적용되어야 한다. 이와 같은 태도는 특히 온라인 공간에서 더욱 강하게 요구될 수 있기 때문에 유념해야 할 원칙이다.

첫째, 진실성과 스토리라인이다. 온라인 공간의 역사는 진실성의 역사이다. 많은 사람이 온라인의 연출에 현혹되지만 그것은 단기간에 검증되고 실패하는 전략이다. 네트워크 공간에는 수억 개의 눈과 마음이 있다. 그들의 판단 속에 정치적인 메시지는 선험적으로 '거짓'으로 판단될 확률이 매우 높다. 또 하나, 온라인 선거운동이 오프라인의 선거운동과 유사한 것 가운데 하나는 이야기(story)가 중요하다는 것이다. 다소 장황하고 신속하지 않더라도 그 안에 사람들을 움직일 수 있는 진실한 이야기가 있다면 사람들은 감동하고, 감동한 정도만큼 움직이게 되어 있다.

오바마 캠프에서 말한 'Tell me your story'는 바로 이런 점에서 의미가 있다. 오바마 캠프에서는 유권자의 이야기를 모아 유세의 소재로 활용하였다. 모인 유권자의 이야기는 선거운동의 소재가 되었다는 단순한 기능적인 측면의 유용성보다는 그 자체가 사람을 움직일 수 있는 소재라는 점에서 더욱 의미가 크다. 네트워크라는 관계망이 차가운 기술로 채워진 망이 아니라 인간과 인간의 관계망일 때 더더욱 사회적 파급력이 커질 수 있는 이유는 바로 이 스토리 때문이다. 역대 가장 많은 선거운동비용을 사용하고도 롬니가 실패한 이유는 스토리보다는 일방적인 팩트를 되풀이하는 기계적인 태도에 머물러 있었기 때문이다.

둘째, 눈높이를 맞춘 대화 혹은 말 걸기, 마이크로 리스닝의 중요

성이다. '과거의 대통령은 특별한 인물이고 영웅이었던 데 반해 현재
의 대통령은 의사소통할 수 있고 공유할 수 있는 대통령에 가깝다'[345]
는 지적과 같이 이제는 대중으로서의 유권자가 아니라 공중으로서의
유권자를 대하는 태도에 대해 고민할 필요가 있다. 또한 대화를 위해
서는 지속성과 함께 인터넷 속도에 맞춘 정치(politics at the speed of
the Internet)[346]가 무엇인가 하는 고민이 필요하다고 볼 수 있다.

셋째, 명확한 정치적 비전을 제시해야 한다. 온라인뿐만 아니라 오
프라인에서도 역시 중요한 이와 같은 태도는 정부나 정치인의 소셜
미디어 활용은 개인적인 가치를 사회적으로 승화시킬 수 있는 미래
에 대한 명료한 비전 제시가 선행되어야 한다는 사실을 강조한 것이
다. 민간 영역에서 기술 활용이 수익창출에 기반을 둔 것이라면 선거
에서의 수익은 공공성과 사회발전을 의미한다는 것을 이해할 필요가
있다. 또한 이러한 비전 제시를 위해서는 변화된 세대에게 어필하기
위해 언제나 원하는 것은 분명하고 명료하게 그리고 최대한 간결하
게 표현하는 것이 중요하며 사회적 가치를 충분히 반영하여 사람들
의 공감을 넘어서 공조 실천을 할 수 있도록 유도할 수 있는 방안을
모색하는 것이 효과적이다.

---

345) EBS 킹메이커 제작팀(2012: 204)

346) 오바마 캠프의 일원으로서 1992년 빌 클린턴 진영에서 신속대응팀의 일원으로 활동했던 댄 캐럴(Dan
Carol)의 2008년 6월의 발언

맺음말

이제 우리는 '뉴미디어 강박증'을 내려놓아야 한다. 20여 년의 인터넷과 뉴미디어 활용을 통해 결국 '목적'이 무엇인가를 구분해오지 못했기 때문이다. 기술결정론의 주장처럼 미디어가 훌륭해서 사회가 변화하였든, 사회구성론처럼 사회가 훌륭해서 뉴미디어를 채택하고 활용하였든, 중요한 것은 '사람'이고 '가치'라는 것을 숙고하지 못했던 과거의 소모적인 논쟁을 다시 재평가할 필요가 있다. '사람'과 '가치'를 중심에 놓고 효과적인 수단으로서 뉴미디어를 활용할 수 있다는 가능성에 주목해야 한다. 그것이 이 책이 주장하는 '소셜전략 선거운동의 민주적 의미'이다.

몇 년간 온라인 선거운동이라는 기준으로 주요 국가의 크고 작은 선거를 분석한 결과, 2012년 미국 대선이야말로 온라인 선거운동의 전형을 제시하였다고 생각하게 되었다. 한편으로는 한때 IT 강국이었던 우리나라에서 왜 이런 식의 선진적인 IT 선거 혹은 IT 정치 강국은 이루어지지 못하는가 하는 답답한 마음도 들었다. 2000년, 2002년, 2010년의 좋은 사례들은 이전에도 이후에도 지속성을 가지지 못하고 단절되고 말았다. 유권자들은 제도의 규제에 답답해하면서도 위축되어 있고, 후보자들은 적극적으로 노력하지 않으며, 그 과정에서 소셜미디어 선거운동은 선거 때에만 반짝하는 별난 사람들의 별난 행위로만 치부되었다. 언제부터, 왜 우리는 이런 상황에 처하게 된 것일까.

이 책은 미국의 온라인 선거운동 발전단계를 네 시기로 구분하여 각 시기의 특징을 정리하고 분석하였다. 시간이 지날수록 초기의 단순한 선거운동방식이 점점 정교해지고 있으며, 정교해지는 과정에서 유권자의 중요성이 부각됨을 강조하고자 하였다. 다만, 유권자나 시민단체의 활동보다 후보자의 선거운동 방식과 내용을 분석하는 것에 중점을 두었다. 선거운동의 시작이 후보자 측면에서 시작되기 때문이기도 하지만, 이 책의 목적은 이후의 국내 선거운동에서 기술을 활용한 민주성을 담보하기 위해서는 유권자보다 후보자가 먼저 변해야 한다는 것에 방점을 두었기 때문이다.

적어도 이 책의 관점에서는 오바마든 롬니든 누가 다음의 미국 대통령으로 당선되는가는 중요하지 않다. '승자가 모든 것을 가지는 것(The winner takes it all)'으로서의 선거, '나만 당선되면 그만이다'라는 제로섬(Zero-sum) 경쟁으로서의 선거, 결과만 중요한 정치 이벤트로서의 선거만 강조한다면, '선거 그다음 날에 유권자는 노예로 돌아간다'는 루소의 주장만을 뒷받침할 뿐이다. 승자만 기억함으로써 잊히는 많은 과정을 좀 더 풍부하게 소개하고자 노력하였다.

'결과의 정치'만큼 중요한 것은 '일상의 정치'와 '과정으로서의 정치'이다. 선거운동 과정에서 좋은 정치의 가치를 좀 더 많은 다수가 체험하고 공유하여 사회변화를 추동하고 정치발전을 이룩할 수 있다는 것이야말로 온라인 선거운동의 민주적 가치이다. 그런 점에서, 이 책의 명시적인 소재는 미국의 온라인 선거운동이지만, 내재적인 주제어는 뉴미디어와 민주주의의 변화 가능성이다. 따라서 이 책은 제도적 방식보다는 과정에 중점을 둔 소통의 방식에 주목한다.

첫 번째 나의 책이 네트워크 사회 일반의 문제를 정부·정당·시민사회의 관점에서 종합적으로 정리하는 것에 주력하였다면, 이 책은 미국의 선거라는 특정한 정치국면을 중심으로 미디어가 선거와 정당정치에 미치는 내용을 좀 더 구체적으로 다루고자 하였다. 현대 정치에서 선거와 정당만큼 국민의 일상을 변화시킬 수 있는 정치적·제도적 요인은 없기 때문이며 미국의 온라인 선거운동이 그것을 대표적으로 보여주고 있다고 판단했기 때문이다.

미국의 온라인 선거운동을 분석한 결과 최종적으로 10가지의 선거운동방법이 가능하다는 결론을 내렸다. 이 10가지 방법은 일반적인 정보제공/개인 맞춤형 정보제공, 유권자와의 대화와 토론, 지지자 조직의 활성화, 정치자금 모금, 정책 생산·유통·평가, 사실 검증, 후보자 감시와 고발/상대 후보 공격, 정치 패러디, 온라인 정치 게임 그리고 투표인증샷과 투표독려이다. 기술이 발전하면 10가지 주제의 다양한 응용이 나타나겠지만 이 10가지 프레임을 벗어나기는 어려울 것이다. 무엇보다도 이 10가지 가치가 온전히 기술을 반영하고 선거운동으로 구현된다면 그것은 민주주의의 발전이라고 보아도 좋다는 것이 이 책의 핵심 주장이다. 정당이나 민주주의의 위기인 이 시대에 그 해법은 직접민주주의의 선택이나 성급한 기술적용에 있는 것이 아니라 스마트 캠페인 전략에 대한 탐색과 실천에 있으며, 그럼으로써 민주주의의 기술로서 스마트 캠페인은 완성될 수 있다.

우리나라의 현실정치를 고려한다면 미국 사례를 그대로 도입하는 것은 절대 불가능하지만, 적어도 바람직한 부분이 있다면 어느 하나라도 고려해볼 수 있다는 생각으로 이 책을 썼다. 한편으로, 어느 날 갑자기 세상이 급변하는 것은 아니지만 미디어로 인한 변화의 물결

에 제대로 반응하려고 생각하지 않는다면, 현재의 정부나 정당은 공
멸의 사태로 접어들 수도 있다는 위기감으로 주장의 근거를 찾으려
고 노력했다. 또한 끊김 없이 읽을 수 있는 서술을 하기 위해 노력했
다. 그럼에도 불구하고, 이 책은 참여민주주의의 심오한 이론적 깊이
를 제시하기에는 많은 한계가 있는 책이다. 미국 대선이 끝난 직후에
출판을 하기 위해 뒤늦게 무리하다 보니 차분한 이론적 논의가 부족
하다는 아쉬움을 금할 수 없다. 이론적 작업은 역시나 다음의 집필
과제로 넘겨야 하겠다.

자료를 수집하면서, 미국의 미디어·정치 그리고 선거에 대해 다른
사람과의 의견 교환이 책의 구성에 많은 도움이 되었다. 특히 아이디
어 논의나 표현과정을 의논하기 위해 지겹도록 함께 하였으며, 이 책
의 제목을 정해준 한국정보화진흥원의 이상돈 선임연구원과 필요한
자료조사를 과할 정도로 신속하게 도와준 이화여대의 김한나에게 깊
은 감사를 표한다. 그 외에 집필과정에서 수많은 술 약속을 제안함으
로써, 결국은 나로 하여금 그 모든 유혹에 굴하지 않고 더욱 열심히
집필하게끔 해준 지인들에게도 유쾌하고 기분 좋은 감사를 전한다. 직
장생활에서의 업무가 있기 때문에 좀 더 충실하게 집필하기는 어려웠
지만, 또 한편으로는 그랬기 때문에 더욱 몰두할 수 있었다. 물론 많은
지원 가운데 가장 발군의 지원을 해준 사람은 남편 윤정구이다. 언제
나 든든히 나의 연구과정을 지켜주고 눈물 나도록 아낌없이 격려해주
는 남편에게 고마운 마음은 몇 글자의 글로는 도저히 표현하기 어렵
다. 아울러 연구과정에서 언제나 용기를 북돋워 주고 응원을 해주었던
많은 제자, 후배, 선배 그리고 선생님들께도 감사하고 싶다.

미디어로 인한 변화가 앞으로 어떤 정치변화를 야기할지 분명하게

단언할 수는 없지만, 이제까지 국내외에서 일어난 다양한 온라인 정치의 변화과정을 고려해볼 때, 정치 변화의 잠재력과 가능성은 충분하다고 평가할 수 있다. 다만 그 과정에서 시민이 일방적으로 제도를 망가뜨리기 위해 모였다거나 온라인 사용자들은 상식으로 이해하기 어려운 별종이며 극단적이라는 편견은 굳이 가질 필요가 없다고 본다. 거시적으로 보았을 때 그 모든 것은 사람살이라는 것을 잊어서는 안 된다. 무엇보다 미디어를 통해 과거보다는 유권자 대접이 나아지면 좋겠다는 바람으로 글을 맺는다. 아무것도 잘못한 것 없는 유권자들이 너무 오랜 시간 동안 역사 속에서 무시당하고 푸대접받았다는 생각을 지우기 어렵기 때문이다.

2013년 2월
조희정

참고자료

1. 논문/단행본

Arterton, Christopher. 1987. *Teledemocracy: Can Technology Protect Democracy?*. Sage.

Axford, Barry & Richard Huggins eds. 2001. *New Media and Politics*. Sage.

Baker, Stephen. 2008. *The Numerati*. Mariner Books. 이창희 역. 2010. 『뉴머러티: 데이터로 세상을 지배하는 사람들』. 서울: 세종서적.

Barabási, Albert-László. 2002. *Linked: The New Science of Networks*. Perseus. Cambridge. MA. 강병남·김기훈 역. 2002. 『링크: 21세기를 지배하는 네트워크 과학』. 서울: 동아시아.

Bi, Frank. 2010. 11. 4. "Facebook popularity parallels election wins." 『mndaily』 (goo.gl/yydGP)

Bimber, Bruce. 2003. *Information and American Democracy: Technology in the Evolution of Political Power*. Cambridge University Press. 이원태 역. 2007. 『인터넷 시대 정치권력의 변동: 미국 민주주의의 역사적 진화』. 서울: 삼인.

Bond, Robert M, Christopher J. Fariss, Jason J. Jones, Adam D. I. Kramer, Cameron Marlow, Jaime E. Settle & James H. Fowler. 2012. 9. 13. "A 61－million－person experiment in social influence and political mobilization." *Nature*. Vol. 489. 295~298.

Botsman, Rachel & Roo Rogers. 2011. *What's mine is yours*. Harper Collins Publishers. 이은진 역. 2011. 『위 제너레이션』. 서울: 푸른숲.

Buchanan, Mark. 2002. *Nexus*. The Garamond Agency. 강수정 역. 2003. 『넥서스: 여섯 개의 고리로 읽는 세상』. 서울: 세종연구원.

Calabrese, Anthony. 2010. 11. 9. "Social Media's Impact on the Midterm Elections." 『Mashable』(goo.gl/A8rdH)

Campbell, David E., Robert D. Putnam "God and Caesar in America." *Foreign Affairs*,

March April 2012.

Confield, Micheal & Lee Rainie. "The Impact of the Internet on Politics." (goo.gl/Dgoi4, 검색: 2008년 11월 8일)

Dalton, Russell. 2008. *Citizen Politics: Public Opinion and Political Parties in Advanced Industrial Democracies*. Chatham House Pub. 서유경 역. 2010. 『시민정치론: 선진 산업민주주의 국가의 여론과 정당』. 서울: 아르케.

Dannen, Chris. "How Obama Won It With the Web." *Fast Company* Nov. 4.(goo.gl/-MWOc3, 검색: 2008년 11월 16일)

Davis, Steve, Larry Elin & Grant Reeher. 2002. *Click on democracy: The internet's power to change political apathy into civic action*. Westview.

Davy, Steven. 2010. 4. 6. "How Technology Changed American Politics in the Internet Age." *Media Shift*.

Duverger, Maurice. 1951. *Parties politiques*. Nancy.

Gallup. 2011. 8. 10. "Tea Party Sparks More Antipathy Than Passion."

Gibson, Rachel & Paul Nixon eds. 2003. *Political Parties and the Internet: Net gain?*. Routledge.

Gladwell, Malcolm. 2000. *The Tipping Point: How Little Things Can Make a Big Difference*. Little, Brown and Company. 임옥희 역. 2000. 『티핑 포인트』. 서울: 21세기북스.

Goldfarb, Jeffrey C. 2006. *The Politics of Small Things: The Power of the Powerless in Dark Times*. University Of Chicago Press. 이충훈 역. 2011. 『작은 것의 정치』. 서울: 후마니타스.

Gumbel, Andrew. 2006. 11. 4. "The 'YouTube elections': how campaigns are being scrutinised as never before." *The Independent*.

Gulati, Jeff & Christine Williams. 2006. 11. 2. "Study on Candidates' use of Facebook, referenced in "Bentley College professors update data on candidates' use of Facebook as campaign heads into final days." *Ascribe Newswire*.

Hamilton, Samantha. 2011. 6. 5. *Use of Social Media in Presidential Campaigns: Do Social Media Have an Effect on the Political Behavior of voters Aged 18~24?* Roger Williams University

Jamieson, Kathleen Hall. 원혜영 역. 2002. 『대통령 만들기: 미국 대선의 선거전략과 이미지 메이킹』. 서울: 백산서당.

Jarvis, Jeff. 2007. 1. 29. "The YouTube campaign: Why YouTube gets my vote for political punditry." *The Guardian*.

Java, Akshay, Xiaodan Song, Tim Finin & Belle Tseng. 2007. "Why We Twitter: Understanding Microblogging Usage and Communities." *International Conference on Knowledge Discovery and Data Mining. Proceedings of the 9th WebKDD and 1st SNA-KDD 2007 workshop on Web mining and social network analysis.* 56~65.

Jong woo, Han. 2012. *Networked Information Technologies, Elections and Politics: Korean and the United States.* Lexington Books. 전미영 역. 2012.『소셜 정치혁명 세대의 탄생: 네트워크 세대는 어떻게 21세기 정치의 킹메이커가 되는가』. 서울: 부키.

Keen, Andrew. 2009. *The Cult of the Amateur: How blogs, MySpace, YouTube, and the rest of today's user-generated media are destroying our economy, our culture, and our values.* Doubleday. 박행웅 역. 2010.『구글, 유튜브, 위키피디아, 인터넷 원숭이들의 세상』. 서울: 한울.

Kuhn, Eric. 2010. 10. 13. "Carly Fiorina campaign launches location based app."『CNN Politics』(goo.gl/EjXJ9)

Leadbeater, Charles. 2008. *We-think: Mass Innovation, not Mass Production.* Profile Books. 이순희 역. 2009.『집단지성이란 무엇인가』. 서울: 21세기북스.

Lilleker, Darren G, Mark Pack & Nigel A. Jackson. 2010. "Political Parties and Web 2.0: The Liberal Democrat Perspective." *Politics* vol. 30(2). 105~112.

Lilleker, Darren G & Nigel A. Jackson. 2011. *Political Campaigning, Elections and the Internet: Comparing the US, UK, France and Germany.* Routledge.

Ling, Rich. 2008. *New Tech, New Ties: How Mobile Communication is Reshaping Social Cohesion.* The MIT Press. 배진한 역. 2009.『모바일 미디어와 새로운 인간관계 네트워크의 출현: 휴대전화는 사회관계를 어떻게 바꾸고 있는가』. 서울: 커뮤니케이션북스.

Lizza, Ryan. 2006. 8. 20. "The YouTube Election." *The NewYork Times.*

Margolis, Michael & Moreno, Gerson. 2009. *The Prospect of Internet Democracy.* Ashgate.

Mashable. 2012. *Politics Transformed: The High Tech Battle for Your Vote*(e-Book).

Mason, Paul. 2012. *Why It's Kicking Off Everywhere: The New Global Revolutions.* Aitken Alexander Associates Limited. 이지선 · 심혜리 역. 2012『혁명을 리트윗하라: 아랍에서 유럽까지, 새로운 시민 혁명의 현장을 찾아서』. 서울: 명랑한 지성.

MicroStrategy. 2012. 10. 26. *Who "Likes" Obama? Who "Likes" Romney? Wisdon Knows!: Obama vs. Romney: National and State-by-State Facebook Fan*

Analysis.

Moore Alex. 2010. 11. 5. "How Facebook and Twitter Factored In the Midterm Elections." 『Death+Taxes』(goo.gl/SIIO2).

Morris, Dick. 2010. 10. "The New Republican Right." *Real Clear Politics*(vo.to/ngM)

MoveOn.org. 2004. *MoveOn's 50 ways to love your country.* New World Library. 송경재·김재희·이현주·민희 역. 2010. 『나라를 사랑하는 50가지 방법』. 서울: 리북.

Norris, Pippa. 2000. *A Virtuous Circle: Political Communications in Post −industrialised Societies.* Cambridge University Press.

Norris, Pippa. 2002. *Democratic Phoenix: Reinventing Political Activism.* Cambridge University Press.

Norris, Pippa. 2005. *Radical Right: Voters and Parties in the Electoral Market.* Cambridge University Press.

OhMyGov. 2011. 7. 7. *Obama Townhall Twitter Analysis.*

Painter, Anthony. & Wardle, Ben. 2001. *Viral Politics: Communication in the New Media Era.* Politico's Publishing.

Patterson, Thomas E. 1993. *Out of Order.* Vintage Books. 미국정치연구회 역. 1999. 『미디어와 미국선거: 이미지 정치의 명암』. 서울: 오름.

Plasser, F. 2002. *Global Political Campaigning.* Praeger Publishers.

Olson, Steve & Will Bunnett. 2010. 11 15. "Facebook Predicts Electoral Victory, or Not?" 『Trilogy』.

Palau, Christian. 2008. "Obama McCain Hilary web 2.0."(goo.gl/HjjPI, 검색: 2008년 11월 16일)

Pew Research Center. 2007. 1. 9. *How young people view their lives, futures and politics: a portrait of "Generation next".*

Pew Research Center. 2007. 2. 23. *Republicans lag in engagement and enthusiasm for candidates: voters remain in neutral as presidential campaign moves into high gear.*

Pew Research Center. 2007. 4. 15. *What Americans know: 1989~2007, public knowledge of current affairs little changed by news and information revolutions.*

Pew Research Center. 2007. 8. 9. *Views of press values and performance: 1985~2007, Internet news audience highly critical of news organizations.*

Pew Research Center. 2008. 1. 11. *Social Networking and Online Videos Take Off:*

Internet's broader role in campaign 2008.

Pew Research Center. 2008. 6. 15. *The Internet and the 2008 Election.*

Pew Research Center. 2009. 4. *The Internet's role in campaign 2008.*

Pew Research Center. 2009. 9. *The Internet and civic engagement.*

Pew Research Center. 2009. 12. 10. *Online participation in the social media era.*

Pew Research Center. 2010. 3. 1. *Understanding the participatory news comsumer: How internet and cell phone users have turned news into a social experience.*

Pew Research Center. 2010. 12. 23. *Politics goes mobile.*

Pew Research Center. 2011. 1. 18. *The Social Side of the Internet.*

Pew Research Center. 2011. 3. 17. *The Internet and Campaign 2010.*

Pew Research Center. 2012. 3. 12. *Social networking sites and politics.*

Pew Research Center. 2012. 9. 4. *Politics on Social networking sites.*

Pew Research Center. 2012. 10. 9. *The State of the 2012 Election: Mobile Politics.*

Pew Research Center. 2012. 10. 19. *Social Media and Political Engagement.*

Pew Research Center. 2012. 11. 6. *Social Media and Voting.*

Putnam, Robert D. 1994. *Making Democracy Work: Civic Traditions in Modern Italy.* Princeton University Press. 안청시 외 역. 2000. 『사회적 자본과 민주주의』. 서울: 박영사.

Putnam, Robert D. 1995. "Bowling Alone: America's Declining Social Capital." Larry Diamond & Marc F. Plattner, eds. *The Global Resurgence of Democracy.* Baltimore and London: The Johns Hopkins University Press. 290~303.

Putnam, Robert D. 2000. *BOWLING ALONE: The Collapse and Revival of American Community.* Simon & Schuster. 정승현 역. 2009. 『나홀로 볼링: 사회적 커뮤니티의 붕괴와 소생』. 서울: 페이퍼로드.

Qualman, Erik. 2009. *Socialnomics: How Social Media Transforms the way We live and do Business.* Wiley. inmD 역. 2009. 『소셜노믹스: 세계를 강타한 인터넷 문화혁명, 트위터와 소셜미디어』. 서울: 에이콘출판.

Reynolds, Glenn. 2006. *An Army of David.* Thomas Nelson, Inc. 곽미경 역. 2008. 『다윗의 군대, 세상을 정복하다: 인터넷 시대의 유쾌한 반란, 세상을 바꾸는 '개인의 힘'』. 서울: 북캠프.

Rheingold, Howard. 2002. *Smart Mobs: The Next Social Revolution.* Golden bough. 이운경 역. 2003. 『참여군중: 휴대폰과 인터넷으로 무장한 새로운 군중』. 서울: 황금가지.

Rosenstiel, Tom. 2011. 10. 8. *Twitter and the Campaign: How the Discussion on Twitter Varies from Blogs and News Coverage and Ron Paul's Twitter Triumph.* Pew Research Center.

Rotenstreich, N. & Hart, R. P. 1996. "Easy Citizenship: Television's Curious Legacy." *The Annals of the American Academy of Political and Social Science* 546(1). 109~120.

Salkowitz, Rob. 2010. *Young World Rising: How youth, technology, and entrepreneurship are changing the world.* John Wiley & Sons. 황희창 역. 2011. 『영월드 라이징』. 서울: 한빛비즈.

Sanson, Angela. 2008. "Facebook and youth mobilization in the 2008 presidential election." *New Media, Technology and democracy*(Vol. 8. No. 3. Summer).

Shirky, Clay. 2008. *Here Comes Everybody.* Brockman. 송연석 역. 2008. 『끌리고 쏠리고 들끓다』. 서울: 갤리온.

Shirky, Clay. 2009. 6. "어떻게 소셜미디어는 역사를 만들어내는가"(vo.to/mym)

Shirky, Clay. 2010. *Cognitive Surplus*, Brockman Inc. 이충호 역. 2011. 『많아지면 달라진다』. 서울: 갤리온.

Smith, Marc. 2011. 11. 15. "Contrasting teaparty and occupywallstreet twitter networks." (www.connectedaction.net/2011/11/16/contrasting-teaparty-and-occupywallstreet-twitter-networks, 검색일: 2011년 11월 20일)

Social Bakers. 2011. 12. "Will their fans take them to the WhiteHouse?"(www.socialbakers.com/elections)

Social Bakers. 2012. 1. "Iowa to New Hampshire: A Three-Horse race?"(www.socialbakers.com/elections)

Social Bakers. 2012. 2. "Can Mitt be Caught?"(www.socialbakers.com/elections)

Social Bakers. 2012. 3. "Super Tuesday: with nine states in play, who will rise to the top?"(www.socialbakers.com/elections)

Social Bakers. 2012. 4. "Obama vs. Rommney: Let the battle begin."(www.socialbakers.com/elections)

Social Bakers. 2012. 9. 19. "Obama vs. Rommney: A Social Slugfest."(www.socialbakers.com/elections)

Solove, Daniel J. 2007. *The Future of Reputation: Gossip, Rumor and Privacy on the Internet.* Yale University Press. 이승훈 역. 2008. 『인터넷 세상과 평판의 미래』. 서울: 비즈니스맵.

Sunstein, Cass R. 2003. *Why Societies Need Dissent.* Harvard University Press. 박지

우 · 송호창 역. 2009. 『왜 사회에는 이견이 필요한가』. 서울: 후마니타스.

Sunstein, Cass R. 2007. *Republic.com 2.0.* Princeton University Press.

Sunstein, Cass R. 2009. *On Rumours.* Farrar Straus & Giroux. 이기동 역. 2009. 『루머』. 서울: 프리뷰.

Tapscott, Don. 2008. *Grown Up Digital: How the Next Generation Is Changing Your World.* McGraw-Hill. 이진원 역. 2009. 『디지털 네이티브』. 서울: 비즈니스북스.

Trippi, Joe. 2004. *The Revolution will not be televised: Democracy, the Internet, and the Overthrow of Everything.* Harper Collins Publishers. 윤영미 · 김정수 역. 2006. 『혁명은 TV로 중계되지 않는다』. 서울: 산해.

Tumasjan, Andranik, Timm O. Sprenger, Philipp G. Sandner & Isabell M. Welpe. 2010. "Predicting election with Twitter: What 140 Characters Reveal about Political Sentiment." Association for the Advancement of Artificial Intelligence.

O' Connory, Brendan, Ramnath Balasubramanyany, Bryan R. Routledgex & Noah A. Smithy. 2010. 5. "From Tweets to Polls: Linking Text Sentiment to Public Opinion Time Series." International AAAI Conference on Weblogs and Social Media 발표문.

Watts, Duncan J. 2011. *Everything is Obvious.* William Morris Endeavor. 정지인 역. 2011. 『상식의 배반: 뒤집어보고 의심하고 결별하라』. 서울: 생각연구소.

Westling, Mike. 2007. 5. "Expanding the public sphere: the impact of Facebook on political communication."

Williams, Andrew Paul & John C Tedesco eds. 2006. *The Internet Election 2004: Perspective on the Web in Campaign 2004.* Oxford: Rowman & Littlefield.

Williams, Christine B & Girish J "Jeff" Gulati. 2007. 8. 30. "Social Networks in Political Campaigns: Facebook and the 2006 Midterm Elections." American Political Science Association Annual Meeting Paper.

Williams, Christine B. & Jeff Gulati. 2009. "Social Networks in Political Campaigns: Facebook and Congressional Elections 2006, 2008." APSA 2009 Toronto Meeting Paper.

Williamson Vanessa, Theda Skocpol & John Coggin. 2011. 3. "The Tea Party and the Remaking of Republican Conservatism." *Perspectives on Politics.* Vol. 9. No. 1. 25~43(vo.to/ngK).

Zeng, Qianlan, Hartman, Richard & Einhorn, Andrew. 2011. 12. *Affects of Social Networking Platforms on 2012 Republican Presidential Candidates.*

OhMyGov Inc. Research.

DMC 미디어. 2012. 4. 『소셜미디어 현황 및 전망』.

DMC 미디어. 2012. 7. 『해외 선거 온라인 사례 분석: 2008 미국 대선, 오바마 캠프의 온라인 전략』.

EBS 킹메이커 제작팀. 2012. 『킹메이커』. 서울: 김영사.

강원택. 2007. 『인터넷과 한국 정치: 정당정치에 대한 도전과 변화』. 서울: 집문당.

강원택. 2008. 『Web 2.0 시대의 한국 정치』. 서울: 책세상.

강원택·윤성이·조희정·이상신. 2012. 『SNS를 활용한 정치홍보 연구: 19대 총선 사례를 중심으로』. 서울: 한국언론진흥재단.

강준만. 2001. 『세계의 대중매체 1: 미국편』. 서울: 인물과 사상사.

곽진영. 2001. "한국 정당의 사이버공간을 통한 정치 커뮤니케이션: 새천년민주당과 한나라당의 홈페이지 분석을 중심으로." 『한국정치학회보』 35집 2호. 135~157.

곽진영·고선규. 2006. "제17대 총선 후보자의 홈페이지를 통한 인터넷 선거운동." 『21세기 정치학회보』 16권 2호. 147-169

김경미. 2009. "미국 대통령 선거와 소셜 네트워크 사이트." 『정보와 사회』 15호. 1~26.

김명준. 1999. "가상공간과 전자민주주의에 관한 언론학적 고찰." 『사이버커뮤니케이션학회보』 7. 73~104.

김성태·김여진·최홍규·김형지. 2011. "뉴미디어를 통한 소통 채널의 확장과 정치참여 변화 연구: 인터넷과 소셜미디어를 주목하며." 『평화연구』 봄호. 5~37.

김수진. 2008. 『한국 민주주의와 정당정치』. 서울: 백산서당.

김용철. 2004. "한국과 미국 정당들의 인터넷 선거운동과 경쟁양상." 『한국정당학회보』 3권 1호. 63-94

김용철·윤성이. 2000. "인터넷의 정치적 활용과 16대 총선." 『한국정치학회보』 34집 3호. 129~147.

김용철·윤성이. 2005. 『전자민주주의: 새로운 정치패러다임의 모색』. 서울: 오름.

김은미·이동후·임영호·정일권. 2011. 『SNS 혁명의 신화와 실제: '토크, 플레이, 러브'의 진화』. 파주: 나남.

문정욱. 2009. "미국의 IT를 활용한 열린 정부 구현 전략 소개: Data.gov를 중심으로.”『방송통신정책』 21(16). 100~105.

미국정치연구회 편. 2009. 『2008년 미국 대선을 말한다: 변화와 희망』. 서울: 오름.

박지광. 2012. “티파티 운동 지지계층 분석: 여론조사 자료에 의거한.”『국제지역학논총』 제5권 1호. 51~69.

서현진. 2003. “한국과 미국 정당의 정치커뮤니케이션 수단으로서 인터넷 활용에 관한 연구.”『한국정당학회보』 제2권 2호. 113~136.

송길영. 2012.『여기에 당신의 욕망이 보인다』. 서울: 쌤엔파커스.

송인주. 2012. 8.『IT로 진일보된 2012 미 대선』. DIGIECO 동향보고서.

송인혁·이유진 외 한국 트위터 사용자들. 2010.『모두가 광장에 모이다: 소셜이 바꾸는 멋진 세상』. 서울: 아이앤유.

송종길·박상호. 2007. “국내 선거 관련 커뮤니케이션 연구의 개관: 연구주제, 연구대상, 커뮤니케이션 수준, 이론적 배경, 연구방법을 중심으로.”『커뮤니케이션이론』 3권 1호. 37-82

신진욱. 2008.『시민』. 서울: 책세상.

유성진·정진민. 2011. “티파티 운동과 미국 정당정치의 변화.”『한국정당학회보』 제10권 제1호. 137~166.

윤성이. 2007. “인터넷과 대통령선거.”『사이버커뮤니케이션학보』 22호. 199-121

윤성이. 2008. “온라인 정치참여 연구의 동향과 쟁점: 인터넷 선거 연구를 중심으로.”『정보화정책』 15권 3호.

윤성이·류석진·조희정. 2008.『인터넷 정치참여와 대의민주주의: 2008년 촛불집회를 중심으로』. 국회입법조사처.

이성규. 2009.『트위터: 140자의 매직』. 서울: 책보세.

이원태. 2007. “동영상 UCC와 대통령선거.”『사이버커뮤니케이션학보』 22호. 167~235.

이원태. 2010. “한국의 인터넷 참여문화 특성과 제도적 개선방안.”『시민사회와 NGO』 8(1). 197~230.

이중대. 2009. “오바마를 통해 배우는 소셜미디어 활용 성공 전략.”『비즈니스앤미디어』 1월호.

이현우. 2000. “사이버선거캠페인.”『저널리즘비평』 30권. 24~28.

이효성. 2006. “미디어 이용이 정당 지지에 미치는 효과: 미디어 이용의 역동성 모델과 점화효과 이론을 중심으로.”『한국언론학보』 50권 1호. 285~307.

장우영. 2008. “인터넷과 선거캠페인: 17대 대선 UCC 활용을 중심으로.”『한국정치학회보』 42집 2호. 171~201.

조희정. 2009. "네트워크 사회의 선거운동 전략에 관한 연구: 2008년 미국 대통령 선거를 중심으로."『국가전략』제15권 2호. 89~121.

조희정. 2010.『네트워크 사회의 정치와 민주주의: 정부·정당·시민사회의 변화와 전망』. 서강대학교 출판부.

조희정. 2011. "2011년 중동의 시민혁명과 SNS의 정치적 매개역할."『한국정치연구』제20권 제2호. 309~337.

조희정. 2011. 2. 28. "SNS 확산의 의미와 쟁점 및 과제."『이슈와 논점』제204호.

조희정. 2011. 5. 4. "4·27 재보선과 SNS참여의 의미."『이슈와 논점』제230호.

조희정. 2011. 10. 28. "10·26 재보선에서의 SNS 참여문화와 선거제도의 과제."『이슈와 논점』제315호.

조희정. 2011. 9. 5. "소셜미디어의 긍정적 측면과 부정적 측면."『이슈와 논점』제289호.

조희정. 2012. "소셜미디어 매개 매니페스토 정책 선거 활성화 방안."『한국정당학회보』제11권 제2호. 141~179.

조희정. 2012. "온라인 선거규제의 쟁점과 한계: 공정성과 참여 가치 사이의 균열을 중심으로."『시민사회와 NGO』제10권 제1호. 5~41.

조희정. 2012. 1. 12. "2012 미국 공화당 경선과 소셜미디어 선거 캠페인."『이슈와 논점』제358호.

조희정. 2012. 9. "SNS와 바람직한 선거전략, 문제는 콘텐츠다."『행정포커스』9/10월호. 58~60.

조희정·강장묵. 2008. "네트워크 정치와 온라인 사회운동: 2008년 '미국산 쇠고기 수입반대 촛불집회' 사례를 중심으로."『한국정치학회보』제42집 3호. 311~332.

조희정·박설아. 2012. "정당의 소셜미디어 활용현황과 과제: 의제·자원·확산 전략을 중심으로."『한국정치학회보』제46집 제1호. 113~140.

조희정·이상돈. 2011. "네트워크 사회의 사회적 개인의 발현과 공조: 소셜미디어를 활용한 의제제안·의제연결·집단화 과정을 중심으로."『시민사회와 NGO』제9권 제2호. 231~267.

조희정·이원태. 2010. "소셜미디어의 선택적 적응과 정치발전: 2010년 영국 총선을 중심으로."『한국정당학회보』제9권 제2호. 141~179.

주미영·이소영. 2009. "후보자의 미디어 전략과 대민 선거 캠페인." 미국정치연구회 편. 2009.『2008년 미국 대선을 말한다: 변화와 희망』. 서울: 오름. 161~194.

한국선거학회. 2012.『정보통신매체의 다변화에 따른 법제도 개선방안연구』.

서울: 중앙선거관리위원회.
한국언론학회 엮음. 2012. 『정치적 소통과 SNS』. 서울: 나남.
한국정낭학회. 2012 『소셜미디어 매개 정책선거활성화방안』. 중앙선거관리위
    원회.
한국정보화진흥원. 2007. 『2007 대선과의 관계를 통해 본 UCC 발전 방향』.
한국정보화진흥원. 2012. 6. 11. 『빅데이터로 알아가는 세상』.
한국정보화진흥원. 2012. 11. 12. 『빅데이터 시대의 국민공감 선거전략: 미 대
    선사례를 중심으로』. IT & Future Strategy. 제12호.
황용석. 2001. "인터넷 이용과 정치참여에 관한 탐색적 연구: 제16대 총선 기간
    동안 인터넷 정치사이트 이용을 중심으로." 『한국언론학보』 제45-3호.
    421~456.

2. 보도자료

"대선 앞둔 미국, 온라인 정치 패러디 홍수." ≪아이뉴스24≫. 2004년 10월 1일 자.
"미 대선, 인터넷 정치활성화, 유권자 35% 유튜브 등 접속." ≪뉴시스≫. 2008년
    6월 16일 자.
"미 대선, 젊은 유권자 잡기, SMS로 공략." ≪내일신문≫. 2008년 9월 11일 자.
"Gaming gets political: Obama ads appear in EA games." *Techcrunch*. 2008년 10월
    15일 자.
"부동층 주소만 골라 폰에 쏙쏙, 스마트폰 직접 투표도." ≪조선일보≫. 2010
    년 7월 9일 자.
"美대선후보 오바마 EA 게임에 선거광고 게재." ≪게임스팟코리아≫. 2008년
    10월 17일 자.
"미 대선 게임 유저를 잡아라, 게임 안에 광고 게재 눈길." ≪지디넷 코리아≫.
    2008년 10월 17일 자.
"소셜미디어, 민주주의 후퇴의 구원투수." ≪오마이뉴스≫. 2009년 7월 27일 자.
"미 중간선거 관련 웹트래픽 역대 3위." ≪연합뉴스≫. 2010년 11월 4일 자.
"Campaign-tech scorecard: How the candidates compare online." ≪CNN≫. 2012년
    1월 3일 자.
"오바마 국정연설, SNS 활용의 극치." ≪위키트리≫. 2012년 1월 26일 자.
"페이스북, 미 대선 뛰어들다." ≪중앙일보≫. 2012년 2월 3일 자.
"오바마 진실규명팀, 200만 명 뜬다."≪중앙일보≫. 2012년 2월 15일 자.
"소셜 큐레이션, SNS 뛰어넘을 차세대 IT 비즈니스로 뜬다." ≪조선비즈≫.

2012년 2월 24일 자.

"SNS 여론정확, 미국도 SNS 대선." ≪미디컴≫. 2012년 3월 6일 자.

"빅브라더는 당신의 500가지 정보를 알고 있다." *peak15.tistory.com*. 2012년 4월 25일 자.

"공격이냐? 수비냐? 오바마 트루스 팀 콘텐츠 철저 해부." *peak15.tistory.com*. 2012년 4월 26일 자.

"LG 경제연구원, 소셜 큐레이션, 마케팅의 변화 예고." ≪K모바일≫. 2012년 5월 2일 자.

"모바일 퍼스트, 이보다 단순할 수 없다." *peak15.tistory.com*. 2012년 5월 3일 자.

"최신 뉴스가 나를 먼저 찾아오다." *peak15.tistory.com*. 2012년 5월 8일 자.

"누가 줄리아의 일생을 책임지나." *peak15.tistory.com*. 2012년 5월 11일 자.

"차세대 SNS로 주목받는 '소셜 큐레이션', 빅데이터 시대 맞춤형 해결사가 뜬다." ≪이코노미스트≫ 1137호. 2012년 5월 14일 자.

"페이스북 친구를 가장 강력한 후원자로." *peak15.tistory.com*. 2012년 5월 24일 자.

"동영상 전쟁, 그들이 말하게 하라." *peak15.tistory.com*. 2012년 5월 29일 자.

"아마추어 유권자, 마크 제이콥스와 나란히 오바마를 디자인하다." *peak15.tistory.com*. 2012년 6월 22일 자.

"참을 수 없는 가벼움과 견딜 수 없는 무거움 사이의 SNS, 텀블러 전략." *peak15.tistory.com*. 2012년 7월 12일 자.

"데이터로 승리의 V를 그리다, 오바마팀의 인포그라픽 전략." *peak15.tistory.com*. 2012년 7월 17일 자.

"남자를 아는 남자, 오바마의 구글플러스." *peak15.tistory.com*. 2012년 7월 19일 자.

"사람이 힘이다, It Takes One 캠페인." *peak15.tistory.com*. 2012년 7월 27일 자.

"Statistical Probability That Mitt Romney's New Twitter Followers Are Just Normal Users: 0%." *The Atlantic*. 2012년 7월 31일 자.

"미트롬니 트위터 팔로어는 로봇?" ≪위키트리≫. 2012년 8월 1일 자.

"Top 10 Smartphone Apps for the 2012 campaign." *U.S. News & World Report*. 2012년 8월 9일 자.

"다가오는 선거, 새옷 입는 홈페이지." *peak15.tistory.com*. 2012년 8월 10일 자.

"타운홀 미팅, 그 치명적 매력에 빠지다." *peak15.tistory.com*. 2012년 8월 13일 자.

"미 대선 '가짜 트윗계정' 전쟁." ≪위키트리≫. 2012년 8월 21일 자.

"Mentions of 'Big Bird' increased 800,000% on Facebook." *CNN*. 2012년 9월 4일 자.

"Obama campaign manager Jim Messina puts faith in online organising." *The Guardian*. 2012년 9월 4일 자.

“미셸 오바마 분당 트윗 수, 롬니 앞질러.” ≪뉴스원≫. 2012년 9월 5일 자.
“Obama Campaign Advertises in Electronic Arts Games, But Will It Make a Difference?” *Think Progress*. 2012년 9월 18일 자.
“파랑새를 보면 미 대선이 보인다… 정치판의 풍향계 트위터.” ≪국민일보≫. 2012년 9월 21일 자.
“미 대선 후보 토론회는 소셜미디어 각축장.” ≪연합뉴스≫. 2012년 9월 29일 자.
“미대선 SNS 판세, 오바마 일방 독주.” ≪미디컴≫ 59호.
“How crowdfunding is rewriting the campaign finance playbook.” *Mashable*. 2012년 10월 2일 자.
“미 대선 역대 TV 토론 결정적 순간들.” ≪매일경제신문≫. 2012년 10월 3일 자.
“Debate makes Big Bird a big hit on Twitter.” *CNET*. 2012년 10월 3일 자.
“미 대선 소셜미디어 활용법, 2008년 입문편 vs 2012년 응용편.” ≪전자신문≫. 2012년 10월 11일 자.
“오바마 페이스북 좋아요 3,000만 명 꾹.” ≪문화일보≫. 2012년 10월 11일 자.
“Romney’s Pledge Puts Focus on Public TV.” *The NewYork Times*. 2012년 10월 11일 자.
“2012 Political Book Buyers Less Polarized Than in 2008.” *Techpresident*. 2012년 10월 16일 자.
“美대선캠프, ‘빅데이터’ 분석해 온라인으로 투표독려.” ≪조선일보≫. 2012년 10월 16일 자.
“How ProPublica’s Message Machine Reverse Engineers Political Microtargeting.” *ProPublica*. 2012년 10월 18일 자.
“미 대선 빅데이터 이용한 정밀 선거운동 눈길.” ≪연합뉴스≫. 2012년 10월 22일 자.
“미 대선 해시태그전쟁, 최종 승패로 이어질까.” SBS. 2012년 10월 22일 자.
“미국 대선 후보 해시태그 선점 공방전 치열.” ≪뉴스타운≫. 2012년 10월 22일 자.
“Tracking Voters’ Clicks Online to Try to Sway Them.” *The NewYork Times*. 2012년 10월 27일 자.
“샌디 트위터 루머 유포자는 공화당 선거운동원.” ≪연합뉴스≫. 2012년 11월 2일 자.
“미 대선 D−2, 게임 속 선거 열기 후끈.” ≪채널A≫. 2012년 11월 4일 자.
“미 대선 달군 동영상 10선, 1위는?” ≪경향신문≫. 2012년 11월 5일 자.
“비주얼 커뮤니케이션, 소셜 타기팅, 마이크로 베네핏.” *peak15.tistory.com*.

2012년 11월 7일 자.
"여성과 히스패닉의 힘." ≪한국일보≫. 2012년 11월 8일 자.
"Why Romney's Orca killer app beached on Election Day." *CNET*. 2012년 11월 9일 자.
"DailyKos.com, Democratic Left's Online Hub, Had a Banner Year in 2012." *Techpresident*. 2012년 11월 14일 자.
"버락 오바마의 승리, 그 뒤에는 빅 데이터가 있었다." ≪Computer World≫. 2012년 11월 15일 자.
"When the Nerds Go Marching In." *the Atlantic*. 2012년 11월 16일 자.
"Presidential Campaign 2012, by the numbers." *Techpresident*. 2012년 11월 26일 자.
"Obama's Targeted GOTV on Facebook reached 5 millions voters, Goff says." *Techpresident*. 2012년 11월 30일 자.

3. 인터넷 자료

ComScore(www.comscore.com)
Huffington Post(www.huffingtonpost.com)
NewYork Times(www.nytimes.com)
Open Secrets(www.opensecrets.org)
Politico(www.politico.com)
TechCrunch(www.techcrunch.com)
Tech President(www.techpresident.com)
US Politics on Facebook(www.facebook.com/#!/uspolitics)
Washington Post(www.washingtonpost.com)
WayBackMachine(archive.org/web/web.php)

4. 다큐멘터리

EBS. 2007. 12. 17. "다큐 10: 블로그 선거전"(원작: Fremantle. 2006. "Blog Wars")
EBS. 2012. 10. 31. "킹메이커, 3부: 당신들의 선거운동은 석기시대의 것이다"

조희정

성신여자대학교 정치외교학과 졸업
성신여자대학교 정치외교학과 대학원 석사
서강대학교 정치외교학과 대학원 박사

현) 서강대학교 사회과학연구소 상임연구원
전) 국회입법조사처 문화방송통신팀 입법조사관
　　숭실대학교 사회과학연구소 연구교수
　　국민대학교 정치대학원 외래교수
　　배재대학교 겸임교수
　　중앙선거관리위원회 선거과(전문계약직)
　　국민대·배재대·서강대·숭실대·이화여대·인천대 강사

『네트워크사회의 정치와 민주주의: 정부, 정당, 시민사회의 변화와 전망』
『정치적 소통과 SNS』(공저)
『전자투표와 민주주의: 9개국 비교 연구』(공저)
외 다수의 저서와 학술논문 저술

미국의 온라인 선거운동

민주주의의 기술

초 판 인 쇄| 2013년 3월 8일
초 판 발 행| 2013년 3월 8일

지 은 이| 조희정
펴 낸 이| 채종준
펴 낸 곳| 한국학술정보㈜
주   소| 경기도 파주시 문발동 파주출판문화정보산업단지 513-5
전   화| 031) 908-3181(대표)
팩   스| 031) 908-3189
홈 페 이 지| http://ebook.kstudy.com
E-mail| 출판사업부 publish@kstudy.com
등   록| 제일산-115호(2000. 6. 19)

ISBN   978-89-268-4145-7 93330 (Paper Book)
          978-89-268-4146-4 95330 (e-Book)